이토록 매혹적인 아랍이라니

지은이 손원호

2003년에 처음 아랍 땅을 밟았다. 이집트에서 6개월 어학연수를 끝내고, 아라비아 반도의 진짜 아랍인을 만나고 싶어 예멘으로 향했다. 2009년 한국석유공사에 입사하면서 이라크에서 생활하기 시작했다. 테러의 위협 때문에 사무실에서 먹고 자고 일하며, 본격적으로 아랍의 정치, 경제, 문화에 대해 공부하기 시작했다. 아랍을 알면 알수록, 아랍인들과 그들의 뿌리가 궁금해졌다. 한국외국어대학교 아랍어과를 졸업하고, 동 대학교 통번역대학원 한아과에서 석사 학위를 받았다. 2019년 아랍에미리트 샤르자대학교University of Sharjah에서 '역사·이슬람 문명학'으로 석사 학위를 받고, 지금은 아랍에미리트 두바이에서 살며 샤르자 통치자 특별 장학금을 받아 박사 과정을 밟고 있다. 이곳에서는 한국 이름 대신, '태양'이란 뜻의 아랍어, '샴스shams'라 불리며 한국과 아랍을 잇는 유튜브를 운영하고 있다.

아랍인의 역사와 문화는 아라비아반도 중심의 사막 지역에서 시작되었다. 한국과는 너무나도 다른 환경 속에서 수천 년간 형성된 그들의 문화를 단번에 이해하기란 쉽지 않다. 그래서 지난 18년간 5개 아랍 국가에서 직접 경험한 생생한 삶의 이야기를 역사, 문화와 연결 지어 독자들이 아랍의 진짜 얼굴을 경험할 수 있도록 이 책을 쓰고 그렸다.

이토록 매혹적인 아랍이라니

2021년 8월 5일 초판 1쇄 발행 | 2023년 3월 2일 초판 6쇄 발행

글·그림 손원호
펴낸곳 부키(주) | 펴낸이 박윤우
등록일 2012년 9월 27일 | 등록번호 제312 - 2012 - 000045호
주소 03785 서울 서대문구 신촌로3길 15 산성빌딩 6층
전화 02) 325 - 0846 | 팩스 02) 3141-4066
홈페이지 www.bookie.co.kr | 이메일 webmaster@bookie.co.kr
제작대행 올인피앤비 bobys1@nate.com
ISBN 978-89-6051-877-3 03910

이토록
매혹적인
아랍이라니

올드 사나에서 바그다드까지,
18년 5개국 6570일의 사막 일기

손원호
지음

부·키

차례

세 번째 일기 : 사우디아라비아

네 번째 일기 : 이라크

다섯 번째 일기 : 아랍에미리트연합

프롤로그

2003년 4월, 군 제대를 두 달 앞두고 대학교 친구와 통화를 하던 중이었다.

"원호야, 이집트 정부 초청 장학생 프로그램이 있는데 같이 지원해 보자."

"이집트? 언제 가는 건데?"

"올해 9월이야. 제대하고 바로 가야 하지만 그래도 좋은 기회잖아."

"근데 나는 아랍어를 너무 못하는데…. 그나마 대학에서 배웠던 것들도 군대 와서 다 까먹었어."

"현재 아랍어 실력을 검증할 수 있는 시험이 없어서 SNULT Seoul National University Language Test라는 영어 시험을 보고 네 명을 선발한대. 오히려 너한테 기회 아냐?"

"정말? 한번 해 볼까…?"

나는 휴가를 써서 시험을 봤고 우리는 합격했다. 그리고 9월,

아무런 정보도 준비도 없이 비행기에 몸을 싣고 무작정 이집트로 향했다. 오히려 머리가 백지상태라서 할 수 있었던 게 아닐까? 나는 아무런 거부감 없이 이집트의 새로운 문화를 받아들였고 생생한 배움의 기쁨에 흥분된 마음을 가라앉히지 못했다. 고대 문명의 발상지 이집트에서 처음으로 아랍인들을 만났고 그들에 대해 끊임없이 질문들을 쏟아 냈다. 그토록 위대했던 파라오의 후손들은 현대에 어떠한 생각을 하며 살아가고 있나? 그들이 믿는 이슬람은 어떠한 종교인가? 그들이 쓰는 아랍어는 어떻게 시작되었나? 집주인부터 동네 상인들까지 만나는 모든 이집트인을 스승으로 삼아 그들의 삶을 통째로 배우려 했다.

이집트에서 6개월 연수를 마치자 나는 한국으로 돌아가지 않고 곧장 예멘으로 향했다. 아랍 민족의 근원지라 할 수 있는 아라비아반도가 궁금해졌기 때문이다. 그중에서도 외세의 영향을 가장 덜 받은 예멘이라는 나라가 매혹적으로 보였다. 이집트인들조차도 내가 예멘 문화에 적응하기 쉽지 않을 것이라며 말렸다. 모두의 만류에도 결국 나는 예멘에 들어갔다. 9개월간 예멘 전통 복장을 입고 아라비아반도의 향취를 느끼며 그들의 삶에 동화됐다. 중세 도시의 느낌이 고스란히 남아 있는 올드 사나 지역에서 낙타를 몰고 가는 예멘인을 보고 있노라면 묘한 신비감이 들었다. 나는 그 보물 같은 장면들을 놓치기가 아까워 틈만 나면 붓을 들고 화폭에 그려 넣었다.

대학원을 졸업하고 사회생활을 하면서도 아랍 세계에 대한 끌림은 계속되었다. 2012년 이라크로 발령을 받고서 바그다드로 향했다. 고대 메소포타미아인의 후손인 바그다드 사람들과 이야기를 나누며 그들의 생각과 문화를 함께할 수 있다는 것 자체가 기쁨이었다. 그들은 지난 수십 년간 독재, 미국의 침공, 종파 갈등으로 입은 깊은 상처들을 다시 끄집어낼 때면 내 앞에서 눈물을 흘렸다. 하지만 바그다드의 옛 영광을 이야기할 때는 눈을 번쩍였다. 중세 이슬람제국의 중심이자 《아라비안나이트》의 배경이 되는 이라크의 수도 바그다드, 그곳을 둘러싼 신비한 옛 이야기들은 현재의 슬픔을 잊고 행복한 시간 여행을 할 수 있는 '마법의 양탄자'가 되어 주었다.

2016년 나는 다시 아라비아반도에 위치한 아랍에미리트로 건너갔다. 그곳에서 또 다른 아랍인, 수천 년간 거친 사막 지대에서 지내 온 원조 아랍인들과 함께 지냈다. 나의 아랍에미리트 친구 알리 선생을 찾아가면, 그는 숯을 불에 달구고 그 위에 우드 향나무 조각을 올려놓는다. 특유의 중후한 향을 내는 우드는 걸프 아랍인들이 즐기는 향나무의 일종이다. 알리 선생은 중세 시대부터 아랍인들이 즐겼다는 누런빛의 아랍 커피를 작은 잔에 담아내어 나에게 건네준다. 과거 그들의 선조들이 그랬던 것처럼 알리 선생도 나와의 만남에 시간적인 제한을 두지 않는다. 그는 사막과 부족 이야기로 과거와 현재를 오가며 나를 아랍 세계로 끌어들인다.

이집트 연수로 시작된 아랍 세계에서의 나의 긴 여정은 여전히 계속되고 있다. 그 과정에서 나는 그들의 깊은 곳에 내재된 DNA, 그리고 그 DNA가 형성된 역사적 배경을 알고 싶다는 강한 끌림을 느꼈다. 그것을 알아야 왜 내가 그토록 아랍 세계에 이끌려 왔는지 해답을 찾아낼 수 있을 것 같았다. 늦은 나이에 아랍에미리트의 대학에 입학해 역사·이슬람 문명학과에서 공부하게 된 것도 같은 맥락에서 이루어진 일이다. 많은 사람이 역사 공부를 선택한 나에게 끊임없이 물음표를 던졌지만 내 생각은 확고했다. 아랍인의 과거를 알고 그 바탕에 있는 것들을 알아야 현재에 대한 올바른 해석이 가능하지 않을까?

아랍 세계를 오랜 기간 경험하고 공부하자 다른 사람에게도 이 사막 도시들의 이야기를 들려주고 싶어졌다. 뉴스에서 접하는 단편적인 뉴스만으로 아랍 세계를 단정 짓고 이해하는 것을 볼 때마다 안타까운 마음이 앞섰다. 지리적으로 광대할 뿐 아니라 헤아릴 수 없는 역사적 깊이로 인해 아랍 세계에는 우리가 모르는 신비한 이야기들이 넘쳐난다. 이 책을 통해 인간 아랍인을 가슴으로 느끼고, 그들이 만들어 온 매혹적인 역사와 현재의 이야기들을 여행하며 아랍 세계에 빠져들 수 있기를 바란다. 바로 내가 그랬던 것처럼….

아랍에미리트에서
손원호

مصر.. أرض الكنانة

이집트

EGYPT

시샤 향기가 흐른다 카이로에는

رائحة الشيشة تفوح في القاهرة

나는 담배를 피워 본 적이 없다. 대학생 시절 친구들이 담배를 몇 번 권하긴 했지만, 공장이나 자동차 배기관에서나 날 법한 그 연기 냄새가 도무지 매력적으로 다가오지 않았다. 그런데 2003년 9월, 이집트에서 난생처음으로 '한번 펴 볼까?' 하고 호기심이 당겼다. 나를 자극했던 것은 일반 담배가 아니라 '시샤 shisha'라는 물담배였다.

이집트에 도착한 바로 다음 날, 집 주변을 어슬렁거렸다. 동네에 카페가 꽤 많았다. 카페 문화가 발달한 이집트에서는 대낮부터 이집트 남성들이 삼삼오오 모여 앉아 차를 마시며 수다를 떤다. 아무런 대화 없이 '타울레Tawleh'라는 주사위 놀이를 하며 한가하게 시간을 보내는 사람들도 눈에 띄었다. 그중 한 카페에 들어서는 순간, 처음 맡아 보는 향기가 내 코를 자극했다. 커피도 담배 냄새도 아니었다. 어렸을 적 맡았던 솜사탕 냄새처럼 달큼했다. 종업원을 붙잡아 물어봤다.

"이 냄새가 어디서 나는 거죠? 꽃향기 같은데요."

"시샤 냄새죠."

"시샤요?"

그는 손가락으로 한 남자를 가리켰다. 카페 한구석에 혼자 앉은 남자가 커다란 기구에 연결된 긴 호스를 한쪽 손으로 잡고 그 끝을 입으로 물더니 쭉 빨아들였다. 그러자 커다란 기구에서 보글보글 소리가 나면서 남자의 코와 입을 통해 뿌연 연기가 뿜어져 나왔다.

"저게 말로만 듣던 시샤군요. 저도 하나 줘 보시겠어요?"

"무슨 향을 드릴까요? 사과? 포도? 체리?"

"향을 고를 수 있는 건가요?"

"그럼요. 저희 카페에서 파는 시샤는 향이 열 가지가 넘습니다."

무더운 날씨에 시원한 향을 느껴 보라는 종업원의 설득에 못 이겨 민트 향을 주문했다. 잠시 후 종업원은 커다란 물담배 기구를 가져오더니, 내 앞에서 먼저 쭉 들이마시면서 시범을 보였다. 그러고는 "이렇게 깊이 빨아들여야 합니다"라고 당부하며 기다란 호스를 건넸다. 생애 처음 피는 담배였는데도 신기하게 연기를 흡입할 때 목에 막힘이 없었다. 그 때문에 내 주변에 담배를 피지 않던 한국인 연수생들도 거부감 없이 물담배를 즐겼다. 반대로 평소에 애연가였던 골초들은 물담배를 피우고 나서도 영 기분이 안 난다며 호스를 테이블 위에 내려놓고는 호주머니 속에서 담뱃갑을 꺼내기도 했다.

그날 이후 나는 연수원 수업이 끝나는 오후가 되면 바로 집으로 돌아가지 않고 꼭 동네 카페에 들렀다. 카페에 앉아 물담배와 진한 터키 커피를 주문하고는 가방에서 아랍어책을 꺼내 테이블 위에 펼쳐 놓았다. 그날 배운 것들을 하나씩 읽어 내려가다

카페에서 시샤를 피우고 있는 아랍 사람들.

보면 한 시간이 훌쩍 지나가 버렸다. 물담배는 시간이 지나면 향은 날아가지만, 종업원이 수시로 와서 새로운 숯으로 갈아 주기 때문에 계속 피울 수 있었다. 책에 나온 내용을 다 암기했다 싶으면 실제로 어떻게 쓰이는지 확인하기 위해서 종업원에게 말을 걸었다. 간섭하기 좋아하는 이집트 아저씨들은 저들끼리 수다를 떨다가도 나와 종업원의 대화를 엿듣고는 대화를 멈추고 나에게 서로 아랍어를 가르쳐 주겠다며 나서곤 했다. 내 자리까지 건너와 책에 있는 내용을 읽어 주면 그 음성을 카세트테이프에 녹음했다. 이집트인들만이 만들어 낼 수 있는 정겨운 분위기였다. 책속에 갇혀 있던 나의 아랍어는 카페 안에서 생명을 얻고 살아났다. 카페는 나에게 시샤와 커피를 즐기며 아랍어 회화까지 연습할 수 있는 배움의 공간이었다.

지역에 따라 물담배를 부르는 용어는 다양하다. 이집트나 수단에서는 시샤, 터키나 시리아에서는 나르길라nargile, 인도 등지에서는 후카hookah로 불린다. 물담배 기구가 어디서 기원했는지는 명확하지 않다. 다만 지난 4세기 동안 아시아와 아프리카 지역에서 유사한 기구에 꽃잎, 향료, 과일, 커피, 대마 등 다양한 재료를 넣고 피우며 즐겼다. 시샤의 기원설 중 하나를 보면, 17세기 예수회 선교사들이 인도 무굴제국의 악바르 대제(재위 1556~1605)에게 담배를 선보였다고 한다. 이후 페르시아 출신 의사인 하킴 아불파스Hakim Abu'l-Fath Gilani가 건강상의 문제를 제기하며 물을 통해 필터링이 가능한 도구, 즉 오늘날 형태의 물담배를 개발했고, 이후 인도에서 아랍과 페르시아 등 주변 지역으

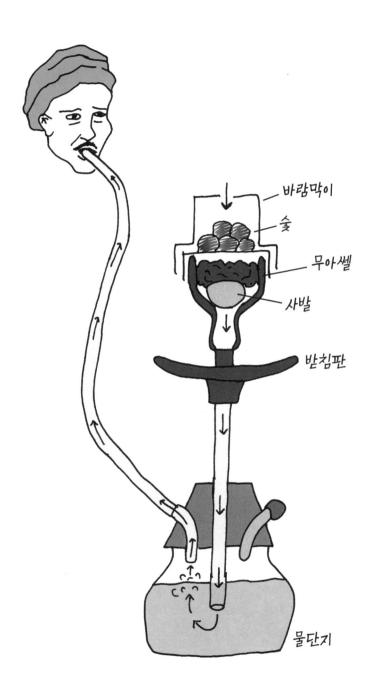

바람막이

숯

무아쎌

사발

받침판

물단지

로 퍼져 나갔다. 현재까지도 물담배 애호가들은 이 점을 강조하며 일반 담배보다 물담배가 몸에 덜 해롭다고 주장한다. 유명 물담배 광고에서 '니코틴 0.5퍼센트 타르 0퍼센트'라는 문구를 발견할 수 있는데, 과도한 흡연은 각종 질병과 사망에 이를 수 있다는 담뱃갑의 경고 문구와 상반된다. 그러나 세계보건기구WHO는 이런 말들을 '근거 없는 믿음unsubstantiated belief'이라고 일축했다.

물담배를 살펴보면 몸통의 맨 아래에는 커다란 물단지가 있고 그 위로 몸통을 거쳐 받침판과 사발이 있다. 사발 위의 공간에는 담뱃잎, 과일 향료, 글리세린, 당밀 등을 섞어 만든 촉촉한 재료를 담는데 이를 아랍어로 무아쎌Mu'assel이라고 한다. 물담배 연기에서 나는 솜사탕 향의 정체는 바로 이 무아쎌이다. 1990년대 초 중동 지역에서 무아쎌이 개발되기 전까지는 주로 나이 지긋한 남성들이 물담배 기구에 가공되지 않은 담뱃잎을 올려놓고 태웠다. 그러나 무아쎌이 생겨난 이후에는 물담배의 인기가 남녀 구분 없이 젊은이들 사이에 급속도로 높아졌다. 무아쎌 위에 은박지를 깔고 빨갛게 달군 숯을 그 위에 올린다. 긴 호스에 입을 대고 깊이 들이마시면 숯이 타면서 피어나는 연기와 무아쎌 향이 섞여 기구의 몸통 아래로 빨려 내려간다. 물을 통과한 연기는 다시 물 밖으로 나와 호스를 거쳐 나의 입속으로 들어온다. 내 코와 입을 통해 연기가 몸 밖으로 나가면 사과, 포도, 민트, 체리, 레몬 등 온갖 향기가 나를 감싼다.

많은 사람이 물담배 특유의 부드러운 목 넘김과 향기에 속아 넘어가 몸에 해롭지 않다는 광고들을 사실인 양 믿어 버린다. 그러나 실제로는 물담배의 숯이 타면서 일산화탄소와 담뱃잎을 통해 생성되는 니트로사민Nitrosamine, 다륜성 방향족탄화수소PAH, 벤젠, 산화질소 등 각종 독성 물질이 우리 몸에 들어온다. 게다가 WHO가 발표한 《물담배 흡연 보고서Waterpipe tobacco smoking》에 따르면 물담배는 보통 한 시간 이상 피우기 때문에 담배 10개비에서 생성되는 독성 물질을 흡수할 수 있다는 연구 결과도 있다. 그럼에도 불구하고 중동에서 물담배 향기에 매료된 수많은 외국인이 본국으로 돌아가 물담배 카페를 차리기도 한다. 한국에서도 논현동, 건대, 홍대 등 젊은이들이 모이는 곳에 한국인들의 취향에 맞춘 물담배 카페들이 생겨났다.

한국 직장인들이 과중한 업무의 스트레스를 술로 푼다면, 아랍인들은 물담배 하나로 해결한다. 카페에서 친구들과 모여 이야기꽃을 피울 때 물담배가 감초 역할을 톡톡히 한다. 그들은 각종 과일 향 연기를 내뿜으며 정치, 문화, 경제에서 개인적인 고민거리까지 다양한 주제를 넘나들며 쉼 없이 대화를 이어 간다. 술도 없이 남자들이 밤새도록 수다를 떠는 풍경은 언제 봐도 낯설다.

카이로 동부 후세인 지역에는 문인들이 자주 모이는 '알피샤위Al-Fishawi'라는 카페가 있다. 1773년에 문을 연 이 카페는 노벨문학상 수상자 나기브 마푸즈Naguib Mahfouz가 매주 금요일에 즐겨 찾았던 곳이다. 겸손과 순수함이라는 타고난 성품을 지닌 나기브 마푸즈에게 카페는 큰 영감을 불러일으키는 장소였다. 그는 그 카페에서 일하는 직원들뿐 아니라 그곳을 들르는 다양한 행인과도 매우 깊게 소통했다. 상대의 외형과 행동을 섬세하게 관찰하고, 대화를 통해 타인의 삶을 끄집어냈다. 카페에서 물담배를 피우며 그는 소설의 소재와 인물을 창조했다. 그의 책 《마푸즈와의 대화 편al-Majalis al-mahfiiziya》에서 나기브 마푸

카페에서 시간을 보내고 있는 나기브 마푸즈.

즈는 카페와 시샤에 대한 자신의 생각을 담담하게 표현했다.

> "카페에서의 나의 벗은 네 가지 부류였지. 첫 번째로 친구들, 두 번째가 문학가들, 세 번째로 그곳에 우연히 들른 사람들, 그리고 마지막이 시샤였어. 집에서 못 피우니 카페에서라도 피울 수 있었던 거지. 온종일 피는 날도 있었어!"

2020년 코로나19 사태가 터지자 카페에도 사람들의 발길이 눈에 띄게 줄어들었다. 가더라도 카페에서 제공하는 물담배를 다른 사람들과 공유한다는 것을 꺼림직해 한다. 그래서 지금 내가 사는 두바이에서는 많은 아랍인이 인터넷으로 물담배 세트를 주문해 테라스에서 피운다. 저녁 무렵 아내와 동네 산책을 하다 보면, 발코니에 앉아 물담배를 피우는 사람들로 인해 익숙한 이집트의 향기가 코끝을 스친다.

"여보, 시샤 향기가 나네. 옛날 생각난다."

"향기? 저걸 향기라고 할 수 있나? 별로 좋은지 모르겠는데?"

그때야 알았다. 나의 추억이 서려 있는 그 향기가 물담배를 피우지 않은 사람에게는 내가 대학 시절 맡았던 그 담배 냄새와 똑같다는 것을….

실은 술에 꽤 관대한 나라

إني أراها تعصر خمرا

◆

시와 오아시스 위치.

2004년 4월, 한국인 연수생들과 이집트와 리비아 국경 근방의 시와 오아시스 사막으로 여행을 떠났다. 이집트에서 가장 고립된 오아시스 지역 중 하나인 이곳에는 고대 이집트 왕국 시대에 지어진 아문 신전Temple of Amun의 잔해가 남아 있어 사람들의 발길이 끊이지 않는 관광지이기도 하다. 아문 신전은 기원전 331년 알렉산드로스 대왕이 이집트를 정복한 후, 이집트인들에게 그들의 주신主神인 아문Amun의 아들로서 계승권을 인정받았을 때 계승식을 행했던 곳이다. 그날 우리는 사막을 누비며 그 광대함을 즐겼다. 멀리 보이는 오아시스는 물에 빛이 반사되어 마치 신기루처럼 보였는데, 가까이 가서 보니 실제로 넓은 오아시스가 존재하고 있었다. 오아시스에 몸을 담그고 주변의 사막과 드높은 하늘을 바라보니 공간과 시간을 초월한 듯한, 기묘한 기분이었다. 해 질 녘 나와 일행은 녹초가 되어 호텔로 돌아왔고, 우리에게 사막을 안내해 준 베두인(사막에서 유목 생활을 하는 아랍인)들이 저녁 식사를 준비하기 시작했다. 호텔 앞 야외에 자리를 잡고 카이로에서 가져온 캔맥주를 땄다. 호텔 정원에서 직접 딴 대추야자를 안주 삼아 한담을 나눴다. 한 시간 정도가 지나자 베두인들이 음식을 하나둘씩 가져다주었는데, 그중 한 사람이 맥주를 유심히 쳐다보았다. 그는 곧 음식을 테이블에 내려놓으며 말했다.

"우리가 만든 술이 있는데 한번 맛볼래요?"

"술을 직접 담갔다고요?"

"사실 이곳에서 음주는 금기시되고 있지만, 많은 가정에서 암암리에 대추야자를 발효시켜서 술을 만들죠. 맥주 다섯 캔과 바꾸는 건 어때요?"

흔쾌히 수락하자 얼마 후 그는 1리터짜리 작은 플라스틱 물통 두 개를 양손에 쥐고 돌아왔다. 물통에 담긴 것은 물이 아닌 대추야자 술이었고 한 통은 누런빛, 나머지 하나는 갈색빛을 띠고 있었다. 우리는 약속대로 맥주 다섯 캔을 주고 귀한 시와 사막의 전통주를 받았다. 누런 것은 도수가 굉장히 높은 독주였는데 한국의 안동소주와 맛이 비슷했다. 갈색 술은 대추야자 향이 도는 막걸리 맛이었다. 이집트인들은 종교적 신념 때문에 술을 마시지 않는 줄 알았는데 그 작은 마을에서 직접 술을 담가 마신다니 신기할 따름이었다.

이집트인들은 고대부터 술을 제조하기 시작했다. 나일 계곡 주변 야생에서 풍족하게 자라나는 밀, 보리, 사탕수수 덕분에 이집트인들은 일찍이 맥주를 만들 수 있었다. 맥아를 구운 빵을 짓

시와 사막의
오아시스, 몸을
담그고 있으려니
시공을 초월한
듯한 기분이었다.

신왕국 18왕조
시대, 맥주를
마시는 시리아
용병의 모습.

이겨 물에 녹인 후, 항아리에 넣어 발효시켰다고 한다. 당시 맥주
는 상당히 걸쭉해서 '마시는 빵'으로 불리기도 했다. 고대 이집
트 벽화를 보면 맥주 마시는 장면과 주조하는 모습을 발견할 수
있다. 피라미드 같은 거대한 건축물을 만드느라 엄청난 열량을
소비했던 고대 이집트 노동자들에게 '일당'으로 맥주를 제공했
다는 기록도 있다. 특히 기원전 3500년쯤 고대 상이집트의 수도
였던 히에라콘폴리스Hierakon polis의 유적지에서는 세계에서 가
장 오래된 양조장과 그 증거물들이 출토되었다. 발굴된 양조 시
설은 기원전 3400년에 만들어져 하루에 약 1136리터의 맥주를
생산했을 것으로 추정된다. 당시 도자기 산업이 성행했으며, 이
지역에서 맥주를 위한 주전자와 컵이 다량 발견되었다고 하니
고대 이집트인들이 얼마나 맥주를 즐겼는지가 그려진다.

　　고대 이집트 왕국에서도 술에 계급이 있었다. 맥주는 주로 노
동자들을 위한 서민의 음료였고 파라오를 비롯한 엘리트 계층
은 와인을 즐겼다. 왕조 초기에는 포도 재배에 적합한 토양인 레
반트 지역(시리아 일대로 현재의 팔레스타인)에서 와인을 수입했다.
고왕국 시대에 이르러 문명이 발달함에 따라 물을 끌어오는 관

개 시설을 갖추게 되었고 레반트 지역에서 포도나무 묘목을 들여와 직접 재배하기 시작했다. 세계 불가사의 피라미드까지 지었던 그들에게 불가능이란 없었던 걸까. 오늘날 아랍에미리트가 바다에 인공 섬을 만들고, 사막에서 재배가 가능한 쌀을 연구하는 모습과 겹쳐 보인다. 당시 와인은 지배층이 마시는 사치 음료였던 만큼 많은 노예가 투입되어 섬세한 주조 과정을 거쳐서 만들어졌다. 1922년, 18왕조 말기의 파라오 투탕카멘(재위 기원전 1361~1352)의 무덤이 발굴되었을 때 황금 마스크를 비롯한 수많은 보물이 쏟아져 나왔는데 그중에는 36개의 와인 항아리도 있었다. 죽은 파라오가 내세에서도 와인을 즐길 수 있도록 미라와 함께 부장품으로 묻었던 것이다.

이렇게 이집트, 메소포타미아 등 고대 문명 지역에서 시작된 양조술은 그리스 등 주변 지역으로 퍼져 나갔다. 이후 수백 년이 흘렀고, 7세기 아라비아반도의 거친 사막 지대에서는 이슬람이라는 종교가 생겨났다. 당시만 해도 이집트를 포함해 중동에 사는 사람의 대부분이 술을 즐겼고, 아라비아반도의 아랍인들도

이집트 귀족 레크미르Rekhmire (기원전 1479~ 1420)의 무덤에서 발견된 벽화. 아문에게 바치는 보물에 와인도 포함되어 있었다.

예외는 아니었다. 그리스의 역사가 헤로도토스는 그의 저서 《역사》에서 "아랍인들은 오직 두 신을 섬길 뿐이다. 바쿠스Bacchus와 우라니아Urania가 그것이다"라고 언급할 정도였다. 바쿠스는 그리스 신화에 나오는 주신酒神이고 우라니아는 천문天文을 관장하는 여신이다. 술을 사랑했던 수많은 아랍 시인도 술을 주제로 한 애주시愛酒詩를 짓곤 했다. 심지어 이슬람을 창시한 선지자 무함마드의 동료들도 술을 무척 좋아했다고 한다. 무함마드의 삼촌인 함자Hamza bin Abdul-Muttalib의 일화는 유명하다. 어느 날 무함마드의 사위 알리가 일을 보기 위해 잠시 자신의 두 암낙타를 어느 집 앞에 묶어 두었다. 그런데 술에 취한 함자가 묶여 있던 알리의 암낙타를 칼로 베어 버렸다. 분노한 알리는 이 사실을 무함마드에게 알렸고 무함마드는 함자를 질책하기 위해 그가 머무는 곳으로 왔다. 그러나 함자는 시뻘건 눈으로 무함마드에게 이런 술주정을 할 뿐이었다.

"너는 우리 아버지의 노예 중 한 명이 아니었더냐?"

무함마드는 함자가 만취했다는 것을 알고는 그 자리를 떠났고, 그날 이후 무슬림 사이에서 음주는 더욱 금기시되었다. 여전히 신실한 무슬림들은 경전 코란과 무함마드의 언행록 《하디스Hadith》를 인생의 교본으로 삼아 금주를 한다.

> 술과 도박에 관하여 그대에게 물을 때 일러 가로되 그 두 곳에는 큰 죄악과 인간에 유용한 것이 있으나 그것의 죄악은 효용보다 더 크다.
> ─[코란 2:219]

> 믿는 신앙인들이여 술에 취하여 예배하지 말라. ─[코란 4:43]

믿는 자들이여 술과 도박과 우상 숭배와 점술은 사탄이 행하는 불결한 것들이거늘 그것들을 피하라. 그리하면 너희가 번성하리라.
－[코란 5:90]

아라비아반도에서 시작된 이슬람은 주변 지역으로 급속도로 전파됐다. 고대부터 술을 제조해 왔던 이집트와 메소포타미아 지역(현재의 이라크 및 시리아, 터키 일부 지역)도 이슬람의 영향을 받아 이후 술을 금하게 되었고, 양조법은 점차 쇠퇴했다. 그러나 동시에 많은 사람이 술의 유혹을 이기지 못하고, 종교적 신념을 저버리기도 했다. 오늘날에도 일부 신앙인들이 그러는 것처럼. 대표적인 사람이 자유로운 영혼의 무슬림 시인이자 《아라비안나이트》에도 등장하는 아부 누와스Abu Nuwas(756~814)다. 아부 누와스는 어릴 적부터 이슬람 원로 학자들로부터 학문을 배운 지식인이었지만 자신이 일하던 향료 가게에서 당대 방탕 시인 왈리바Walibah ibn Al-Hubab를 만나 시와 술을 배우며 한량의 길에 들어서게 된다. 그럼에도 그는 능력을 인정받아 훗날 바그다드(오늘날 이라크의 수도)의 궁정 시인이 되었고, 칼리파(이슬람 통치자의 명칭)를 위해 찬양 시를 짓기도 했다. 그렇지만 술을 마시며 부적절한 내용들을 시로 표현해 여러 번 투옥되기도 했다.

바그다드 시내에 있는 〈술잔을 든〉 아부 누와스 동상.

그래도 나는 술잔이 좋네. 재산을 탕진하고 명성을 잃더라도.

황금색 술, 페르시아 왕들이 칭송한 그것.

그 어떤 것과도 비교할 수 없다네.

아담 창조 이전에, 이미 그를 위해 존재했다네.

아담보다 앞섰던 바로 그 술, 바로 당신에게 왔다네.

본능적 감각으로만 느낄 수 있는 바로 그것.

나의 눈으로 술의 표면을 바라볼 때면 청아하게 흐르는

그것이 보인다네.

　- 아부 누와스, 《아부 누와스 시선집Diwan Abu Nuwas》

1258년 이슬람 세계의 중심 바그다드가 몽골인에게 정복되자 이집트의 카이로가 이슬람 문화의 중심지로 부상했다. 그러나 안타깝게도 이슬람 세계에서 유럽 열강이 첫 번째로 침입한 곳도 카이로였다. 1798년 나폴레옹이 이집트를 침공한 이후 프랑스와 영국 중심의 서구 문물이 이집트로 물밀듯이 들어왔다. 1869년 프랑스와 이집트의 공동 자본으로 수에즈운하가 개통됐고 이집트가 외국 기업을 두 팔 벌려 환영하면서 외국 자본이 대거 이집트에 들어오기 시작했다. 이 시기를 틈타 벨기에 투자자들이 모여 이집트에 근대 맥주 공장을 세웠다. 1897년 알렉산드리아에 크라운 맥주 공장Crown Brewery이, 1898년 카이로에 피라미드 맥주 공장Pyramid Brewery이 설립됐다. 그전에도 일부 이집트인들이 소량의 맥주를 수입해 마시기도 하고 가정에서 보리나 대추야자 등을 이용해 직접 발효주를 만들기도 했지만, 이렇게 공식적으로 이집트 맥주 산업이 추진된 것은 처음이었다. 무슬림 형제단Muslim Brothers, 젊은 이집트당Young Egypt과 같은 이슬람

민족주의 단체는 이를 두고 '이
집트가 서구의 악덕을 수입한
다'고 비난했지만, 두 기업은 이
슬람 국가 이집트에서 보란 듯
이 살아남았다. 그리고 1937년
독일의 하이네켄사가 두 공장
의 지분을 사들였으나 이집트
내 민족주의가 고조됨에 따라
1963년 가말 압델 나세르Gamal
Abdel Nasser 대통령은 두 회사

이집트에
머물던 시절
즐겨 먹었던
사카라 맥주.

를 합병해 알아흐람 맥주 회사Al Ahram Beverages Company로 이름
을 바꾼 후 국유화했다. 2002년 하이네켄사에 다시 인수된 알아
흐람 맥주 회사는 여전히 음주가 금기시되는 이집트에서 사카
라Saqqara를 비롯해 스텔라(벨기에 스텔라와는 다른 종류의 이집트산
맥주), 무알코올 맥주 비렐Birell 등을 '활발하게' 생산하고, 유통
하고 있다.

　2003년 내가 살던 아파트 단지를 벗어나면 '가미앗 앗두왈
알아라비야'라는 큰 도로가 나왔다. 그 도롯가에는 버젓이 주류
상점이 영업하고 있었다. 당시 주류 상점 주인은 법에 따라서 오
로지 관광객이나 이집트 기독교인에게만 판매한다고 주장했지
만, 실제로는 그렇지 않았다. 이집트 지인의 말에 따르면 종교와
상관없이 만 21세 이상이면 누구나 술을 살 수 있으며, 요즘엔
아예 드링키스drinkies란 앱을 통해서 대놓고 술을 주문한단다.
2003년에 나는 그 상점에서 한국인 연수생들과 사카라 맥주를

사카라 계단식
피라미드.
사카라 맥주의
포장은 이것을
모티브로 했다.

참 많이도 사 먹었다.

카이로 남쪽으로 약 25킬로미터 떨어진 나일강 연안에는 '사카라'라는 넓은 고대 무덤 단지가 있다. 이곳에는 제3왕조 조세르 왕Djoser(재위 기원전 2668~2649)의 재상이자 천재 건축가였던 임호테프Imhoteb가 건설한 65미터 높이의 계단식 피라미드가 있다. 맥주병의 중앙에는 바로 이 사카라의 계단식 피라미드 그림이 당당히 박혀 있다. 사카라 지역에서 피라미드를 건설했던 노동자들이 맥주를 마시며 피로를 달랬던 것처럼, 2003년의 나도 한국인 연수생들과 사카라를 마시며 언어와 문화적 장벽 때문에 받았던 스트레스를 날려 버렸다.

세상에서 가장 완벽한 예술품 피라미드、

الأهرام،
التحفة الفنية الأكثر كمالا في العالم

알란 파슨스 프로젝트가 1978년에 발표한
〈Pyramid〉 앨범 재킷.

학창 시절 나를 피라미드 세계로 이끈
것은 책도 아니고 다큐멘터리 영상도 아
니었다. 영국의 프로그레시브록 그룹
알란 파슨스 프로젝트The Alan Parsons
Project의 1978년 앨범 〈Pyramid〉를 들
으며 음악으로 피라미드를 처음 접했
다. 이들은 피라미드에 얽힌 신비함,
그것의 권능과 미신에 매료된 인간들의 이야기를 음악으로 풀어
냈다. 나는 몽환적인 멜로디와 앨범 재킷 안에 적힌 가사를 음미
하며 거대한 피라미드를 상상하곤 했다. 대학에 입학하고 교과
서에서 해방되자 피라미드 관련 서적들을 읽어 보았고, 이 책들
로 상상 속에서 그려 왔던 피라미드는 더욱 구체화되었다.

2003년 9월, 어학연수를 위해 이집트에 도착했다. 피라미드
를 직접 볼 수 있는 기회가 찾아온 것이다. 아침 일찍 택시를 잡
아타고 피라미드가 위치한 기자Giza 지역으로 향했다. 십여 분이
지나자 택시의 창문을 통해 멀리 피라미드 정상이 보이기 시작
했다. 한 곳에 묵묵히 서서 수천 년의 세월을 견뎌 온 피라미드
가 장엄한 전신을 드러냈다. 전율이 일었다. 귓가에서 알란 파슨
스 프로젝트의 음악이 맴돌았다. 택시가 피라미드 입구에 도착
하자 나는 기쁜 마음에 팁까지 얹어서 운전사에게 감사의 마음
을 표시했다. 택시에서 내리고선 두근거리는 마음으로 피라미드
를 향해 걸어갔다.

"낙타나 말을 타겠어요? 비싸지 않게 해 줄게요. 피라미드를
구경하려면 힘들 텐데요?"

한 호객꾼이 능숙한 영어로 쉴 틈 없이 말재간을 부리며 나를 졸졸 따라왔다. 그토록 보고 싶었던 세계의 불가사의를 눈앞에 두고 있는데 낙타 가격을 흥정할 시간 따윈 없었다. 그 상황을 벗어나기 위해 그가 원하는 값을 주었다. 호객꾼 옆을 따라다니던 낙타 몰이의 안내에 따라 무릎을 꿇고 있는 낙타의 등 위에 올라 탔다. 낙타가 일어서자 그 높이가 한 2미터는 됨 직했다. 낙타 몰이는 나의 심중을 파악한 듯 최대한 사람들이 없는 곳으로 낙타를 끌고 가 줬고, 그제야 피라미드를 제대로 감상할 수 있었다.

기원전 3200년경 '합족'이 이집트 남부 나일강 유역에 정착하기 시작했다. 이들은 나일강 주변의 기름진 토양 덕분에 농사를 지으며 문명의 싹을 틔웠다. 기원전 3100년경, 이들은 메네스Menes 왕을 중심으로 이집트 최초의 통일 왕조를 세웠다. 한반도 최초의 국가 고조선이 세워진 것이 기원전 2333년인 것을 생각하면 이집트와 한국 사이 문명의 간극은 상상을 초월한다. 이집트 고대 왕국은 2500년이나 그 명맥을 유지했기에, 역사학자들은 왕조의 연속성을 고려하여 크게 초기왕조-고왕국-중간기-중왕국-중간기-신왕국-중간기-말기왕조 시대로 나누었다. 피라미드는 고대 이집트의 왕, 즉 파라오들을 위한 무덤이었는데 대부분이 고왕국 시대에 지어진 것들이다.

이집트 전역에는 약 100여 개의 피라미드가 존재한다. 고대 이집트인들은 죽은 자의 부활을 믿었기 때문에 파라오들이 자신의 무덤 건설에 총력을 기울인 것은 당연한 일이었다. 최초의 계단식 피라미드가 등장한 것은 제3왕조 조세르 왕(재위 기원전

					왕조 시대 (파라오 시대)					
BC 7000~6000	3100	2686	2181 2040	1782 1570	1070	525	305	30	AD 476	
선왕조 시대	초기 왕조	고왕국	중간기 I	중왕국	중간기 II	신왕국	중간기 III	말기 왕조	프톨레마이오스 왕조	로마 제국령

이집트 왕조 연대기.

2668~2649) 때이며 이후 발전을 거듭하여 쿠푸Khufu 왕(재위 기원전 2589~2566)에 이르러 절정을 이루었다. 쿠푸 왕의 피라미드는 원래 146.5미터였으나 꼭대기 부분이 파손되어 현재 높이는 137미터, 각 변의 길이가 230미터다. 이 거대한 건축물에는 높이 1미터, 폭 2미터, 평균 무게 약 2250킬로그램의 돌 250만 개가 소요되었다. 총 무게가 590만 톤에 달한다고 하니 파리의 상징 에펠탑보다 무려 800배 더 무겁다. 1798년 나폴레옹의 이집트 원정 때 동행했던 학자들은 쿠푸 왕의 피라미드에 사용된 돌들을 높이 3미터 두께 30센티미터로 자르면 프랑스를 한 바퀴 돌 수 있는 담을 쌓는 게 가능하다는 결론에 도달했다.

기원전 445년에 피라미드를 방문한 그리스인 역사가 헤로도토스 덕분에 그나마 피라미드에 대한 수많은 궁금증이 해소되었다. 그의 기록에 따르면, 약 10만 명에 달하는 인부들이 돌을 캐고 다듬는 채석 작업을 일 년 내내 계속하였다고 한다. 돌을 나를 수 있도록 수송로를 만드는 데만 10년이 걸렸다. 이후 운반한 돌을 다시 쌓아 피라미드를 건축하는 작업은 나일강의 범람 때문에 평야에서 할 일이 없던 약 3개월 동안 집중적으로 이루어졌다. 헤로도토스의 기록에 따르면 쿠푸 피라미드의 건축 작업은 20년이 걸렸다는데, 어떻게 이렇게 짧은 기간에 엄청난 무게의 돌들을 옮기고 쌓아 올릴 수 있었던 걸까? 수레나 말을 사용해서 운반하는 방법도 모르던 시절이 아니었던가. 학자들은 굴림대 위에 돌을 올려놓고 인부들이 밧줄로 끌었다고 추정하고 있다. 그렇더라도 이 일은 그들에게 무척이나 혹독한 작업이었을 것이다. 이와 관련하여 2014년, 암스테르담대학교의 연구진이 흥미로운 연구 결과를 발표했다. 이들은 이집트 중왕국 12왕조 시대에 살았던 한 지역 통치자 제후티호텝Djehutihotep의 무덤 벽화에서 힌트를 찾았다. 석회암으로 만든 거대한 조각상을 썰매에 실어 운반하는 모습이 묘사되어 있었다. 특히 썰매 앞쪽에서 한 사람이 물을 뿌리고 있는 모습이 중요한 단서였다. 모래에 스며든 물이 모래 입자 사이 간격을 메우면 바닥은 더욱 단단해진다. 즉 물에 젖은 단단한 모래 위에서 썰매를 이용해 암석을 옮긴 것이다. 그러나 이것 또한 완벽한 답은 아니다. 정답에 가까이 가기 위한 수많은 연구 결과 중 하나일 뿐이다.

다른 놀라운 점도 있다. 현대 건축 공학자들에 따르면 100년에 15센티미터 침강하는 땅이어야 사무 빌딩용 건물 부지로 적합하다고 한다. 그런데 590만 톤이나 되는 쿠푸 피라미드는 5000년 동안 불과 1.25센티미터밖에 가라앉지 않았다. 현대 과

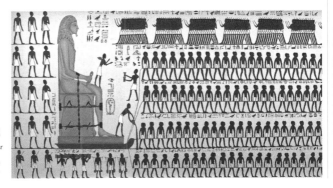

제후티호텝 무덤의 벽화. 아바누브 나스르Abanoub Nasr의 모사 작품이다.
ⓒAbanoub Nasr

학으로도 하기 어려운 완벽한 지질 조사와 부지 선정을 고대 이집트인들은 어떻게 해낸 것일까? 각 변의 길이 간 오차가 불과 20센티미터 미만이라는 것도 놀랍다. 당시 이집트인들의 기하학과 건축술에 혀를 내두를 수밖에 없다. 그러나 내가 가장 신비롭게 여긴 부분은 역시 피라미드와 관련된 천문학적인 내용이다.

고대 이집트에서는 천문학이 발달했었고 이들이 연구한 별자리들은 고스란히 기록으로 남았다. 별자리 중에서도 고대 이집트인들은 특히 오리온자리를 '오시리스 신의 별자리'로 인식하며 매우 중요하게 여겼다. 오시리스Osiris란 누구일까? 고대 이집트인들은 왕국을 다스리던 파라오가 죽으면 썩지 않도록 미라로 만들어 피라미드에 매장했다. 이는 죽은 파라오가 부활할 것을 믿는 동시에 별이 되도록 준비하는 중요한 의식이었다. 의식을 마친 죽은 파라오의 영혼은 저승세계 두아트로 여행을 떠난다. 그곳에서 죽은 파라오의 영혼은 저승의 신 오시리스를 만나고, 그와 한 몸이 된다. 당시 이집트인들은 오리온자리가 오시리스 신이고, 죽은 파라오가 오시리스 신이 된다고 믿었다.

눈여겨볼 또 다른 신은 오시리스의 여동생이자 아내인 여신 이시스Isis다. 이시스 여신은 시리우스 별과 동일시되었는데, 시리우스는 언제나 오리온자리에 뒤이어 떴다. 사랑하는 남편과 동행하는 아내처럼…. 고대 이집트인들은 오시리스 신과 이시스 여신이 기적적으로 아들 호루스Horus를 잉태하게 됐고, 호루스가 이집트 왕국을 다스리는 파라오로 환생한다고 여겼다. 고대 이집트인들 사이에서 굳게 믿어졌던 이러한 신화는 파라오들이 자신을 신격화하는 좋은 도구가 되어 주었다.

또 하나 놀라운 사실은 오리온자리의 허리에 해당하는 오리온 벨트 세 별의 배치가 기자의 3대 피라미드(쿠푸, 카프레, 멘카우레)를 상공에서 보았을 때의 배치와 일치한다는 것이다. 즉 피라미드 건축 설계자가 오리온 벨트의 세 별들, 알니탁Alnitak, 알니람Alnilam, 민타카Mintaka의 배열을 정확히 계산하여 세 피라미드의 위치를 정했다는 것인데, 참 신묘한 일이다. 이야기는 여기서 끝나지 않는다. 세 피라미드 중 가장 큰 쿠푸 피라미드의 내부에는 왕의 방과 여왕의 방이 존재한다. 왕의 방 남쪽에 환기를 위한 좁은 통로가 발견되었는데 이 통로의 방향이 기원전 2450년의 오리온 벨트 세 별 가운데 알니탁 별에 조준되어 있었음이 확인됐다. 그리고 여왕의 방 남쪽에도 똑같은 형태의 환기 통로가 존재하는데 이것은 시리우스(이시스 여신)에 조준되어 있음이 밝혀졌다. 아마도 당시 이집트인들은 파라오가 죽은 후 그의 영혼이 이 환기 통로를 통해 오리온자리(오시리스 별자리)로 향하고 여왕이 죽은 후에는 시리우스로 향한다고 생각했던 것이 아닐까?

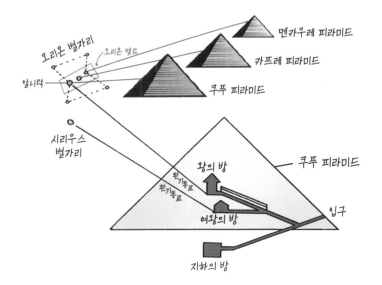

불가능에 가까운 거대한 피라미드의 건축, 그리고 피라미드에 얽힌 천문학적인 스토리는 신비론자들에게 '혹시 외계인이 피라미드를 건축한 것이 아닐까?'라는 흥미로운 추측까지 불러일으키곤 한다. 1986년 스위스 취리히의 마크 레너Mark Lehner 박사가 방사선 가속장치를 이용해 조사한 결과에 따르면, 놀랍게도 기자의 쿠푸 피라미드가 초기 작품인 조세르 왕의 계단식 피라미드보다 450~1000년 정도 나이가 많다고 한다. 즉 수많은 피라미드를 거치면서 이집트인의 건축술이 점점 발달했고 그 절정의 결과물이 바로 쿠푸 피라미드라는 추측이 틀렸고, 오히려 그 어떤 피라미드들보다도 가장 먼저 건설되었다는 주장이다. 여기서 신비론자들은 외계의 고등 생명체가 지구에 피라미드를 지은 것이고, 이후 인간들이 그 피라미드를 따라 지으려고 했지만 실패했다는 이야기를 꾸며 내곤 한다. 근거 없는 상상일 뿐이지만 그렇다고 이를 반박할 확실한 증거도 없는 것이 바로 피라미드다.

고대 이집트의 기하학, 천문학, 그리고 고도로 발달했던 건축술에 신화까지 가미된 세계 7대 불가사의 피라미드는 가히 세계 최고의 종합 예술품이라 봐도 과언이 아니다. 그 작품성이 너무나 완벽해서 그 안에 숨겨진 비밀은 여전히 다 풀리지 않고 있다. 지난 역사의 긴 시간 속에서 세계인들이 끊임없이 피라미드에 대한 로망을 품고 이곳을 찾았던 이유다.

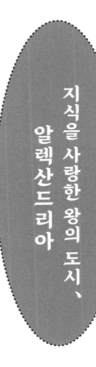

지식을 사랑한 왕의 도시, 알렉산드리아

الإسكندرية، مدينة الملوك المحبين
للمعرفة والعلم

2003년 겨울, 친구들과 이집트 알렉산드리아로 향했다. 덕분에 카이로 시내의 악명 높은 교통 체증, 매캐한 매연과 소음 공해에서 잠시 벗어날 수 있었다. 매일 아랍어와 씨름하며 영혼의 휴식을 갈구하던 우리는 간만에 책을 덮고 지중해를 찾았다. 한쪽에 해안가를 면한 보도를 하염없이 걸었다. 시원한 바람을 맞으며 탁 트인 바다를 바라보니 지쳤던 영혼이 기운을 차리는 듯했다. 시간도 정해 놓지 않은 채 알렉산드리아의 동쪽 해안을 거닐며 자유를 만끽했다. 그때 눈에 한 거대한 예술품이 들어왔다. 웅장한 원형 지붕이 경사를 이루며 해변 쪽으로 기울어져 있는 초현대식 건물이었다. 때마침 우리 앞을 지나는 이집트인에게 질문을 던졌다.

"이 건물은 뭐죠?"

"알렉산드리아 도서관입니다. 실제로 고대 알렉산드리아 도서관이 이 근처에 있었죠."

"아, 이게 그거군요!"

모양새부터 범상치 않았는데 역시 보통 건축물이 아니었다. 신알렉산드리아 도서관new Bibliotheca Alexandria이라고 불리는 이

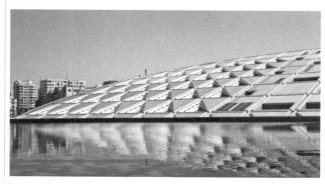

신알렉산드리아 도서관의 원형 지붕.

알렉산드리아 도서관 뒤편의 외벽. '월'이라고 쓰인 한글을 발견할 수 있다.

곳은 고대 알렉산드리아 도서관의 찬란했던 학문과 예술의 부활을 염원하며 오랜 기간 기획된 프로젝트였다. 1988~1989년 유네스코에서 주최한 설계 공모에서 노르웨이 스노헤타Snohetta사가 당선된 후 본격적인 건축이 시작됐다. 호스니 무바라크Hosni Mubarak 전 이집트 대통령(재임 1981~2011)과 유네스코의 전폭적인 지원을 받아 수년간의 노력 끝에 2002년 개관했다. 우리는 이 원형 건물 주변을 둘러보기로 했다. 유리로 된 외벽을 지나 지름 160미터의 원형 지붕 경사가 가장 높이 올라간 측면으로 돌아가니 건물을 둥글게 감싼 회색빛 화강암 외벽을 볼 수 있었다. 세계 각국의 언어가 새겨진 직사각형 화강암 석판들이 6000개나 모인 벽은 모자이크의 미가 돋보였다. '전 세계 모든 문자로 창조해 온 지식이 이곳에 보관되어 있다'라는 당찬 메시지를 전하는 듯했다.

입장권을 구매해 도서관으로 들어갔다. 강렬한 태양 빛이 원형 천장을 통과해 은은한 대형 스탠드 조명이 되어 줬다. 학문에 매진하는 사람들에겐 지혜의 빛이다. 책 800만 권을 소장할 수 있는 규모로 현재 확보된 서적만 50만 권이 넘는다고 한다. 총 열한 개 층으로, 맨 아래 지하 4층부터 위로 갈수록 조금씩 공간이 좁아지면서 원형 천장을 공유하는 형태이기에 사람들이 각 층에 흩어져 있어도 한 공간에서 문자의 향기를 공유하는 느낌이었다. 얼마 전 알렉산드리아에 사는 친구 림 몰로키아와 알렉산드리아 도서관에 대해 이야기를 나누었다.

"이곳은 수많은 이집트 젊은이에게 학문의 전당이자 추억의 공간이야. 나도 대학 시절에 친구들과 몰려다니며 이곳에서 공부했었지. 주말에도 각종 도서 박람회, 전시회, 음악회가 열려서 예술의 향기에 흠뻑 빠졌었어"

"고대의 알렉산드리아 도서관도 그런 곳이었을까?"

"그 이상이지 않았을까? 새로 만들어진 도서관은 학문을 꽃

알렉산드리아
도서관 내부 모습.
ⓒRanda Mostafa1

알렉산드리아
전경.

피웠던 옛 시절이 다시 돌아오기를 염원하며 정부가 과거를 모
방한 거야. 그러나 고대의 알렉산드리아 도서관은 그야말로 무
에서 유를 창조해낸 세계적인 도서관의 원조라고 할 수 있어.
도서관을 계획한 소테르 왕 본인이 학문을 사랑했고 지식이 곧
국력이라고 생각했으니…. 시작부터가 달랐지."

　도서관에서 나온 우리는 또다시 해안선을 따라 걷기 시작했
다. 모래사장이 보이는 곳으로 내려가자 광활한 바다가 눈앞에
펼쳐졌다. 장관이었다. 바다 먼 곳에서는 거친 파도가 겹겹이 몰
려왔지만, 눈앞에는 에메랄드빛의 맑은 물결이 잔잔했다. 나는
발을 물에 담그고 멀리 펼쳐진 지중해 수평선을 바라보았다.

　알렉산드리아라는 도시는 언제 생겨난 것일까? 기원전 356년,
한 왕자가 마케도니아에서 태어났다. 우리에게는 알렉산더 대
왕으로 더 유명한 알렉산드로스 3세Alexander III Magnus다. 그리
스 북방에 위치한 마케도니아는 당시 발칸반도를 호령하던 대국
이었다. 알렉산드로스가 20세가 되던 해, 아버지 필리포스 2세
Philip II가 사망하자 그는 마케도니아 왕위에 오른다. 그는 천재

알렉산드리아의
바다. 에메랄드빛
의 맑은 물결에
발을 담가 봤다.

적인 군사적 지략으로 2년 만에 그리스의 수많은 도시 국가를
모두 평정하고 그리스 세계를 역사상 처음으로 하나의 국가로
만들었다. 이후 숙적 페르시아(현 이란)를 향한 동방 원정을 시작
하여 기원전 331년, 마침내 페르시아를 점령했다. 당시 페르시
아가 지배하던 이집트까지 자연스레 알렉산드로스의 손에 들어
왔다. 그의 나이는 고작 20대 중반이었다.

　이집트에 입성한 알렉산드로스는 새로운 그리스풍 도시 건설
을 계획한다. 당시 이집트에는 라코티스Rhacotis라는 지중해 연
안의 작은 어촌 마을이 있었는데, 알렉산드로스는 이곳의 지정
학적 전략성을 높이 평가했다. 지중해를 통해서 외국으로 진출
하기가 용이했고 델타 지역(나일강 삼각주)에서 나일 계곡을 따
라 남쪽으로 물자 운송을 하기에도 편리한 곳이었다. 그는 이곳
을 이집트의 새로운 중심 도시로 정하고 본인의 이름을 따서 '알
렉산드리아Alexandria'라고 명명했다. 알렉산드로스는 건축가 다
이노크라테스Dinocrates에게 도시 설계를 맡겼지만 본인도 직접
도시의 경계와 주요 건물의 위치 선정에 개입할 정도로 이 도시
에 대한 애착과 기대감이 매우 컸다. 그는 이곳을 헬레니즘 문화

가 꽃필 수 있는 곳으로 만들려는 섬세한 계획을 세웠다. 헬레니즘은 그리스 문화와 동방 현지 문화의 융합을 의미한다.

수많은 정복지에서 그가 '알렉산드리아'라는 이름을 붙인 도시는 70여 개에 달했다고 한다. 자신의 발자취를 도시의 이름에 남겨 후세가 자신의 위대함을 기억할 수 있도록 한 것이다. 현재 터키, 이란, 아프가니스탄, 타지키스탄, 파키스탄 등지에 위치했던 '알렉산드리아'라는 도시들은 알렉산드로스 대왕을 따라 동방 세계까지 따라온 그리스 병사 수천 명의 안전한 거처가 되어 주었다. 그러나 도시 대부분이 역사 속으로 사라지거나 축소되었고 현재는 이집트의 알렉산드리아만이 유일한 대도시로 남았다.

기원전 323년, 알렉산드로스는 현재의 이라크인 바빌론에서 열병으로 요절했다. 그의 나이 33세였다. 알렉산드리아를 지중해의 문화 도시로 만들기 위한 초석은 다졌으나 완성된 도시를 보지 못한 채 눈을 감았다. 그의 제국은 그리스, 서아시아, 이집트 세 왕국으로 분열되었고 알렉산드로스의 절친한 부하였던 그리스인 프톨레마이오스가 이집트 왕권을 이어받았다. 그는 이집트에 프톨레마이오스 왕조Ptolemaic Kingdom(기원전 305~30)를 세우고 알렉산드리아를 수도로 삼았다. 알렉산드로스가 세상을 떠났어도 도시 설계자 다이노크라테스의 임무는 계속되었다. 격자형 구조로 설계된 알렉산드리아는 동서를 가로지르는 직선 도로, 넓은 도로를 따라 건설된 사원, 궁정, 원형 경기장, 극장 등을 통해 그리스 문화를 그대로 이어 다이노크라테스의 도시임을 증명해냈다. 궁정만 수천 개였다고 하니 현재의 알렉산드리아를 생각하면 그 옛 도시의 화려함을 상상할 수조차 없다.

프톨레마이오스는 이집트에 왕조를 세우고 '구원자'라는 뜻의 그리스어 '소테르Soter'를 자신의 별칭으로 삼았다. 그는 이집트 시민의 지지를 얻기 위해 프톨레마이오스 왕조가 고대 파라오 왕국의 연장선에 있다고 주장했다. 또한 본인이 파라오임을 자처했고, 그 후 그리스 혈통의 파라오가 이집트인들을 다스리기 시작했다. 그리스 문화는 알렉산드로스 대왕이 이집트 땅에 발을 내디딘 순간부터 흘러 들어왔고, 프톨레마이오스 왕조가 탄생했을 때는 이미 그리스식 문명국으로 탈바꿈하고 있었다. 이후 알렉산드리아 도시는 알렉산드로스 대왕이 강조했던 동서 융합의 정신을 따라 헬레니즘 문명의 세계적인 중심지로 발돋움했다.

프톨레마이오스 왕조는 알렉산드리아에 외국인이 자유롭게 이주할 수 있도록 허용했기에 국제도시로 성장했다. 그리스인 왕족들과 관리들, 수천 명의 그리스와 마케도니아 군사는 물론 다양한 국가에서 온 상인과 사업가들로 알렉산드리아는 항상 붐볐다. 다양한 인종과 계급의 모자이크를 형성했다던 기록을 보면 다양한 민족의 멜팅폿Melting Pot인 미국의 뉴욕, 중동의 두바이가 연상된다.

소테르 왕은 책을 무척이나 사랑하고, 지적 욕구가 충만한 사람이었다. 그의 목표는 아테네의 아리스토텔레스 소요학파의 학원Aristotle's Lyceum과 플라톤 학파의 학원Plato's Academy을 능가하는 위대한 지식 문화 복합 기관을 만드는 것이었다. 이러한 꿈을 이룰 수 있도록 옆에서 조언해 주었던 사람이 있었으니 바로 아리스토텔레스의 제자였던 데메트리우스Demetrius다. 알렉산드리아 도서관은 이 두 명이 합심하여 꿈을 구현해낸 공간이었다.

건축 시기는 기원전 290년에서 240년까지 약 50년간으로 추정된다. 프톨레마이오스 왕실은 이 거대한 도서관에 소장할 서적을 모으기 위해 물불을 가리지 않았다. 알렉산드리아를 방문한 여행객에게서 소지한 책을 압수하기도 했다. 특히 프톨레마이오스

고대 알렉산드리아 도서관 상상도.

왕조 제2대 왕 필라델포스Philadelphus(재위 기원전 283~246)는 상선이 항구에 정박하면 화물 중에 필사본이 있는지 검색하게 하고, 발견될 경우 원본은 도서관에 소장한 뒤 복사본을 주인에게 돌려주었다고 한다. 그리스의 필사본뿐 아니라 에티오피아, 페르시아, 히브리, 북부 인도의 다양한 서적의 원본들도 가리지 않고 알렉산드리아 도서관의 소유물로 만들었다. 도서관에 수집된 자료들은 검증을 거치고 체계적으로 분류되어 보관되었는데, 당시 사용된 라벨에는 책의 출처, 획득 부수, 전 소유주의 이름 등이 표기되었다고 한다. 이때 이집트 문헌뿐 아니라 여러 외국어 기록물이 그리스어로 활발히 번역되었다. 이 시기에 72명의 유대인 번역자가 알렉산드리아에 모여 히브리어로 된 구약을 그리스어로 번역한 일은 유명하다. 이렇게 번역된 구약 성경을 70인 역 The Septuagint이라고 부르는데 유럽어판 구약 성경들은 모두 이것을 원전으로 삼고 있다. 프톨레마이오스 왕조의 마지막 파라오 클레오파트라 치세 때는 양피지 두루마리 서적이 무려 70만 권이나 소장되었다. 타자기가 발명되기 이전 유럽 전체가 보유

하던 도서의 거의 10배에 가까운 양이다.

프톨레마이오스 왕조는 외국의 수많은 학자를 끊임없이 알렉산드리아로 불러들여 이곳을 지적 영혼이 충만한 도시로 만들었다. 학자들은 왕실의 후원으로 알렉산드리아 도서관에 머물며 다양한 학문 연구를 수행했고, 자연스레 고대 학문의 중심이 그리스에서 이집트 알렉산드리아로 이동했다. 19세기 독일의 역사가 요한 구스타프 드로이젠Johann Gustav Droysen은 "헬레니즘 시대야말로 그리스 문명의 팽창 시대"라고 말한 바 있는데, 그 중심이 바로 알렉산드리아였다. 이 시대에 알렉산드리아에서는 듣기만 해도 기가 죽을 법한 학문적 성과를 이루어 냈다. 유클리드는 기하학 원론을 완성하여 점, 직선, 삼각형, 원 등의 용어 정의부터 이들 사이 관계를 설명하는 이론 체계를 밝혀냈다. 아리스타르코스Aristarchus는 지구가 태양 주위를 돈다는 지구 공전설과 자전설을 제기했다. 에라토스테네스Eratosthenes는 지구의 형태와 둘레, 중심각 등의 이론을 창안했다. 의학이 발달하여 인체 해부와 생체 실험도 시도되었고, 대뇌, 소뇌를 구분하여 신경 체계의 작동 원리를 연구했다. 4세기 역사학자 암미아누스 마르켈리누스Ammianus Marcellinus는 알렉산드리아대학교에 가는 것이 의학을 배우려는 사람들에게 줄 수 있는 가장 좋은 충고라고 말할 정도였다. 이곳에서 연구된 천문학과 측량술은 훗날 지동설과 아메리카 대륙 탐사를 가능케 하는 원동력이 되었다. 그리고 이런 당대의 수학, 물리학 등의 학문을 총동원하여 건설된 하나의 예술 작품이 있었으니, 바로 파로스 등대Pharos Lighthouse다. 높이 130미터로 당시 세계에서 가장 높은 건물이었다. 모든 등대의

파로스 등대 상상도.　　　　　　　　　　　파로스 등대 자리에 세워진 카이트베이 요새.

원형이자 고대 세계 7대 불가사의 중 하나인 이 등대는 42킬로
미터 이상까지 불빛을 쏘아 보낼 수 있었다고 한다. 이러한 일들
이 모두 2300년 전에 일어났다니 놀라지 않을 수 없다. 지금은
등대의 자리에 카이트베이 요새Citadel of Qaitbay가 떡하니 자리
를 잡고 있다. 1477년 이집트를 지배했던 술탄 알아슈라프 카이
베이Al-Ashraf Sayf al-Din Qa'it Bay가 지진으로 무너진 등대의 잔해
위에 건설한 방어 요새다. 큼직한 요새의 모습이 시야를 가득 채
우니 고대 파로스 등대 모습을 상상하는 데 방해가 되어 아쉬움
만 남는다.

　기원전 30년, 고대 이집트 왕국의 마지막 파라오이자 헬레니
즘 국가의 마지막 왕이었던 클레오파트라가 독사에 물려 자살
하면서 프톨레마이오스 왕조 시대는 막을 내리게 되었다. 로마
는 이집트를 로마제국에 편입시켜 지중해 통일을 이루었다. 이

후 로마의 지배하에서도 알렉산드리아는 이집트의 중심 도시로, 알렉산드리아 도서관은 세계 지식의 보고로서 명맥을 유지했지만, 예전만큼은 아니었다. 수백 년간 전쟁, 화재, 지진 등으로 많은 자료가 소실되기도 했고, 박물관을 이교 사상의 가장 좋은 본보기로 여겼던 로마제국에 의해 수난을 당하기도 했다. 친구 림 몰로키아는 한숨을 쉬며 말했다.

"우리는 도서관이 사라진 결정적 사건이 로마의 이집트 지배였다고 생각해. 도서관에 소장되어 있던 수많은 서적을 이교도의 것으로 간주해 배척하고 없애 버렸지. 인간이란 참 어리석지 않아? 수백 년 동안 쌓아 온 학문과 예술의 축적물을 또 다른 인간들이 자신들의 권력을 위해 불태운다는 게…"

알렉산드리아 도서관의 수난은 7세기, 이슬람 세력이 이집트 땅에 들어온 이후에도 계속되었던 것으로 보인다. 아랍 중세 역사학자 알리 이븐 알키프티Ali ibn Al-Qifti는 당시 알렉산드리아를 함락시킨 아무르 이븐 알아스Amr ibn Al-As 장군이 이슬람 최고 지도자 칼리파 우마르 이븐 알카타브Umar ibn al-Khattab로부터 다음과 같은 서신을 받았다고 기록했다.

"(도서관 안에 있는) 책의 내용이 알라의 책과 일치하는 것이라면 우리는 그것이 필요 없다. 만약 알라의 책과 반대되는 내용을 담고 있다면 그것도 가지고 있을 필요가 없다."

이후, 그 영원할 것만 같았던 알렉산드리아 도서관은 자취를 감춰 버렸다. 정말 칼리파 우마르의 명령으로 알렉산드리아 도서관이 불타 없어진 것인지, 아니면 이미 로마 통치 시절에 자료

과거의 영광은
사라졌어도
여전히
아름다운 도시,
알렉산드리아.

대부분이 소실되었던 건지, 아직도 도서관이 사라진 정확한 시기나 사유에 대해 학자들의 의견은 분분하다. 이슬람 국가가 되어 버린 이집트는 푸스타트Fustat를 새로운 수도로 선포했고 찬란한 문명의 도시 알렉산드리아는 과거의 영광을 뒤로한 채 알렉산드리아 도서관과 같은 운명의 길로 들어서게 되었다.

알렉산드리아는 여전히 아름답다. 그래서 프톨레마이오스 시대의 알렉산드리아가 더욱 궁금해진다. 도대체 얼마나 아름다웠을까? 젊은 나이에 세계적인 대제국을 꿈꾸었던 알렉산드로스 대왕이 온갖 정성을 들여 만든 도시, 300년 동안 수많은 역사적 거물의 발길이 끊이지 않던 곳, 헬레니즘 문명의 중심지로서 수많은 학자를 배출하고 수십만 권의 책을 보관했던 지적인 도시. 그토록 찬란했던 영광의 잔해들이 여전히 알렉산드리아 땅에 묻혀 있는 듯하다. 그리고 약 400만 명의 알렉산드리아 시민이 그 땅 위에서 평범한 일상을 살아간다. 석양이 내려오고 잔잔한 지중해와 붉은 하늘을 바라보자, 경험하지도 않은 과거의 아름다움이 그리워졌다.

아기 예수가 숨어 살던 마을

القرية التي عاش فيها يسوع الطفل مختبئاً

카이로의 기독교 마을

2003년 9월 어느 날, 지하철을 타고 마르 기리기스 역Mar Girgis
에 도착했다. 기독교 마을이 있다는 '올드 카이로Old Cairo'로 향
하는 길이었다. 사원의 확성기에서 무슬림의 예배 시간을 알리
는 아잔adhan 소리가 울려 퍼지는 도시 카이로, 그 안에 기독교
마을이 존재하리라고는 상상도 하지 못했다.

올드 카이로는 나에게 신선한 충격이었다. 특히 오랜 세월 그
곳을 지키며 여전히 고대 로마제국의 위용을 자랑하는 '바빌론
요새'의 잔해가 잊히지 않는다. 기원전 30년, 이집트의 마지막
파라오 클레오파트라가 자살로 생을 마감하고, 위대했던 고대
이집트 왕국은 로마의 속국이 되어 버린다. 당시 카이로 지역까
지 진출한 로마는 '바빌론Babylon'이라 불리던 지역에(이라크의 바
빌론과 다른 곳) 성채와 도시를 건설했다. 그 주변에 교회가 세워
지기 시작했는데 한때는 40개 이상의 교회가 존재했던 꽤 큰 기
독교 도시였다고 한다. 그 기독교 도시가 축소되고 축소되어 남
은 곳이 바로 여기, 올드 카이로다.

마르 기리기스 역에서 밖으로 나와 도로를 걷다 보니 얼마 가
지 않아 기독교 마을로 들어가는 입구가 나왔다. 그 안으로 들어
서자 이슬람 문화의 향취는 온데간데없고, 초기 기독교 세계가
눈앞에 펼쳐졌다. 좁디좁은 골목 양옆에 늘어선 돌담과 오래된
높은 건물 벽이 태양 빛을 가려 한낮인데도 어두웠다. 길을 죽
걷다 보니 양 벽면에 나무와 철제로 된 오래된 문과 여닫이창,
벽돌로 만든 아치형 관문들이 보였다. 인적이라곤 찾을 수 없는

(위)
바빌론 성채의
잔해.

(아래)
기독교 마을 골목.

어두운 골목 안에 적막감마저 감돌아 묘한 기분이 들었다. 곳곳에 이집트 기독교인들이 사는 가정집이나 작은 상점들이 뒤섞여 있었다. 상점 가판대에는 기독교 서적과 아기 예수, 마리아, 수도원 등이 그려진 그림들이 진열되어 있었는데, 올드 카이로에 오기 전까지는 본 적 없는 낯선 풍경이었다.

길을 묻는 나에게 골목에 의자를 놓고 앉은 상인이 심드렁하게 대답했다. 그의 말을 따라서 안쪽으로 더 깊이 들어가니 짙은 회색빛 돌들로 다져진 로마식 도로가 나왔다. 한참을 걷자 너무 오래되어 형태를 잃어 가는 회색빛 돌담 앞에서 놀고 있는 허름한 차림의 아이들이 눈에 띄었다. 그리고 그 옆에는 아이들의 어머니로 보이는 한 아주머니가 아기를 업은 채 빨래를 널고 있었

다. 수백 년간 신앙을 지킨 대가로 대물림된 가난이 그를 지치게
한 건 아닐까 생각했다.

예수가 밟은 땅, 카이로

좁은 길목을 다니다 보면 아치형의 교회 입구들을 마주하게 된
다. 마치 초대 교회로 갈 수 있는 시간 여행의 관문 같다. 고대
로마 바실리카 양식의 소박해 보이는 한 교회가 눈에 들어왔다.
낮은 계단을 따라 내려간 다음, 반지하 입구를 지나야 입장할 수
있었다. 입구 위 벽면에 붙어 있는 대리석에는 '성 세르기우스
바쿠스 교회Saints Sergius and Bacchus Church'라고 아랍어와 영어
로 씌어 있었다. 입구를 지나자마자 나오는 예배당은 넓은 공간
은 아니었지만, 예상치 못하게 확 트인 층고가 시원하면서도 경
건한 분위기를 연출했다. 고개를 들어 천장을 올려다보니 삐죽
내려온 목조들이 보였다. 교회 관리인에게 물었다.

"천장에 독특한 목조물을 설치한 특별한 이유가 있나요?"

"아, 저것은 노아의 방주를 본떠서 만든 것입니다. 교회의 작
은 부분들에도 의미를 담아 만들었어요."

교회 내부에 우뚝 서 있는 화강암으로 된 흰색 기둥 열두 개
는 예수의 열두 제자를 의미한다. 그중 유독 한 기둥만 다른 재질
로 만들어져 어두운 갈색빛을 띠는데, 이는 예수를 배반한 유다
를 뜻한다. 예배당의 벽을 따라 예수의 탄생과 기적, 세례, 부활,
그리고 제자들의 모습 등을 담은 성화가 줄지어 붙어 있어 초기
교회의 냄새가 물씬 풍긴다. 기둥 옆에 놓인 긴 벤치에는 몇몇

이집트인 신자가 앉아서 기도하고 있었다. 혹시 내가 방해하는 것은 아닌지 조심스러워졌다. 주 예배는 일요일에 진행되지만, 이집트의 공식 휴일인 금요일에도 예배를 진행한다고 한다. 그뿐 아니라 매일 성찬 예배를 드릴 정도로 이집트 기독교인들은 열정적이다.

예배당을 구경하고 있는 도중 제단 쪽에서 몇몇 사람이 지하로 내려가는 게 보였다. 궁금한 마음에 그쪽으로 다가가자 제단 왼쪽에 지하로 내려갈 수 있는 좁은 계단이 보였다. 그 위에 '신성한 가족이 살았던 지하 동굴The crypt of the holy family'이라는 문구가 씌어 있었다. 예수의 가족이 석 달간 머물렀다는 역사적인 장소였다. 그래서 성 세르기우스 바쿠스 교회는 한국인 순례객들 사이에서 '예수 피난 교회'라고도 불린다.

이곳에 관한 이야기는 2000년 전 예수가 탄생한 시기로 거슬러 올라간다. 예수가 태어난 곳은 유대 지역(현 팔레스타인) 베들레헴이다. 당시 동방 박사들은 이 아기를 유대인의 왕이라 칭하며 기뻐했고 유대 지역을 통치하던 헤롯왕은 이 사실을 전해 듣고 분노한다. 헤롯왕은 예수를 살해할 음모를 꾸미고 예수의 아버지 요셉은 아기 예수와 아내 마리아를 데리고 이집트로 피신한다. 아기 예수 가족은 예루살렘으로 돌아가기까지 약 3년 6개월간 이집트 내 30여 곳에서 생활했다. 그중 한 곳이 바로 올드 카이로고 성 세르기우스 바쿠스 교회가 세워지기 전, 그 자리의 지하 동굴에서 예수 가족은 석 달간 숨어 살았다. 5세기가 되면서 그 동굴 위에 교회가 세워졌고, 303년 로마 황제 막시미아누스Maximianus(재위 286~305)에 의해 순교당한 성자 세르기우스와 성자 바쿠스를 기리기 위해 '성 세르기우스 바쿠스'라는 이름이 붙었다.

> 그래서 요셉이 일어나 아기(예수)와 그 어머니(마리아)를 데리고 한밤중에 이집트로 떠났습니다. 그리고 헤롯이 죽을 때까지 그곳에 살았습니다. 이것은 주께서 예언자를 통해서 하신 말씀을 이루신 것입니다. 내가 이집트에서 내 아들을 불러냈다. ─[마태복음 2:14-15]

지하 동굴로 내려가자 다섯 평 남짓한 좁고 어두침침한 공간이 나왔다. 그 안에 가만히 서 있자니 기도로 하루하루를 겨우 버티며 살아갔을 아기 예수 가족의 모습이 떠올랐다. 기독교인이라면 그 의미가 크게 다가오는 특별한 장소였다. 예수 가족은 이후로도 이집트 내 여러 지역을 다녔는데 마지막으로 도착한 도시는 아슈트Asiut였다. 구약 성경에 보면 이사야Isaiah라는 선지자가 등장하는데, 이사야는 기원전 8세기경 이집트 땅에 제단이 설 것이라고 예언을 했다. 예수가 태어나기 거의 700~800년 전에 쓰인 것이다.

> 그날에 이집트 땅 한복판에는 여호와께 드리는 제단이 서겠고 이집트 국경선에는 기념비가 세워질 것이다. ─[이사야 19:19]

나와 친분이 있는 이집트 기독교인 중 한 명이자 아인샴스대학교의 한국어과 교수인 사라 박사가 이 예언에 대해 설명해 주었다.

"이 예언은 이집트 기독교인들에게 아주 특별해요. 예수는

(위)
동굴 속 예수 가족
피난처.

(아래)
이집트 아슈트에
위치한
무하라크 수도원.

헤롯왕을 피해 이집트 피난 중이었죠. 마지막으로 도착한 곳이 이집트 중앙에 위치한 아슈트라는 도시예요. 이 지역에서 아기 예수는 돌 위에서 잠을 잤는데, 훗날 그곳에 수도원이 지어졌어요. 돌이 제단으로 변한 것이죠. 이집트 기독교인들은 이 사건을 두고 이사야 19:19가 실제로 이루어진 것이라고 믿고 있어요. 그 수도원이 오늘날 무하라크 수도원Muharraq Monastery이고요.”

이집트 기독교인들의 수난

아기 예수와 같이 이집트 기독교인의 삶도 험난했다. 초기 이집트 기독교는 로마제국의 박해를 받았다. 특히 데키우스 황제Decius(재위 249~251)부터 디오클레티아누스Diocletianus(재위 284~305) 때 박해는 절정에 달했다. 이 시기에 이집트 기독교인 약 14만 4000명이 순교했다고 한다. 결국 이들은 사막의 오아시스나 시나이반도의 광야 등지로 피해 수도 생활을 하게 되었다. 그러던 313년, 이들에게 광명이 찾아왔다. 로마의 콘스탄티누스 대제가 기독교를 공인한 것이다. 신앙의 자유를 얻은 이집트 기독교인들은 알렉산드리아를 중심으로 토착 기독교단인 '콥트Copt교단'의 신학적 체계를 발전시켰다. 그리고 알렉산드리아는 로마, 콘스탄티노플, 예루살렘, 안티오크와 함께 초대 기독교의 5대 교구가 되었다.

그러나 451년에 위기가 다시 찾아왔다. 동로마제국의 황제 풀케리아Pulcheria가 칼케돈 공의회Council of Chalcedon를 소집하여 예수 그리스도의 신성과 인성이 분리될 수 없음을 확정한 것이다. 다시 말해, 이 교리를 따르는 동방정교회와 로마교회만을 인정하고 나머지 교단은 모두 이단으로 선포했다. 예수 그리스도 안에는 오직 신성 하나의 본성만이 내재한다는 '단성론'을 주장했던 알렉산드리아의 콥트교단도 이단으로 몰렸다. 하지만 이집트의 콥트교인들은 굴하지 않았고, 독자적인 토착 기독교의 전통을 이어가며 고립의 길을 선택했다. 동로마(비잔틴제국)는 종교적으로 분리되어 나간 이집트 콥트교단에 종교적, 경제적 핍박을 가하기 시작했다.

641년 아라비아반도에서 건너온 아랍인들이 이슬람의 깃발을 내걸고 이집트를 정복했다. 동로마제국의 수탈과 압제가 얼마나 극심했던지 콥트교인들은 오히려 아랍인들을 환영했다. 이슬람 군대는 이집트인에게 '신앙의 자유'를 허용했다. 단, 이슬람법에 따라 비무슬림은 지즈야Jizyah라는 인두세를 내야 했다. 혹독한 징세를 견디지 못한 콥트교인들은 결국 하나둘 이슬람으로 개종하기 시작했고 9세기가 되자 무슬림이 이집트 인구의 다수를 차지하게 되었다. 살아남은 콥트교인들은 과중한 세금, 정치적 소외, 입대 배제 등 철저한 차별을 견뎌 내야만 했다. 특히 1250년 이집트를 차지한 맘루크 왕조는 약 200년간 정부의 직책에서 모든 콥트교인을 끌어내리며 차별 정책의 강도를 높였고, 이때 이집트 내 콥트교인들의 숫자가 현저히 줄어들었다.

1805년 오스만제국의 이집트 총독 무함마드 알리Muhammad Ali(재위 1805~1848)가 이집트를 통치하면서 기독교인에 대한 차별이 완화되기 시작했다. 비무슬림들에게 부과되었던 인두세가 철폐되고 콥트교인을 비롯한 기독교인들은 정부 요직을 차지하기도 했다. 영국의 식민 지배 기간(1882~1922)에 콥트교 공동체는 무슬림들과 힘을 합쳐 반식민 운동을 진행하면서 이집트 민족주의를 외쳤다. 국가적 민족주의는 콥트교인들이 종교로 인한 한계를 극복하고 이집트 내에서 정치적으로, 또 사회적으로 힘

콥트어로 쓰인 성경 사본(기원후 400~500년경 쓴 것으로 추정) 현재 베를린 신박물관에 보관되어 있다.
ⓒLivius.org

117대 콥트 교황
쉐누다 3세가
피신해 있었던
피쇼이 수도원.
2012년에
사망한 그는 이곳
에 안장되었다.

을 키울 수 있는 좋은 이데올로기적 수단이었다. 1953년 이집트 공화국이 수립되고 나서도 콥트교단은 국가적 위기 상황 때마다 정부를 지지하는 민족주의적 행보를 보였다. 그러나 정부의 비위를 건드리면 가차 없이 박해를 받았다. 1980년 콥트교단의 지도자들은 상이집트에 위치한 아슈트에 콥트교단의 독립적인 수도를 건설할 계획을 세웠다. 사라 박사가 이사야 19:19의 예언이 실현되었다고 말했던 그 도시다. 그러자 1980년 9월 3일, 안와르 사다트Anwar Sadat 이집트 대통령은 콥트 교황 쉐누다 3세 Shenuda III를 카이로에서 북서쪽으로 약 100킬로미터 떨어진 사막 지역에 위치한 피쇼이 수도원Monastery of Saint Pishoy으로 추방하고 150명의 주교, 성직자 등 관련자를 체포했다. 1985년 무바라크 대통령이 명령을 철회하고 나서야 쉐누다 3세는 카이로로 돌아올 수 있었다. 이후 쉐누다 3세 교황은 무슬림과의 관계를 개선하기 위해 많은 노력을 기울였다. 이슬람 단식월인 라마단이 되면 저녁 식사 자리를 준비해 무슬림 고위 인사들을 초대하고, 주기적으로 반이스라엘 입장을 밝혀 아랍 무슬림들의 팔레스타인 정책에 동조한다는 제스처를 보이기도 했다. 이집트 사회에서 살아남기 위한 처절한 전략이었다.

광야의 야생화

현재 이집트 인구 약 1억 233만 명 중 기독교인들은 10~15퍼센트를 차지하고 있는데, 대부분이 콥트교인이다. 콥트교단의 1대 교황은 이집트 알렉산드리아 땅에 처음으로 성경 말씀을 들여온 성 마르코(마가복음의 기록자)이며 현재 이들의 영적 지도자는 118대 교황 타와드로스 2세Pope Tawadros II 다.

이들을 보고 있노라면 광야의 야생화가 떠오른다. 긴 고통의 역사 속에서도 끈질긴 생명력으로 2000년이라는 세월을 견뎌오지 않았는가. 약 200년간 기독교 세계로부터 갖은 박해와 수모를 받았고, 이후 1400년간 이슬람 사회의 차별 속에서도 눈물겨운 노력을 통해 그들의 교리를 지켜왔다. 이러한 선조들 덕분일까? 현대 사회에서 그 후손들은 자신의 신앙을 지키는 동시에 이슬람 사회에서 적절한 타협점을 찾아가며 그들의 위치를 잘 다지고 있다. 카이로 같은 수도권에서는 이집트 기독교인의 생활 수준이 꽤 향상되어, 재능만 있으면 차별 없이 좋은 직업을 갖고 돈도 많이 벌 수 있다. 콥트교인인 사라 박사 또한 의사 집안을 일구고 이집트 사회에서 보란 듯이 상류층을 차지하고 있다. 오늘날 이 땅의 이집트 기독교인과 무슬림은 같은 언어를 쓰는 국민으로서 같은 동네, 같은 건물에서 이웃으로 살며 평화롭게 지내고 있다.

이집트 호텔에
한글 기념비가 있는 까닭

سبب وجود لوحة تذكارية حجرية كورية
في فندق مصري

2018년 12월 아내와 딸을 데리고 이집트로 여행을 떠났다. 15년 만에 다시 찾은 이집트였다. 출국 전부터 아내는 피라미드를 본다는 기대감에 부풀어 있었다. 여행 첫날, 우리의 첫 행선지는 역시 기자의 피라미드였다. 이집트인 운전기사는 피라미드 입구에 차를 세웠다.

"자, 여기서 자유롭게 보시면 됩니다. 끝나면 연락을 주세요. 즐거운 시간 보내시고요."

아내와 딸은 거대한 피라미드 앞에서 흥분된 마음을 감추지 못했다. 빨리 가자며 아내가 재촉하는 순간 한 이집트인 아저씨가 다가와 능숙한 영어로 친절히 말을 걸었다.

"어디서 오셨어요?"

"한국에서 왔어요."

"아 그렇군요! 반가워요. 피라미드 안까지 보실 거죠? 정말 볼 만합니다. 안까지 들어가려면 표가 있어야 합니다. 저를 따라오세요. 알려 드릴게요."

그는 우리를 매표소까지 안내해 줬다. 나는 감사 인사를 하고 가족과 줄을 섰다. 10분 정도를 기다려 표를 구매하고 피라미드를 향해 가려는데 뒤쪽에서 그 남자가 우리를 기다리고 있었다. 그는 내 옆에 딱 붙어서 이집트 역사 이야기를 해 주며 피라미드 입구까지 동행했다. 나는 그제야 알아챘다. '아! 장사꾼이로군.' 피라미드 내부를 둘러보고 나오니 역시 그 남자가 우리 앞에 또다시 나타났다. 이번엔 혼자가 아니었다. 한 젊은 이집트 남성이 마차를 끌고 와 그 장사꾼 옆에 서 있었다.

"다 보셨어요? 즐거우셨죠? 자, 이제 피라미드 주변을 둘러보셔야 하는데 절대 걸어서는 못 다닙니다."

"아, 괜찮아요. 알아서 다닐게요."

"안 돼요. 날씨도 덥고 아이도 있는데 안 됩니다. 싸게 해 드릴게요."

그러고는 나와 아내를 번갈아 보며 눈빛을 보냈다. 15년 전 이집트에 살던 시절 수없이 봤던 이집트 장사꾼의 눈빛이었다. '너희를 따라다니느라 많은 시간을 허비했으니 이제 그 값을 치르라'는 무언의 메시지. 어쩔 수 없이 가격 흥정을 마치고 가족들과 마차에 올라탔다. 30분 정도 둘러보고 다시 피라미드 입구 쪽으로 돌아왔을 때, 마차 값 정산을 위해 그 남자가 또 나타났다. 이번엔 자기 아들과 함께…. 우리가 약속한 값을 지불했는데도 그는 자기 아들에게도 용돈을 줘야 한다며 언성을 높였다. 혼자 상대하기가 버겁기 시작했다. 나는 전화를 걸어 우리를 데려다준 이집트인 운전기사를 불렀고, 도착한 기사가 우리를 위해 용감히 그 남성과 싸워 주었다. 한참을 장사꾼과 실랑이하던 운전기사가 나를 돌아보며 한마디를 던졌다.

"그냥 주세요. 방법이 없네요."

15년 전과 변함이 없었다. 목소리 큰 사람이 이기는 그곳만의 법칙. 나는 아들 용돈 명목으로 돈을 내주었다. 지칠 대로 지친 우리는 탈출하듯이 차에 몸을 실었다. 그리고 점심 식사를 위해 피라미드에서 700미터가량 떨어진 한 호텔로 향했다.

"여기는 또 다른 세계네? 천국에 온 느낌이다. 살 것 같아."

아내는 호텔 정원을 둘러보며 간만의 고요함을 즐겼다. 초록

메나하우스 호텔의
모습. 세련된
현대식 건축물 뒤로
피라미드가 보인다.
ⓒmarriott
mena house

빛 잔디와 곳곳에 보이는 나무들, 높이 솟아오른 대추야자 나무
가 조화를 이루며 멀리 보이는 푸른 하늘과 거대한 피라미드가
한 폭의 그림을 완성했다. 아내가 말했다.

"그런데 정말 특이해. 정원과 분수만 봐도 꼭 유럽인들이 만
들어 놓은 작품 같아. 이런 서구식 호텔에서 고대 이집트의 피라
미드를 바라보고 즐길 수 있다니…. 누구 아이디어인 거야? 기가
막히다."

우리는 정원을 둘러본 후 점심을 먹기 위해 호텔 식당에 자리
를 잡았다. 호텔에 들어오면서 멀찌감치 로비 소파 옆에 세워져
있던 작은 동상을 봤는데 누구의 것인지 확인해 보고 싶었다. 잠
시 자리를 비우고 확인을 하러 가 보니 1863년부터 1879년까지
이집트를 통치했던 '이스마일 파샤Ismail Pasha'의 동상이었다. 옆
에서 호텔 종업원이 한마디를 하고 지나갔다.

"이 호텔의 최초 건립자이십니다."

의구심이 들었다. 이집트는 1517년부터 오스만제국의 지배를
받으며 전통적인 이슬람 체제를 유지했던 국가였다. 그런데 어
떻게 이런 서구식 호텔을, 그것도 이집트의 왕이 건립한 것일까?

이집트 땅을 밟은 나폴레옹

"내 사전에 불가능이란 없다."

프랑스령의 외딴 섬 코르시카에서 태어나 가난을 극복하고 프랑스 황제까지 등극했던 나폴레옹(1769~1821)의 명언이다. 불가능을 몰랐던 그는 사막 지대도 두려워하지 않았다. 1798년 7월, 이집트 알렉산드리아에 상륙한 나폴레옹은 사막을 가로지르며 카이로를 향해 진군했다. 그는 이집트를 지키고 있던 오스만제국의 맘루크 군단을 물리치고 카이로에 입성했다. 상륙 3주 만에 이집트 정복을 이루어 낸 나폴레옹은 병사들에게 이렇게 외쳤다.

"병사들이여! 4000년의 역사가 그대들을 지켜보고 있다."

당시 프랑스의 가장 큰 맞수는 영국이었다. 나폴레옹이 카이로 땅을 밟은 이유도 영국을 견제하기 위해서였다. 이집트를 차지하면 영국 식민 통치의 중심인 인도를 공략할 수 있다고 계산한 것이다. 하지만 영국도 가만히 있지는 않았다. 같은 해 8월, 카이로 하구의 아부키르만Aboukir Bay에서 넬슨 제독Horatio Nelson이 이끄는 영국 함대가 프랑스군을 전멸시켰다. 결국 1799년 나

나폴레옹의
카이로 점령 모습.
(프랑수아 루이 조제프
와토François-Louis-
Joseph Watteau,
〈The Battle of the
Pyramids〉)

폴레옹은 조용히 이집트를 탈출했고, 남겨진 프랑스군도 1801년 이집트에 항복하고 물러났다.

이후 이집트는 다시 오스만제국의 이슬람 세력권으로 넘어 갔다. 그러나 4년이라는 짧은 점령 기간에도 불구하고 프랑스의 민중 혁명 사상이 이집트로 흘러들었다. 정부에 순종적이던 이 집트 국민의 의식이 깨이기 시작했다. 민중들은 이집트 총독을 자신들의 손으로 직접 선택하자고 외쳤다. 1805년 5월, 이들은 총독 후르시드 아흐메드 파샤Hurshid Ahmed Pasha에 맞서 봉기를 일으켰다. 결국 오스만제국 정부도 이집트 민중 앞에 두 손 두 발을 들고, 후르시드는 이집트 총독 자리에서 물러났다. 그리고 이집트 역사상 처음으로 민중이 선택한 사람이 이집트 총독으로 선택되었다. 그는 오스만제국이 이집트 보호를 위해 파견했던 알바니아인 장군, 무함마드 알리였다.

이집트의 서구화

무함마드 알리는 나폴레옹이 이끈 프랑스군을 보고 느끼는 바가 많았다. 지도자로 올라선 그는 더 이상 이집트를 과거에 머물게 할 수 없었다. 알리는 이슬람에 갇혀 있던 이집트를 변화시키기 시작했다. 각종 행정 제도와 행정 기구를 유럽식으로 개편했고 인재들을 유럽으로 보내 신문물을 배워 오도록 했다. 유럽의 교 육 제도를 본떠 서구식 학교를 세우고 교과서 제작을 위해 전문 번역 기관을 설립했다. 그의 개방 정책은 일본의 메이지유신보 다 거의 반세기나 빨랐다. 무함마드 알리가 집권한 1805년부터

서구를 모방한 이집트의 근
대화가 시작됐다.

이집트 근대화
의 아버지,
무함마드 알리.

　메나하우스 호텔 로비에
세워져 있는 동상, 이스마일
파샤는 무함마드 알리의 손자
다. 이스마일 파샤는 1863년
이 되어서야 이집트 총독 케
디브Khediv가 되었다. 그는 선
대들의 뜻에 따라 친서구 정
책을 추진했으나 사치와 허
영이 지나쳤고 프랑스 것이라면 사족을 못 썼다. 그리고 1867년
파리 만국 박람회를 다녀온 후 카이로의 도로가 골목길이 많아
미로 같다며 건물들을 철거하고 파리의 거리처럼 만들어 버렸
다. 특히 수에즈운하와 관련된 그의 일화는 유명하다. 당시 이집
트는 프랑스와 협력하여 수에즈운하 건설을 한창 진행 중이었
다. 육지를 파서 지중해와 홍해를 잇는 물길을 만드는 획기적인
프로젝트였다. 그러나 정작 그가 관심을 둔 것은 운하 개통 행
사였다. 남북으로 길게 뻗은 운하의 중앙에 자신의 이름을 따서
'이스마일리아Ismailia'라는 신도시를 세우고 유럽식 도로, 호텔,
백화점, 식당 등을 채워 넣었다. 수에즈운하 개통식에 초대한 유
럽 명사들을 위해서 궁전을 짓고 관광객을 위한 오락과 편의 시
설에 천문학적인 비용을 쏟아부었다.

　1869년 드디어 수에즈운하가 개통되었다. 유럽인들이 더 자
주 드나들면서 이집트는 유럽 여행객들 사이에서 따스한 겨울을

보낼 수 있는 이른바 '핫플레이스'로 떠올랐다. 이스마일 파샤는 유럽 관광객들을 위해 카이로와 피라미드 사이에 도로를 깔았다. 복잡한 카이로보다 평온하면서도 장엄한 분위기를 연출하는 기자의 피라미드 지역을 선호하는 유럽인들이 늘어났다. 이러한 분위기에 맞춰 이스마일 파샤는 기자의 피라미드 바로 앞에 개인용 오두막을 하나 지었다. 사막 사냥을 즐기거나 고위급 손님을 모실 때 이용하기 위해서였다. 그러나 그는 이 오두막을 그리 오래 즐기지 못했다. 이집트 근대화를 위해서 무분별하게 지출한 탓에 국가 재정이 파탄에 이른 것이다. 결국 이집트의 재정은 영국과 프랑스의 공동 관리하에 들어갔다. 양국의 간섭 속에서 이스마일 파샤는 1879년에 퇴위했다.

그가 퇴위한 후 4년이 지난 1883년, 신혼여행으로 이집트를 찾은 영국인 부부, 프레더릭과 제시Frederick Head and Jessie Head는 이스마일 파샤의 오두막이 마음에 들었고 이를 사들였다. 그들은 작은 오두막을 2층짜리 저택으로 확장하고 고대 이집트 제1왕조의 창시자인 메네스Menes의 이름을 따서 메나하우스Mena House라는 이름을 붙였다.

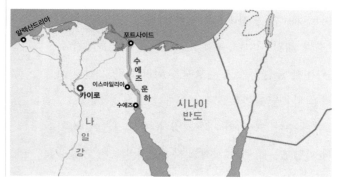

수에즈 운하길.

1891년
메나하우스 전경.

그러나 2년 후 프레더릭이 갑자기 사망했다. 남편을 하늘로 보낸 제시 헤드는 1885년 영국인 부부, 휴와 에셀 로크킹Hugh and Ethel Locke King에게 메나하우스를 팔았다. 당시 이집트에서 겨울을 보내고 있던 이 부부는 피라미드 주변에서 자신들의 눈높이에 맞는 호텔을 찾을 수 없었다. 그래서 아예 메나하우스를 외국인 여행객을 위한 고급 호텔로 개조하기로 마음먹었다. 그들은 카이로에 머물던 영국인 건축가 헨리 파바르거Henri Favarger를 고용했다. 그는 2년간의 건축 작업을 통해 메나하우스를 80개의 객실로 이루어진 고급 호텔로 변신시켰다. 로크킹 부부는 영국 가구를 호텔에 채워 넣었다. 그뿐 아니라 사진사들을 위한 암실과 예술가들을 위한 아틀리에, 도서관을 만들고 프랑스 요리사와 이탈리아 사진사를 고용하는 등 수준 높은 유럽풍 호텔을 완성했다.

메나하우스에서 울려 퍼진 대한 독립

20세기가 시작되고 전 세계는 비극적인 두 전쟁을 치르게 된다.

바로 제1차(1914~1918)와 제2차 세계대전(1939~1945)이다. 전쟁이 끝나갈 무렵인 1943년 11월, 미국, 영국, 중국 세 강대국 정상은 전후 질서를 논의하기 위해 모였다. 모임 장소는 당시 유럽인들 사이에서 큰 인기를 구가했던 중동의 관광 명소, 카이로였다. 우리도 익히 잘 아는 카이로 회담의 본부가 바로 메나하우스 호텔이었다. 당시 영국 총리 윈스턴 처칠이 약 100여 명을 이끌고 카이로를 찾았다. 미국 대통령 프랭클린 루스벨트는 60여 명, 중국의 국방 최고위원장 장제스는 30여 명과 함께 이집트 땅을 밟았다. 지금도 메나하우스 호텔은 윈스턴 처칠 영국 총리가 묵었던 방에 '처칠 스위트Churchill Suite'라는 문패를 붙여 놓고 일반인이 이용할 수 있도록 제공하고 있다.

1943년 11월 23일 저녁, 장제스는 루스벨트가 묵고 있던 숙소로 찾아갔다. 미·중 양국 정상은 밤늦게까지 일본이 차지한 식민지의 전후 처리에 대해 논의했다. '한국 독립' 안건이 둘 사이를 조심스레 오가기 시작했다. 장제스는 한국에 독립 권한을 줘야 한다고 주장했고, 루스벨트는 중국의 영토 확장 의도를 의심하면서도 한국의 독립에는 동의했다. 이날 이후 처칠까지 합세한 오랜 추가 논의 끝에 처칠도 동의하게 되었다. 마침내 1943년 12월 1일, '한국 독립' 조항이 카이로 선언에 포함되어 발표되었다.

> "미국, 영국, 중국은 한국 인민의 노예 상태에 유의하여 적절한 절차in due course를 거쳐 한국을 자주독립케 할 것을 결의한다."

1945년 8월 15일 정오, 일왕 히로히토Hirohito(재위 1926~1989)는 라디오를 통해 무조건 항복을 발표했다. 36년간 온갖 수탈을

당해 온 한국인들은 드디어 광복을 맞이했다. 그해 12월, 미국, 소련, 영국 세 강대국의 외무장관이 발 빠르게 모스크바에 모여 한국 독립에 대한 구체적인 논의를 시작했다. 그러나 안타깝게도 카이로 선언의 '적절한 절차in due course'라는 문구를 빌미로 한국의 즉각적인 자주독립이 아닌 신탁 통치라는 결론에 도달했다. 백범 김구 선생을 비롯한 민족주의자들이 신탁 통치 반대 운동을 벌였지만 역부족이었다. 이후 한국은 미·소 군정 시대를 거쳐 남과 북이 분열하는 비극을 맞았다. 카이로 선언이 한국의 자주독립을 이뤄 주지 못한 것은 사실이다. 그러나 카이로 땅에서 세 강대국이 모여 최초로 한국의 독립을 논하고 국제 사회에 이를 공개 선포한 것만으로도 큰 역사적 의의는 있지 않을까.

1953년 한반도에서 휴전 협정이 맺어진 바로 그해, 이집트는 기존의 친서구 왕정을 폐지하고 아랍 민족 중심의 이집트 공화국을 수립했다. 그리고 62년이 지난 2015년, 의도치 않게 한국 광복 70주년과 한국-이집트 수교 20주년이 또다시 기분 좋게 일치했다. 10월 1일, 메나하우스 호텔의 정원으로 사람들이 하나둘씩 모이기 시작했다. 이집트 교육부 장관과 문화부 장관을 비롯한 카이로 선언 당사국인 미국, 영국, 중국의 이집트 주재 대사 등 고위 인사들이 이곳을 찾았다. 정원에 설치된 카이로 선언 기념비의 제막식을 축하하기 위해서였다. 어느새 300여 명의 사람이 정원을 꽉 채웠고 이들은 모두 한 마음으로 카이로 선언을 통해 이루지 못한 한반도의 평화 통일을 염원했다.

역사가 흘러서 여기까지 왔다.

اليمن السعيد

두 번째 일기

예멘
YEMEN

예멘의 걸크러시,
시바 여왕을 꿈꾸며

سبأ .. مملكة المرأة القوية

헨델의 오라토리오 〈솔로몬〉 중 3막의 '시바 여왕의 도착Arrival Of The Queen Of Sheba'이라는 곡을 좋아한다. 솔로몬을 보러 예루살렘에 당도한 시바 여왕의 장엄하고 화려한 모습이 상상된다.

> 스바의 여왕이 여호와의 이름으로 말미암은 솔로몬의 명성을 듣고 와서 어려운 문제로 그를 시험하고자 하여 예루살렘에 이르니 수행하는 자가 심히 많고 향품과 심히 많은 금과 보석을 낙타에 실었더라…. -[열왕기상 10:1~2]

그가 다스리던 시바 왕국Sheba Kingdom의 기원은 확실치 않다. 다만 산발적인 역사적 사료들을 통해 많은 학자가 이 고대 왕국이 아라비아반도의 남부, 즉 오늘날 예멘 지역에 존재했던 것으로 추측하고 있다. 왕국은 기원전 1200~800년 사이에 세워져 기원후 275년 힘야르 왕국Himyarite Kingdom에 무너진 것으로 추정된다. 시바 왕국은 풍성한 농작물뿐 아니라 활발한 교역 활동을 통해 막대한 부를 축적하기도 해 당시 로마인들은 이곳을 '풍요로운 아라비아Arabia Felix'라고 부를 정도였다고 한다. 시바 여왕은 기원전 10세기경 왕국을 다스렸는데, 이슬람 경전 코란에서 한 마리의 새가 솔로몬 왕에게 날아와 전해 주는 이야기를 보면 당시 시바 여왕의 위용을 짐작할 수 있다.

> 저(오디새)는 당신들이 모르는 것을 알고 있습니다. 시바로부터 중요한 소식을 당신께 가져왔습니다. 저는 그곳에서 그들 위에 군림하고 있는 한 여성을 발견했는데 그녀에게는 모든 것이 있었고 위대한 옥좌도 가지고 있습니다. -[코란 27:22~23]

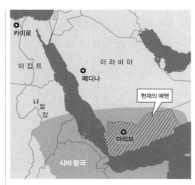

카이로

이집트

아라비아

메디나

나일강

현재의 예멘

마리브

시바왕국

주홍색이 시바 왕국의 통치 지역.
빗금 친 곳이 현재의 예멘이다.

3000년 전에는 예멘의 남성들 위에 군림했던 여인이 존재했었으나 현재 예멘에 사는 시바 여왕의 후손들은 전혀 그러한 삶을 살고 있지 못하다. 예멘에서 어학연수를 하던 2004년 4월의 어느 날, 내게 아랍어를 가르쳐 주던 이스마일 선생님이 예멘의 전통 음식을 맛보게 해주겠다며 집으로 나를 초대했다. 그날, 초대받은 집 앞에서는 선생님과 두 아들이 나를 기다리고 있었다. 잠시 선생님과 담소를 나누고 점심 식사를 시작했다. 고등학생, 중학생이었던 두 아들은 선생님의 권위적인 손짓과 말에 따라 비닐을 깔고, 부엌을 수없이 왔다 갔다 하며 음식을 내왔다. 음식을 준비한 선생님의 부인과 딸은 부엌 밖으로 한 발짝도 나오지 않았고, 나 또한 그곳에 접근조차 할 수 없었다. 식사가 끝나고 나는 최소한의 예의를 차리기 위해 선생님께 한마디를 했다.

"선생님, 사모님께 음식 잘 먹었다고 전해 주세요."

그러자 이스마일 선생님은 정색한 표정으로 눈을 부릅뜨고는 나에게 말했다.

"식사에 대한 감사의 인사는 나에게 하면 되는 거야. 내 처에 관한 이야기나 이름조차 네 입으로 직접 말할 필요는 없어."

나는 당황했다. 그의 말은 무언의 깨달음을 주었다. '이곳은 네가 이전에 있었던 이집트가 아니라 예멘이야. 이집트는 잊고 이곳의 문화를 익히도록 해.'

이탈리아 화가
지오반니 드민
Giovanni Demin이
묘사한 시바 여왕과
솔로몬 왕의 모습.

그 사건 때문이었을까? 그 이후로 예멘에서 지냈던 9개월간 나는 단 한 번도 예멘 여성과 이야기를 나눠 본 적이 없다. 간혹 길에서 여성을 마주치더라도 오해를 살 수 있다는 염려 때문에 시선마저 애써 다른 곳으로 돌렸다.

많은 사람이 이런 남성 중심위 관습이 이슬람교에서 비롯된 것이라고 오해한다. 그러나 아라비아반도에 살던 아랍인들은 7세기에 이슬람이 창시되기 이전부터 이미 남성 중심 사회를 형성해 왔다. 사막을 횡단하며 수많은 외부 부족의 침입과 전쟁을 겪어 온 이들이다. 전투에 투입할 수 있는 남성을 더 귀하게 여긴 것은 어찌 보면 자연스러운 현상이다. 이에 따라 남성은 부족, 가문, 그리고 한 가정의 중심이 되었고 나머지 여성 구성원들은 남성의 소유물로 취급되었다. 전쟁에서 패배하거나 가정의 경제적 사정이 악화되면 여성들은 다른 부족의 전리품이 되거나 노예로 팔려 갔다. 여성이 노예로 팔려 간다는 것은 가문의 큰 수치였기에, 그것을 방지하기 위해서 여자아이를 생매장하는 관습까지 생겨났다.

아랍 사회에 만연했던 여성에 대한 극도의 차별은 오히려 7세기 이슬람 교리를 통해 개선됐다. 무슬림들의 주장에 따르면, 기본적으로 이슬람의 남녀평등 의식은 코란에 명시된 남녀의 공동 창조로부터 시작된다고 한다. 즉 하와가 아담의 갈비뼈에서 만들어진다는 성경 내용과는 달리, 코란에는 남녀 중 무엇이 먼저 창조되었는지 명시돼 있지 않기 때문이다.

> 오 사람들이여, 하나의 영혼으로부터 너희를 창조하시고 그것으로부터 그 짝을 창조하시며 또한 그 둘로부터 많은 남자와 여자를 번성시킨 너희의 주님을 경외하라. -[코란 4:1]

이뿐 아니라 코란은 당시 아랍 사회에 널리 퍼져 있던 여아 생매장에 대해 "어떤 죄악으로 그녀가 살해되었느뇨?"라고 반문한다. 특히 코란의 16장 58~59절을 보면 당시 아랍 사회의 풍습과 이러한 풍습을 죄악시하는 이슬람의 관점이 명확히 드러난다.

> 그들 가운데 한 사람이 여아가 탄생했다는 소식을 들었을 때 그의 얼굴이 검어지며 슬픔으로 가득 차더라. 그에게 전해 온 나쁜 소식으로 그는 수치스러워 사람들로부터 자신을 숨기며 그 치욕을 참을 것인가 아니면 흙 속에 묻어 버릴 것인가 생각하였나니 그들이 판단한 것에 불행이 있으리라. -[코란 16:58-59]

그러나 현재에도 아라비아반도 일부 지역은 수천 년간 이어진 가부장적 의식 구조에서 벗어나지 못하고 있다. 물론 여아를 생매장하는 미개한 일은 더 이상 일어나지 않지만, 남성이 여성의 자유를 속박하는 일은 여전히 벌어진다. 예멘도 그중 한 곳이

니캅은 눈을 제외한 얼굴 전체를 검은 천으로 덮는 의상을 말한다.

다. 예멘 남성들은 배우자를 비롯한 가족 중 성인 여성을 외간 남자에게 절대 보여 주지 않는다. 여자아이도 월경하는 나이가 되면, 눈을 제외한 얼굴 전체를 검은 천으로 가리는 전통 의상 '니캅'을 입어야 한다. 예멘 시장에 가면 많은 남성이 장을 보고 있는 모습을 발견할 수 있는데, 이는 그들이 가정적이어서가 아니라 아내의 외부 활동을 최대한 자제시키기 위해서다. 차를 탈 때도 일부 보수적인 예멘 남성들은 아내가 조수석에 앉는 것조차 허용하지 않는다. 온 가족이 도보로 외출하는 경우에도 남성이 앞장서면 아내와 아이들이 남성의 뒤를 따르는 게 일반적이다. 아내가 자신의 옆에서, 즉 자신과 동등한 위치에서 걷는 모습을 이웃 주민이 보기라도 한다면 가문의 수치가 되기 때문이다.

한번은 두바이의 동네 놀이터에 가족과 나갔다가 우연히 두 살짜리 딸아이를 데리고 나온 예멘 여성 리마를 알게 되었다. 이후 그와 가까운 친구 사이가 되었는데, 리마는 예멘 여성에 대한 이야기를 종종 해 줬다.

"사실 예멘에서는 지역에 따라 여성을 보는 시각이 달라요. 남부의 아덴이나 제가 살던 타이즈Taiz는 여성들의 활동이 좀 더 자유롭죠. 그러나 수도 사나sana'a를 비롯한 북부 지역으로 갈수록 여성들을 속박하는 보수적인 문화가 명확히 드러납니다. 언제부터 그런 전통이 시작됐는지 그들도 잘 모르고 있어요. 분명히 이슬람 때문은 아니에요. 그저 자신들이 태어난 곳의 풍습에 자연스레 동화된 것이지요. 그런 사회 속에서 자신만 여성을 존중한답시고 아내와 딸들이 자유로운 복장을 하고 길거리를 활보하도록 내버려 둘 경우 주변 사람들로부터 쏟아지는 비난의 화살을 모두 가장이 감당해야 해요. 그러니 예멘 남성들도 어쩔 도리가 없어요. 주변 이웃들의 눈치를 보며 가정의 여성들을 더욱 단속할 수밖에 없는 것입니다. 한번 보세요. 예멘을 떠나 삶의 터전을 다른 나라로 옮긴 예멘인들을 본 적이 있나요? 그들의 가장들은 주변의 눈치를 보지 않고 아내와 딸들이 좀 더 자유분방하게 활동할 수 있도록 허용해요. 저도 여기 두바이에서는 얼굴을 내보이고 있지만 예멘에 입국하는 순간부터는 니캅으로 얼굴을 뒤덮어야 해요.”

2004년 가을, 예멘에 머물던 나는 잠시 이집트 여행을 가기 위해 두바이행 비행기를 탄 적이 있었다. 비행기 안에 있던 모든 예멘 여성이 니캅을 입고, 눈을 제외한 얼굴 전체를 검은 천으로 덮고 있었다. 그러나 두바이에 도착하기가 무섭게 몇몇 여성이 니캅을 벗었다. 자신의 삶에 지워진 멍에를 떨쳐 내듯이 벗은 니캅을 가방에 구겨 넣었다. 두바이 땅에서는 예멘의 관습이 더 이상 그들을 통제하지 못했다.

지금도 예멘 여성들은 남성들의 권위주의에 순응하며 살아간다. 그들이 역사를 통해 만들어 온 어두운 문화적 프레임이다. 그곳에 사는 사람들은 누구도 그 틀을 깰 수 없을뿐더러 그 경계선을 넘나드는 위험한 도발도 하지 않는다. 그날 이스마일 선생님에게는 부인에 대한 나의 감사의 말이 그 경계선을 넘어선 일종의 도발 행위였던 것이다. 그런 프레임에 갇혀 평생을 살다 보니 많은 예멘 여성이 그것을 당위로 알고 살아간다. 언젠가 리마가 자신의 옛 친구에 대한 에피소드를 말해 주었다.

"원호 씨, 제 오래된 친구 이야기를 해 드릴게요. 우리가 열네 살 때의 일이죠. 한창 이성에 눈을 뜰 나이지요? 그러나 그런 감정을 억누르고 살아야 하는 곳이 예멘입니다. 그 감정을 표출하는 건 예멘 사회가 허용할 수 있는 한계선을 넘어가는 거죠. 제 친구는 그때 한 남학생을 좋아했어요. 하루는 그 남학생과 전화 통화를 하다가 아버지에게 들키고 말았죠. 어떻게 되었는지 아세요? 결국 친구 아버지는 자신의 딸을 자퇴시켰고, 그 친구는 그날 이후 어떠한 교육도 받지 못했어요."

"이런…. 그 친구는 전혀 반발하지 않았나요?"

"안타까운 것은 그 친구가 그때의 일을 담담하게 받아들였다는 거예요. 이러한 것들이 아버지, 오빠, 그리고 남편들이 행할 수 있는 당연한 권리라고 생각하는 것이죠."

"14년간 자신이 살아 온 문화적 테두리 안에서 결정된 일이니 저도 담담하게 아버지의 결정을 따랐을 것 같기도 해요."

"그렇죠. 제 꿈이 뭐였는지 알아요?"

"뭐였나요?"

"아나운서였어요. 그러나 포기했죠. 사회에서 축복받지 못하는 직업을 택하고 싶지는 않았거든요. 예멘 사회에서는 여성들이 아나운서, 배우와 같이 자신을 드러내는 활동에 종사하는 것을 곱지 않은 시선으로 바라봐요. 예멘의 어떤 남자도 전국 방방곡곡에 중계되는 TV에 자신의 아내나 딸의 얼굴이 공개되는 것을 좋아할 리가 없죠."

계속되는 내전으로 인해 예멘 사회가 외부 세계와 차단된 지 10여 년이 흘렀다. 외부의 다양한 문화 요소가 예멘 사회로 들어올 수 없었고, 여성에 대한 보수주의가 더욱 견고해짐에 따라 가부장적인 문화적 프레임은 더욱 단단해졌다. 세계적인 인권 단체들이 수십 년간 예멘 여성의 인권 신장을 위해 노력했지만, 안타깝게도 크게 변한 것은 없다. 예멘 사회가 스스로 이런 문화적 프레임을 깨려 하지 않는 한 인권 단체들이 원하는 성과를 달성하기는 어려울 것이다. 내 친구 리마는 오히려 내전이 기회일지도 모른다고 이야기했다.

"최근 내전으로 인해 수많은 예멘 난민이 전 세계를 유랑하고 있어요. 이 사람들이 세계의 다양한 문화를 접하면서 자신의 머릿속에 박혀 있던 문화적 프레임이 완전히 깨지고 있지요."

"이것이 예멘의 미래를 바꿀 수 있다고 생각하는군요?"

"맞아요. 언젠가 내전은 끝나겠죠. 그때 세계의 곳곳에서 활동하던 우리 다음 세대들이 예멘으로 돌아올 거예요. 그리고 그들을 통해 새로운 문화가 예멘으로 자연스레 유입되겠죠? 이것이 예멘이 가지고 있는 문화적 틀에 큰 변화를 줄 수 있을 것이라 믿어요."

100년 전 한국 또한 여성들이 주로 집 안의 안채에서 생활했고 외출 시에는 쓰개치마로 얼굴을 가리고 다녔지 않은가. 그러니 지금의 한국을 보면 예멘의 변화도 아주 불가능한 일은 아닐 것이다. 앞으로 50년 후, 아니면 100년 후 예멘에서 제2의 시바 여왕이 나올지 누가 알 것인가.

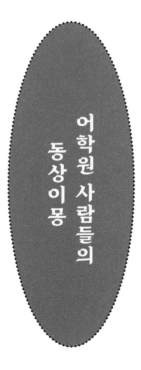

어학원 사람들의 동상이몽

القصص المتنوعة
عند طلاب معهد اللغة العربية

2004년 어느 가을날, 이스마일 선생님은 예멘 친구들과의 까트Qat 모임에 나를 초대했다. 까트는 환각 성분을 가진 나뭇잎으로 예멘의 '국민 기호 식품'이다. 나는 싸구려 까트를 사 들고 오후 4시쯤 선생님 댁으로 향했다. 이미 열댓 명의 예멘인 친구들이 마즐리스(아랍식 사랑방)에 앉아 수다를 떨고 있었다. 나는 선생님 옆에 자리를 잡고 귀를 쫑긋 세웠다. 예멘 방언을 알아듣기 위한 처절한 노력이 시작되었다. 당시 연수원에서 배우던 아랍어는 문어체인 표준 아랍어Standard Arabic였기 때문에 그들이 실생활에 사용하는 구어체 방언은 알아듣기가 영 어려웠다. 서울말을 배운 외국인이 경상도 사투리를 알아들을 리 만무하지 않은가? '결혼식의 귀머거리'란 아랍 속담이 당시 나의 상황을 그대로 묘사해 준다. 결혼식장에서 많은 사람이 왁자지껄 신나게 이야기를 나누고 있는데 정작 본인은 귀머거리라 무슨 말들이 오가는지 도통 알 수 없다는 뜻이다. 이렇게 모임에 올 때면, 이스마일 선생님은 내 옆에 앉아 방언을 표준어로 변환시켜 주는 통역사 역할을 자처하곤 했다. 그날은 선생님의 도움 없이 혼자 들어 보려고 노력했지만, 역시나 좌절의 연속이었다. 그렇게 마즐리스에서 결혼식의 귀머거리 마냥 한 시간을 앉아 있는데, 이국의 손님이 이스마일 선생님 댁 문을 열고 들어왔다. 키가 훤칠한 중년의 서양인이었다.

"오! 왔는가! 어서 오게, 어서 와!"

이스마일 선생님은 자리에서 일어나 열렬히 그를 환영했고, 자신의 오래된 제자라며 그를 나에게 소개해 줬다. 마침 내 옆자리가 비어 있었다. 그는 내게 정중히 양해를 구한 뒤 내 옆에 자리를 잡았다. 시간이 좀 지나자 나는 그 서양인 친구도 이 상황을 잘 견디고 있는지 확인해 보고 싶었다. 똑같은 처지의 귀머거리를 보며 나만 그런 것만은 아니라는 심적 위로를 받고 싶어서였을까? 귀를 쫑긋 세우고 그의 대화를 엿들었다. 그런데 이게 웬일인지 너무나 자연스럽게 대화를 이어가는 게 아닌가! 혹시 영어인가 싶었지만 분명 그의 입에서는 아랍어가 나오고 있었다. 그것도 예멘 사투리가 술술술…. 그는 주변에 앉은 예멘인의 말을 들으며 고개를 끄덕이고 내가 그토록 바라던 '소통'을 하고 있었다. 더욱 나를 좌절시킨 것은 그 서양인이 구사하는 아랍 사투리를 나는 하나도 알아듣지 못했다는 사실이다. 나는 조용히 이스마일 선생님에게 물었다.

"선생님, 이 옆에 앉은 사람 누구죠?"

"영국인 선교사야. 사나의 한 병원에서 근무하는 의사지."

"근데 아랍어를 어떻게 저렇게 잘하죠?"

"저 친구는 아예 처음부터 방언만 공부했어. 그러니 너보다 읽고 쓰는 능력은 떨어져도 의사소통 능력은 더 뛰어날 수밖에."

"목적에 따라 공부 방법도 다른 거군요."

"그렇지. 저 사람은 당장 병원에서 환자들을 다루어야 하니까 실생활에서 쓰는 사투리를 배운 거야."

2004년 4월부터 나는 약 9개월간 예멘의 어학원 SIALSana'a Institute for the Arabic Language을 다녔다. 아니, 그곳에 살았다는 편이 더 맞을 것이다. 그 기간 중 약 5개월은 건물 3층의 작은 방 한 칸을 월세를 주고 빌려 그곳에서 먹고 자며 공부를 했으니까.

그래서 학원 직원, 선생님들과 아주 가깝게 지낼 수 있었다. 매일 아침 나를 보며 활짝 웃어 줄 때마다 겁게 썩은 이를 드러내던 관리인 아저씨도 잊을 수가 없다. 한번은 마늘 장아찌가 먹고 싶어 직접 만든 적이 있었는데, 학원 관리인 아저씨와 공용으로 쓰는 냉장고에 넣었다가 당장 버리라는 말을 몇 번이나 듣고서야 학원 마당에 묻었던 일도 있다. 그러나 무엇보다 내 기억에 가장 선명하게 남아 있는 사람들은 그곳을 거쳐 간 학생들이다. 그들 중에서도 가장 아랍어를 잘했던 사람은 단연 그 영국인 선교사였다. 그가 아랍어를 배운 건 삶에 지치고 몸까지 아픈 예멘인들을 치료해 주기 위해서였고, 언어 실력이 좋은 데다 배움의 목적 자체가 선했기에 주변 사람들로부터 존경을 한 몸에 받았다. 이스마일 선생님은 서구 문물이 예멘 땅에 침범하는 것을 극도로 싫어한 극보수주의 무슬림이었지만 그 영국인 선교사가 보여 준 실력과 따뜻한 마음, 그리고 선한 행실에 대해서만은 인정했다.

SIAL에서 만난 사람 중 기억에 남는 사람이 또 한 명 있다. 나와 각별하게 지냈던 미국인 친구, 래이스다. UCLA대학교를 다니던 그 친구는 휴학을 하고 두 달간 예멘에 머물렀다. 그의 이름 래이스는 '사자'란 뜻의 아랍어인데, 친해지고 보니 그는 시리아인 부모를 두고 있는 시리아계 미국인이었다. 그의 아랍어 실력은 형편없었지만, 치열하게 언어 공부에 열중했던 나보다 예멘인과 훨씬 자연스럽게 어울렸다. 언어 전공자가 아니었던 그는 예멘 연수의 목적 자체가 나와 달랐다. 문화를 배우고 예멘

이방인의 시선으로 본 예멘

2004년
래이스와 함께
찍은 사진.
나와 이야기를
나눌 때 그는
전형적인
미국인이었다.

인의 삶을 느끼기 위해 그는 사회와의 소통을 갈구했다. 물론 그
는 시리아인이었지만, 예멘인을 바라보면 같은 아랍인의 피가
흐르고 있음을 느낀다고 말하곤 했다. 마치 외국에서만 살던 한
국인 교포 2세가 부모님이 태어나고 자라 왔던 한국을 깊이 알기
위해 한국 땅을 밟은 것처럼. 보통 나와 이야기를 나눌 때의 래
이스는 유쾌하게 미국식 유머를 구사하는 영락없는 미국인이었
지만, 예멘인 사이에 섞여 있을 때 그는 전혀 다른 분위기를 풍
겼다. 예멘인과 어울리며 아랍 문화를 대할 때 그의 태도는 매우
진지했다. 본인에게 잠재된 아랍의 피와 정체성을 느끼려고 애
쓰는 모습이었다.

　어느 날 저녁, 래이스를 포함한 학원의 외국인 친구들과 함께
올드 사나에서 열린 야외 전통음악 공연을 보러 갔다. 자리를 잡
고 앉아 한참을 구경하고 있는데, 갑자기 연주자들이 손짓을 하
며 래이스를 불렀다. 래이스는 우리를 돌아보더니 사실 본인도
오늘 연주를 하기로 했다며 무대로 뛰어나갔다. 그는 예멘 연주
자들과 어울려 아랍 전통 악기인 작은 기타 '오드'를 연주하기
시작했다. 예멘 사회에 동화되어 오드의 선율을 느끼는 그의 진

지한 얼굴이 매우 낯설게 느껴졌다. 그러나 그곳에 있던 예멘인들은 래이스의 모습을 보며 같은 아랍인이라는 동질감을 느꼈는지 연주하는 내내 박수를 쳤고, 몇몇 사람은 오드 소리에 맞춰서 아랍 시를 흥얼거리기도 했다. 국적은 미국이었지만 두 달간 예멘인과 어울리며 아랍 민족의 정체성을 찾아가는 래이스의 모습이 지금도 선명하다.

예멘에 머물렀던 2004년, 나는 아침마다 라디오 뉴스를 틀어 듣곤 했다. 언제나 "살레 대통령 각하께서는⋯"으로 뉴스가 시작되던, 살레 대통령의 독재 시대였다. 온통 대통령을 찬양하는 뉴스뿐이었다. 얼마나 많이 들었던지, 당시 예멘 대통령의 이름과 존칭을 부르던 아나운서의 목소리가 아직도 머릿속에 또렷하게 남아 있다. 그러나 바로 그해에 예멘의 독재 정부에 대항하는 반정부 운동이 시아파를 주축으로 시작되었다. 이후로 약 8년 동안 정부와 반정부 세력 간에 산발적인 내전이 계속되었고 마침내 2012년, 18년간 집권한 독재자 살레 대통령이 축출되었다. 당시 부통령이었던 수니파 압드라보 만수르 하디Abd Rabbuh Mansur al-Hadi가 임시 대통령직을 2년간 맡게 되었다. 그러나 만수르 하디는 2년이 지나도 집권을 유지했고, 2014년 반정부 운동의 주축이었던 시아파 후티 반군이 쿠데타를 일으켰다. 후티 반군은 예멘의 권력을 거머쥐려고 했지만 만수르 하디 세력도 물러서지 않았다. 지금도 만수르 하디와 후티 반군 간의 반목으로 인한 예멘 내전은 계속되고 있다.

한국 외교부가 예멘을 '여행 금지 국가'로 지정한 지 벌써 10년

이 다 되어 간다. 이제는 가고 싶어도 갈 수가 없는 곳이 되어 버렸다. 그래서인지 나와 가장 가까웠던 이스마일 선생님이 불쑥 떠오르면, 그곳에 가서 다시 만나 보고 싶어진다. 선생님과 연락이 끊긴 지도 벌써 10년이다. 2018년 어느 날 문득 답답한 마음에 구글에서 SIAL 어학원에 대한 정보를 찾기 시작했다. 원장 선생님의 이메일이라도 찾을 수 있을까 하는 작은 기대감을 갖고서. 놀랍게도 위키피디아 사전에 SIAL의 정보가 있었다. 반가운 마음으로 학원 정보를 죽 읽어 내려가다가 한 대목에서 시선이 멈췄다. 유명 동문Notable alumni란에 두 명의 인물이 적혀 있었는데, 그들은 선교사도 유명 중동학자도 아닌 테러리스트였다. 게다가 그중 한 명은 2004년 나와 같은 시기에 공부했던 나이지리아인, 압둘 무탈랍이었다. 이슬람 테러단체 알카에다와 연계되었던 그는 2009년 성탄절, 디트로이트행 노스웨스트 미국 항공기 폭파를 기도했지만 실패하고, 현재는 미국 콜로라도의 연방 교도소에 수감 중이라고 적혀 있었다. SIAL 학원이 워낙 작았으므로 2004년에 나와 분명히 자주 마주쳤을 것이다. 한마디라도 말을 섞고, 그와 대화를 나누었을 것이다. 그 생각에 이르자 등골이 서늘했다.

SIAL 어학원, 그곳은 내가 2004년을 보낸 진한 추억의 공간이자 다양한 사람들을 접할 수 있었던 만남의 장이었다. 우리는 모두 각기 다른 목적을 가지고 그곳을 찾았다. 이슬람으로 개종한 뒤 예멘 전통 의복을 입고 코란 읽기에 열중하던 벨기에 학생, 특이한 경험을 해 보고 싶다며 두 달간 여행을 와 주말이면 몰래 술 파티를 열던 미국인 부부, 언어 공부는 뒷전이고 매일 아랍

어학원 정원에서
함께 어울렸던
사람들. 그들은 지금
무엇을 하고 있을까.

커피 만들기나 유향 피우기 등 잡다한 문화 체험에 하루를 보냈
던 케임브리지 대학생, 그저 예멘이란 곳에 대한 궁금증으로 여
행을 와서 온종일 학원 마당에 앉아 사람들과 영어로 수다만 떨
던 캐나다 아주머니, 본인의 민족적 정체성을 찾기 위해 문화
체험에 푹 빠졌던 래이스. 그리고 같은 언어를 배우지만 완전히
상반된 목적을 가지고 살았던 두 부류, 선교사와 테러리스트가
공존했던 곳이다.

엄청나게 뜨겁고,
믿을 수 없이 관대한 사람들

عاطفيون جدا وكرماء للغاية

예멘의 수도 '사나'는 아직 현대 문명이 들어서지 않은, 중세 도시 같은 느낌이 드는 곳이다. 멋스러운 곳이긴 하지만 6개월 내내 한곳에 머물렀더니 몸이 근질근질했다. 도시 생활이 그리웠다. 2004년 10월, 나는 잠시 바람을 쐬기 위해 이집트 여행을 가기로 마음먹었다. 10월 25일, 드디어 출국 날이 왔다. 사나 국제공항에서 설레는 마음으로 대기실에 앉아 있었다. 그러나 비행기를 타기 전, 여권을 검사하는 과정에서 예멘인 공항 직원과 사소한 일로 말다툼이 벌어졌다.

"너는 비즈니스 클래스가 아니니 나중에 와. 일단 앉아 있어."

"아, 그럼 여기 서서 기다리죠, 뭐."

"앉아 있으라니까!"

기분이 나빴다. 나는 분명히 티켓이 있으며, 게이트에 입장하지 않고 미리 줄을 서 있는 것은 내 자유라고 말했다. 대화가 길어질수록 직원의 언성이 자꾸만 높아졌다. 그는 귀를 닫고 내 말을 듣지 않았다. 그리고 소리를 질러댔다.

"지금 당장 입 다물어! 내 말에 대꾸하지 마!"

그는 폭발한 감정을 억누르지 못했다. 본인이 원하면 당장 출국을 못 하게 할 수도 있다며 고함을 쳤다. 그리고 양손을 벌리고 탑승 게이트 앞에서 가지 못하게 나를 가로막았다.

"왜 막는 거죠? 저에게는 티켓이 있습니다. 출국할 권리가 있다는 것입니다. 저에게 이러는 이유가 뭡니까?"

"이유? 내가 시키는 대로 안 했기 때문이지. 나를 화나게 했어. 그게 이유야!"

상황이 점점 나빠지자 나는 정신을 가다듬고 주변을 둘러보았다. 다들 구경만 하며 말릴 생각을 하지 않았다. 공항 직원과 승무원들도 도와주지 않았다. 상황이 나에게 매우 불리하다는 것을 감지했다. 여기서 내가 당장 고개를 숙이고 사과하지 않으면 출국을 아예 못 하게 되리라는 직감이 왔다. 내가 출국하지 못하더라도 그 예멘인 공항 직원에게 누구도 법적 책임을 묻지 않을 게 분명했다. 이방인인 나의 권리 따위는 중요하지 않았다. 아니, 홧김에 가짜 죄목으로 나를 경찰에 넘겨 버릴 수도 있다는 데까지 생각이 미쳤다. 안타깝지만 예멘은 그런 나라였다. 법이 통하지 않고 부정부패가 만연한 나라…. 당시 예멘 장관들까지도 공항 뒤편에서 노상 방뇨를 한다는 우스갯소리가 있을 정도였다. 나는 급히 태도를 바꾸어 말했다.

"제 생각이 틀렸네요. 시키는 대로 해야 했는데 미안하게 됐어요. 제가 잘못했으니 좀 보내 주세요."

갑자기 자세를 낮추는 나에게 그는 분이 안 풀렸는지 씩씩거리며 길을 열어 주지 않았다. 당연히 마음에 없는 말이었지만 나는 재차 사과하며 그가 감정을 다스리고 화를 가라앉힐 수 있도록 최대한 노력했다. 옆에서 지켜보던 항공사 직원들이 지금 타지 않으면 안 된다며 재촉했다. 결국 예멘인 공항 직원은 인상을 잔뜩 찌푸리더니 다음부터 조심하라며 비행기에 탑승할 수 있도록 길을 내주었다. 비행기가 이륙하고 상공에서 공항을 내려다보고 나서야 안도의 한숨이 나왔다. 그리고 마음속으로 되뇌었다. '내가 미쳤지. 현지인이 왕인데. 그냥 시키는 대로만 하자.'

물론 모든 아랍인이 그처럼 감정적인 것은 아니다. 그러나 한국인과 비교했을 때 아랍인들은 주관적인 성향이 더 짙다. 일상생활뿐 아니라 비즈니스 관계를 맺을 때조차 어떠한 사안에 대해 이성적으로만 논의하는 것이 쉽지 않다. 많은 아랍인이 자신의 주관을 개입시켜 회의의 방향을 본인 위주로 끌어가려고 고집한다. 사실만 근거로 해서 이들을 설득하는 것은 여간 어려운 일이 아니다. 만약 아랍인의 생각에 반하는 내용을 주장할 경우 귀담아듣지도 않을뿐더러 잘못하다가는 협상이 물거품이 되어 버리기 십상이니 조심해야 한다.

지금 다니는 학교에서도 아랍인의 이러한 특성을 종종 목격한다. 한번은 샤르자대학교의 박사 수업 중에 삼위일체 이야기가 나온 적이 있었다. 교수가 나의 의견을 물었다.

"성부, 성자, 성령 이 세 가지가 하나라는 삼위일체에 대해 들어 봤을 거야. 말도 안 되는 이야기지. 알라는 오직 한 분인데. 그리고 세 개의 인격체가 어떻게 하나가 될 수 있다는 건가? 원호, 네가 기독교인이니 네 의견을 말해 보겠어?"

"삼위일체를 믿는 것 자체가 믿음이죠."

더 설명하려고 하자 내 앞에 앉아 있던 목소리 큰 친구가 고개를 휙 돌리며 손가락을 하늘로 치켜들고 나에게 소리쳤다.

"원호! 잘 들어! 알라는 한 분이야! 알라는 한 분이야!"

그러고는 고개를 다시 앞으로 휙 돌렸다. 나는 이번에도 직감적으로 그가 협상의 문을 이미 닫아 버렸다는 것을 알아챘다. 더 이상 나의 주장을 펴지 않았다. 내가 한마디를 하면 그 친구는 온 감정을 실어 열 마디를 할 게 뻔했으니까. 비단 나뿐 아니라 아랍인 학생들 사이에서도 이런 논쟁은 빈번하게 일어난다. 남의 이야기에 귀를 닫고 자기주장만 늘어놓으며 언성을 높인다. 교수가 중재할 여지도 남겨 놓지 않는다.

이런 성향의 아랍인들과 이해관계가 얽혀 있다면 그야말로 성경에 나오는 '뱀 같은 지혜'가 필요하다. 순수한 마음과 열정만으로 무작정 협상에 돌입해서는 안 된다. 나 자신에게 현실적인 질문들을 던져 봐야 한다. 그들과 함께 테이블에 앉아 대화를 통해서 사안을 객관적으로 바라볼 수 있는가? 상대 아랍인이 내 입장을 고려할 것으로 보이는가? 서로가 윈윈할 수 있는 균형 잡힌 결론에 도달할 수 있을 것인가? 결코 쉬운 일이 아니다. 그러나 여기서 중요한 것은 나에게 상황이 불리하게 흘러가더라도 반드시 침착해야 한다는 것이다. 특히 상대방의 감정을 건드리는 무리수를 둬서는 절대 안 된다. 섣불리 '밀당'을 했다가는 협상 테이블이 엎어질 수 있다. 만약 그들을 설득하고 싶다면 나의 자세를 먼저 낮추고 상대방의 의견에 대해 존중 의사를 먼저 밝히는 편이 좋다. 논의에 앞서 나에 대한 적대감을 없애고 호감도를 높인다면, 안 될 일도 되게 만들 수 있기 때문이다. 상대의 잘못을 덮으면서까지 협상을 지속시킬 필요가 있는 경우도 있다. 추후에 시간을 두고 설득하겠다는 자세도 필요하다. 종종 업무와 관련된 협상이 잘 마무리된 것 같을 때, 분위기를 타서 사전에 얘기되지 않은 다른 사안을 꺼내는 경우를 보곤 한다. 그러나 아랍인들은 사전에 협의되지 않은 말을 꺼낼 때 귀담아듣지 않는다. 호탕하게 웃으며 'Yes'를 남발하는 경우도 있는데 'Yes'라는 호의적 표현으로 가장한 'No'일 수 있다는 것을 명심해야 한다.

카타르의 알자지라AI-Jazeera 방송에는 〈잇티자흐 무아키스 Itijah Mua'kis〉라는 유명 토론 프로그램이 있다. 제목의 아랍어 뜻부터가 이미 '반대 방향'이다. 반대 의견을 가진 두 패널이 나와 토론하는 이 프로그램에서 출연진들은 결코 합의점을 찾지 못한다. 아니, 나올 때부터 아예 합의할 생각조차 없다. 더 큰 문제는 토론 중에 서로의 감정을 건드린다는 것이다. 언젠가는 상대방 패널의 친이스라엘 발언에 분노한 패널이 상대방에게 이런 모욕적인 말을 한 적도 있다.

"넌 아랍인이 아니라 유대인이야. 미국과 이스라엘 꽁무니나 쫓는 것들이라고…."

시리아 내전에 대한 논의 중일 때 한 패널이 "우선, 알라가 시리아 국민을 축복하기를 바랍니다"라고 말문을 열자, 상대방 패널이 이렇게 응수하기도 했다.

"너 자신이나 먼저 축복해라."

감정 조절을 못 한 패널이 생방송 중에 그냥 자리를 박차고 나가 버리는 경우도 있다. 가끔 물건을 집어 던지거나 몸싸움을 하기도 한다. 코로나19 사태 이후로는 온라인 토론으로 변경되어서 다행히 몸싸움은 불가능해졌다. 그런데 최근 우연히 이 프로그램을 다시 보았는데, 역시나 방송 도중 화가 난 한 패널이 이어폰과 마이크를 집어 던지고 화면에서 사라져 버렸다. 그러자 사회자가 이렇게 말했다.

"아니, 이 친구야! 왜 도망치는 거야?"

결국 이날 남은 10분 방송분은 사회자와 패널 한 명으로 진행되었다. 레바논인 사회학자 사니야 하마디Sania Hamady 박사는 이러한 아랍인의 성향을 다음과 같이 분석한다.

> "아랍인의 특성은 강한 감수성이며 이러한 감수성은 빠르게 분노로
> 이어진다. 민감한 기질을 타고나서 사소한 도발을 할 경우 그들은
> 쉽게 적대감을 드러낸다. 쉽게 화를 내기도 하고 감정의 폭발을 억
> 제하지 못하기도 한다. 한번 화가 나면 식을 줄 모른다."

아랍인의 이러한 특성은 오래전부터 축적되어 온 그들만의
유전자적 기질이 아닐까. 이슬람 시대 이전으로 거슬러 올라가
면, 이런 일화를 발견할 수 있다. 중세 아랍 역사가 이븐 알아시
르Ibn Al Athir의 명저 《완전한 연대기Al-Kamil fi Al-Tarikh》에 따르
면 5세기 말, 아라비아반도에 알바수스Al-Basous란 여성이 살았
다. 어느 날 그는 남조카 자사스Jassas와 낙타를 타고 여조카인
잘리아Jalia의 집을 방문하기 위해서 떠났다. 그 셋은 모두 한 핏
줄이자 바크르Bakr의 부족원이었다. 알바수스와 자사스는 잘리
아의 집 앞에 도착했고 타고 온 낙타를 집 앞에 묶어 둔 채 잘리
아의 집 안에서 시간을 보냈다. 그 시각 밖에 있던 잘리아의 남편
쿨라입Kulayb이 집에 돌아오다 집 앞에 묶여 있는 낯선 낙타를
보게 되었다. 잘리아와 혼인한 쿨라입은 잘리아와 다른 부족인
타글렙Taghleb의 부족원이었는데, 낯선 낙타가 자신의 영토를 침
범했다고 여긴 쿨라입이 화살을 쏴서 낙타를 죽여 버린다. 본인
의 아내를 보러 온 알바수스의 낙타인 것도 모른 채…. 이 사실
을 알고 큰 모욕감을 느낀 알바수스는 자사스에게 그 분노를 표
출했고, 자사스도 분노를 다스리지 못하고 잘리아의 남편, 쿨라
입을 죽인다. 그리고 낙타 하나로 시작된 분노의 씨앗은 바크르

와 타글렙 부족 간의 40년 전쟁(494~534)으로 치달았다. 많은 역사가가 이 전쟁이 현재 사우디아라비아의 중서부에 위치한 와디 알카이탄Wadi Al-Khaitan에서 일어났다고 추정하고 있다.

아랍인은 자신의 감정을 숨기지 않고 말과 음성, 몸짓으로 자유롭게 표현하기를 좋아한다. 아랍에서 수사학인 발라가Balaghah가 발달한 이유이기도 하다. 레바논계 미국학자 필립 쿠리Philip Khuri는 세계에서 아랍인만큼 문학적인 표현에 열광적으로 반응하고 말과 글에 감동하는 민족은 없을 것이라고 했다. 아랍인은 기쁨, 슬픔, 분노 등 마음속 감정을 솔직히 이야기하고 사람들에게 공개적으로 호소하기도 한다. 자신의 감정을 청자의 가슴에 도달시키려 한다. 부끄러움이나 거리낌이 없다. 박사 과정에서 같이 공부하는 친구 아스마는 과제를 할 시간이 없다며 수업 중에 큰 소리로 교수에게 자주 호소한다.

"교수님, 제가 애도 봐야 하고, 무엇보다 우리 어머니가 아프신 거 아시죠? 제가 어머니 돌보랴 아이들 밥하랴 과제 할 시간이 없어요! 제 상황이 너무 애처롭지 않은가요? 우리 어머니도 너무 불쌍해요! 그런데도 과제를 해야 한다고요?"

그 친구는 이런 식으로 1분 정도를 떠들고 본인 의사를 다 전달했다는 만족감에 다른 학생들에게 윙크하며 자리에 앉는다. 하도 많은 학생이 감정에 호소하니 몇몇 교수들은 아예 개강일에 미리 방어막을 친다.

"지금 다들 개인적인 사정이 있는 것 안다. 그러나 그런 것은 나와 함께 공부하면서 핑계가 되지 못할 것이야. 나에게 감정을 호소하지 않았으면 한다.”

유엔 회담보다 더 재미있는 것이 아랍 연맹Arab League 정상회담이다. 점잖게 감정을 숨길 필요가 없다. 정상끼리도 서로 돌직구가 오간다. 리비아의 독재자 무아마르 카다피Muammar Gaddafi가 가장 대표적이었다. 그는 원고도 없이 본인의 감정을 거침없이 표출했다. 2008년 3월, 그는 시리아 다마스쿠스에서 열린 아랍 정상회담에서 전 이라크 대통령 사담 후세인의 죽음을 언급하며 어떻게 미국이 아랍 지도자의 목을 날릴 수 있는 거냐며 호소했다. 그리고 아랍 지도자들에게 한마디를 던졌다.

“다음번엔 당신들 차례요!”

2009년 9월에 열린 유엔 총회에서도 카다피는 자신의 감정을 담은 독설들을 쏟아냈다. 주어진 15분간의 발언 시간을 무시하고 무려 96분 동안 산만한 연설을 이어갔다. 그러고는 안전보장이사회 상임이사국의 독단적인 권한 행사를 비난하며 “안전보장이사회가 아닌 ‘테러 이사회’라 불러야 마땅하다”고 소리쳤다. 연설 도중 모든 국가가 동등하다는 유엔헌장의 원칙이 지켜지지 못했다며 유엔헌장 사본을 하나 들고 나와서 찢기도 했다.

카다피는
공개석상에서도
자신의 감정을
숨기지 않고
쏟아 냈다.

감정적인 아랍인들은 뜨거운 가슴도 가지고 있다. 아랍인들은 감동도 잘 받고 화끈한 면도 있다. 2007년 4월 30일, 사우디 국영 석유회사 아람코Aramco의 총재 압둘라 줌아Abdullah S. Jum'ah가 명예 경영학 박사학위를 받기 위해 한국외국어대학교를 방문했다. 당시 나는 한국에서 통번역대학원에 다니고 있었는데, 수여식과 기념 강연을 마친 줌아 총재가 아랍어과 학생들이 공부하는 모습을 보고 싶다는 특별 요청을 한국외대 총장에게 해왔다. 아랍어과 교수들과 학부생, 그리고 통번역대학원생들은 의기투합하여 단시간 내에 감동의 시나리오를 짰다. 그날 오후 줌아 총재가 강의실에 들어왔고, 우리는 시나리오를 완벽히 소화해냈다. 한 여학생이 아랍 시를 읽는 대목에서 줌아 총재는 특히 감동을 받는 듯한 인상을 보였다. 그는 즉석에서 아랍어과 학생들을 사우디아라비아로 초청하겠다고 약속했다. 그리고 이듬해인 2008년 1월, 우리는 아람코의 초청을 받아 진짜 사우디아라비아로 떠났고, 그들이 제공해 준 호화 생활을 누리며 오일의 나라, 사우디아라비아의 힘을 한껏 느꼈다.

아랍인의 이런 '뜨거운 가슴' 덕분에 한국 기업이 덕을 본 경우도 있다. 1974년 9월, 국내 건설업체 삼환기업은 사우디아라비아 제다Jeddah 공항 인근에서 도로 확장 공사를 시작했다. 발주처인 사우디 내무부는 40일 이내에 완공해 달라고 요청했다. 삼환기업은 3교대 작업 시스템을 도입해 24시간 내내 쉬지 않고 공사를 진행했다. 가로등 하나 없는 현장을 밝히기 위해 밤에는 수백 개의 횃불을 들고 작업을 지속했다. 어느 날 공사 현장 근처를 지나가던 사우디아라비아 3대 국왕 파이살Faisal ibn

Abdulaziz Al Saud(재위 1964~1975)이 우연히 이 모습을 보았다. 그는 수많은 횃불로 불야성을 이룬 모습을 보고는 "저렇게 부지런하고 성실한 사람들에게는 공사를 더 주어야 한다"며 2차 공사를 삼환에 주라는 특명을 내렸다.

외교에서도 이런 특성을 잘 활용할 필요가 있다. 이를테면, 본격적인 업무에 착수하기 전에 감성을 터치해 주는 것이다. 2020년 1월 한국과 아랍에미리트 간 상호 문화 교류의 해를 기념하여 한국 문화체육관광부 장관이 아부다비를 방문했다. 나도 아랍어 통역을 맡게 되어 주요 행사를 옆에서 지켜볼 수 있었다. 당시 문체부 장관은 자이드대학교Zayed University를 방문하고, 문화 행사에도 참석했다. 아랍에미리트 현지 공연단이 요울라Yowla라는 전통춤을 선보이고 있을 때, 문체부 장관이 갑자기 자리에서 일어나 무대로 올라갔다. 그러고는 그들 안에 섞여 함께 춤을 추었다. 현지 신문사에서는 이 장면을 기사의 메인 사진으로 담아 한국 문체부 장관의 문화적 수용성을 강조했다. 이 모습을 감명 깊게 지켜본 누라 알카아비Noura Al Kaabi 아랍에미리트 문화부 장관은 영자 신문 《내셔널The National》과의 인터뷰에서 "(한국) 장관은 우리 전통춤에서 사용하는 도구에 관해 물어봤고, 댄서들이 사용법을 가르쳐줬습니다. 요울라 공연단과 어울려 춤을 출 때 장관은 무척 행복해 보였어요"라고 말했다. 아마도 이 일은 양국 문화 협력에 있어서 긍정적인 미래를 그려 줄 것이다.

만약 아랍 정부를 상대할 일이 있다면, 그 지역 국가 간에 얽힌 정치적, 경제적 문제에도 관심을 쏟고 세심하게 고민해야 할 필요가 있다. 한 번 감정을 건드리면 회복하기가 어렵기 때문이다. 1975년 3월 22일, 최규하 정부 특사가 사우디아라비아 외무부를 방문한 일이 있었다. 사우디 측은 한국 내 이스라엘 대사관의 존재는 한국과 사우디 간 관계를 악화시킬 수 있는 위험 요소라며, 이 사안에 대해 진지하게 고민해 보라고 압박을 가했다. 당시 이스라엘은 여러 전쟁을 일으키며 아랍인이 살던 팔레스타인을 점령하고 있었다. 이에 대항해 아랍인들이 하나로 뭉쳐서 반이스라엘을 외치던, 가슴 뜨거운 시기였다. 당시 한국은 친아랍 외교에 더 무게를 실었고, 이를 계기로 사우디를 비롯한 아랍 국가들은 한국과의 경제 협력에 적극적인 모습을 보이게 되었다. 그리고 1978년, 이스라엘 대사관은 한국에서 철수했다.

아랍인과 가까워지는 법, 절대 쉬운 일이 아니다. 그들과의 문제를 해결하는 방법, 결코 만만치 않다. 그러나 해결의 열쇠는 있다. 이성을 총동원하여 전략적인 해결책을 강구하는 것만이 상책이 아니다. 그들과 얼마나 감정적인 유대감을 조성하여 마음을 움직일 수 있느냐, 이것이 키key다.

4000년간 아랍인이
사랑한 동물 이야기

الحيوان الذي أحبه العرب منذ 4000 عام

예멘의 올드 사나에 살던 시절, 종종 들리던 참기름집이 있었다. 그 집은 기름을 짜는 방식이 독특했다. 아침 일찍 참기름집 주인은 커다란 드럼통 안에 깨를 가득 넣었다. 드럼통 안에는 큰 절구가 있었는데, 절구는 끈과 나무로 낙타와 연결되어 있었다. 눈을 가린 낙타가 드럼통 주위를 빙글빙글 돌면, 그와 연결된 절구가 돌아가면서 깨를 짓이겼다. 그럼 드럼통 아래 뚫어 놓은 작은 구멍에서 참기름이 새어 나왔다. 때맞춰 주인아저씨가 500밀리리터짜리 빈 물통을 구멍 밑에 잘 맞춰 놓으면 참기름이 담겼다. 손님이 없을 때 깡마른 주인아저씨는 앉아서 TV를 보거나 까트를 씹으며 친구들과 수다를 떨었다. 참기름을 사서 주인아저씨에게 돈을 건넬 때면, 낙타에게 항상 미안한 마음이 들었다. 그러나 이는 낙타와 그들이 함께 살아가는 자연스러운 삶의 방식이었다.

구약 성경에서의 낙타

역사적으로 사막에 살던 아랍인들에게 낙타는 예멘의 참기름집 주인에게 그랬던 것처럼, 한평생을 같이하는 소중한 존재였다. 중동에서 낙타가 언제부터 가축화가 되었는지 그 시기는 정확히 알 수 없지만, 동물학자 트레버 윌슨R. Trevor Wilson의 책《낙타 Camel》에 따르면 약 4000년 전 아라비아반도 남부에서 시작되었다고 한다. 낙타는 구약 성경에 56번이나 언급되는데, 이를 보면 고대부터 사람과 공존했음을 확실히 알 수 있다. 구약 성경 창세기에 나오는 이스라엘 민족의 시조 아브라함, 그는 가나

현재 터키에
위치한
하란의 모습.
ⒸBen Bender

안Canaan(현 팔레스타인 일대)에서 살고 있었다. 아브라함이 나이
가 들자 늙은 종에게 '하란Harran' 지역에 가서 아들 이삭의 아내
감을 구해 오라고 명한다. 낙타 열 필을 가지고 떠난 그의 종은
나홀의 성 앞에서 한 소녀에게 물을 달라고 부탁했고, 소녀는 종
에게뿐 아니라 낙타들에게도 물을 먹였다. 이를 본 종은 소녀의
마음씨에 탄복했다. 그 소녀가 바로 이삭의 아내이자 야곱의 어
머니인 리브가다.

구약 성경에 따르면 솔로몬 왕 시대(기원전 10~9세기 추정), 예
멘 땅에 살던 시바 여왕은 솔로몬 왕의 지혜를 보기 위해 이스
라엘 땅까지 긴 여정을 떠난다. 그때 수많은 낙타가 시바 여왕을
위해 엄청난 양의 향품, 금과 보석을 등에 싣고 예멘 땅에서 솔
로몬의 성, 이스라엘 땅까지 약 1250킬로미터에 달하는 사막을
가로질러 묵묵히 걸어 나갔다.

사막에 최적화된 낙타라는 피조물을 보고 있노라면 절로 경
탄이 나온다. 일단 모두가 잘 아는 것처럼 낙타는 물 없이도 오
랫동안 활동이 가능하다. 온몸의 혈류와 몸속 조직 구석구석에
물을 넉넉히 채워 놓기 때문이다. 낙타는 조직에서 빠져나간 물

을 보충하기 위해 하루 200리터의 물도 거뜬하게 마실 수 있다. 이 외에도 낙타는 농축된 극소량의 소변과 마른 대변을 보며, 대기 온도가 올라가면 자신의 체온을 최대 41도까지 자체적으로 높여서 땀의 배출을 막고, 불필요한 수분 손실을 막는다. 눈 주변을 덮고 있는 넓적한 뼈와 두꺼운 눈썹은 햇빛을 가려 준다. 모래바람이 휘몰아칠 때는 눈꺼풀을 내리지만 걸음을 멈추지는 않는다. 눈꺼풀이 얇은 탓에 앞을 보면서 전진이 가능하기 때문이다. 코에도 근육이 있어서 콧구멍을 자유자재로 닫을 수 있고, 그 덕분에 모래가 들어오지 못하게 막을 수 있다. 등에 있는 혹 안에는 지방을 축적해 놓고, 필요할 때마다 분해하여 양분으로 사용한다. 그래서 오랫동안 먹지 못한 낙타는 혹이 작아져 있다.

상업에서의 낙타

영화 〈인디아나 존스3〉와 〈트랜스포머2〉에 등장하는 고대 암벽 도시 페트라Petra는 요르단의 국보이자 유네스코에 등재된 세계적인 유적지다. 페트라 도시를 암벽 위에 건설한 것은 아랍계 유

나바테인들이
건설한 페트라
도시 전경.

나바테인의 무역 경로. 그들은 홍해를 통해 물자를 옮긴 뒤 낙타를 타고 육로로 이동했다.

목민족 나바테인Nabataeans이다. 이들은 고대 아라비아반도에 살던 아랍 유목민으로 기원전 4~6세기에 걸쳐 현 요르단 남부, 즉 페트라 주변으로 이주해 정착했다. 이들은 페트라의 붉은 사암 덩어리로 이루어진 거대한 암벽을 깎아 도시를 만들고 이를 중심으로 기원전 3세기경 나바테아 왕국 Nabataean Kingdom을 건설했다. 중동 지역에서 본격적으로 낙타를 상업용으로 사용하기 시작한 것도 나바테인으로 알려져 있다. 그리스의 역사가 디오도로스 시켈로스Diodorus Siculus(기원전 90~30)의 《역사총서Bibliotheca Historica》에 따르면, 당시 나바테인들은 아라비아반도 남부에서 구입한 유향과 몰약을 홍해를 통해 아카바Aqaba항으로 우선 운반했다. 그리고 모든 물품을 낙타에 실은 후 육로를 통해 알렉산드리아, 가자Gaza, 다마스쿠스 등지로 이동하여 상업 활동을 했다. 당시 그들은 낙타 카라반Caravan, 즉 낙타 대상隊商 활동을 통한 무역의 달인으로 통했다. 나바테아 왕국은 기원전 63년에 로마의 속국이 되어 기원후 106년에 멸망했다.

또 다른 도시로 가보자. 시리아의 수도 다마스쿠스에서 북동쪽으로 200킬로미터 떨어진 곳에 가면 고대 유적지 팔미라

Palmyra가 있다. 최근 시리아 내전과 IS 같은 테러 분자들에 의해 훼손되고 방치되는 수난을 겪고 있지만, 고대에 이 도시는 낙타 대상들의 중간 기착지이자 교역의 중심지로 번성했던 곳이다. 우선 위치가 좋다. 서쪽의 로마제국과 동쪽의 파르티아제국(현재의 이란) 사이에 있는 팔미라에는 수많은 무역상이 오갔기에 늘 돈과 물건이 넘쳐났다. 팔미라는 13년(기원후 260~272)이라는 짧은 기간에 독립 국가로 존속하며 전성기를 구가했다. 당시 팔미라인들은 아르수Arsu라는 저녁 별의 신을 숭배했다. 아르수는 그의 쌍둥이 형제이자 아침 별의 신인 아지조스Azizos와 함께 낙타에 탄 모습으로 그려지는데, 이 두 신의 역할은 낙타 대상들을 보호해 주는 것이었다. 낙타 대상 활동이 팔미라에 안겨 준 이익이 얼마나 크고 중요했는지 알 수 있다. 그러나 로마제국은 이러한 경제적 요충지를 가만 놔두지 않았다. 272년, 로마의 군인 황제 아우렐리아누스Lucius Domitius Aurelianus(재위 270~275)는 직접 군대를 이끌고 팔미라와 전쟁을 벌였고 승리한 로마는 팔미라를 식민지로 병합시켰다.

시리아 동부 고대 유적 도시 '두라 에우로포스Dura-Europos'에서 발견된 아르수 조각.
ⓒYale University Art Gallery

로마 시대의 종말 후 바퀴를 대신하다

기원후 2세기 초, 로마제국은 페트라와 팔미라는 말할 것도 없고 이집트, 팔레스타인, 시리아, 북아프리카 지역 등 중동의 주요 거점을 점령했다. 그야말로 로마제국의 전성시대였다. 특히 로마는 기원전 312년부터 기원후 180년까지 각 점령지에 도로를 건설하여 마차나 수레가 원활히 다닐 수 있게 했다. 광대한 식민지의 효율적인 통치뿐 아니라 전쟁을 성공적으로 수행하기 위해서 신속한 군대 이동과 정보 전달이 필요했기 때문이다. 총 32만 킬로미터에 달하는 로마의 도로는 이탈리아 본토와 이집트를 비롯해 지중해 연안의 아프리카, 스페인, 발칸반도, 소아시아, 그리고 프랑스와 영국까지 연결했다. 말 그대로 당시 '모든 길은 로마로 통했다Omnes viae Romam ducunt'.

그러나 395년 로마제국이 동서로 분열되고 몰락의 길에 접어들면서 중동 지역의 운송 문화는 다시 바뀌기 시작한다. 바퀴를 버리고 낙타의 등에 짐을 직접 싣기 시작했다. 도로포장도, 넓은 길도 필요 없었다. 낙타만 있으면 운송이 자유자재로 가능했다. 중동 지역은 지리적으로 워낙 광대한 데다 도시-사막 간 교역

중동에서의 로마제국 영역 (어두운 색 부분).

도 잦았다. 낙타로 이동하면 도로로 인한 지리적 제약이 사라지므로 중동의 대규모 교역에 훨씬 적합했다. 바퀴는 사막에서 무용지물이지만 낙타의 발바닥은 넓고 평평하면서 지방으로 된 쿠션이 있어 모래 속에 잘 빠지지 않는다. 이로 인해 중동 지역에서는 로마 시대에 흔히 볼 수 있었던 마차나 수레가 거의 자취를 감추게 되었다.

전투장에서의 낙타

낙타는 고대부터 근대까지 인간의 전쟁에 참여해 왔다. 힘과 건조한 환경에서의 생존 능력 때문에 군용으로 알맞았다. 페르시아의 아케메네스제국Achaemenid Empire 키루스 2세Cyrus the Great(재위 기원전 550~530)는 리디아 왕국(터키 동부)의 왕 크로이소스Croesus와 전투를 벌였을 때, 낙타 기병으로 참전했다. 크로이소스는 말 기병으로 대항했지만, 낯선 낙타의 냄새를 맡은 말들이 기겁하며 흩어져 버렸고 결국 키루스 2세가 대승을 거두었다.

느려터진 낙타가 무슨 전투를 하느냐며 반문하는 사람도 있을 것이다. 그러나 낙타는 에너지와 물을 아끼기 위해 자기 관리 차원에서 달리지 않을 뿐이다. 낙타가 전속력으로 내달릴 때는 시속 20킬로미터에 이르기도 한다. 물론 전투장에서의 기동력은 말보다 떨어지지만, 힘과 적재량 그리고 인내심만큼은 비교 불가다. 1798년 프랑스의 나폴레옹도 이집트와 시리아를 침공했을 때 낙타 부대를 조직했고, 19~20세기에 걸쳐 서구 식민 지배를 일삼았던 영국, 프랑스, 독일, 스페인, 이탈리아도 중동에서

프랑스 화가 장 레옹 제롬Jean-Léon Gérôme이 그린 낙타를 탄 나폴레옹의 모습 (《Napoleon and his General Staff in Egypt》).

정찰 활동을 할 때나 전투 시에 낙타 부대를 활용했다.

그러나 무엇보다 전투를 통해 낙타가 가장 돋보였던 시기는 7세기의 이슬람 확장기가 아닐까. 622년, 선지자 무함마드가 메카에서의 박해를 피해 야스립(메디나)으로 이주한 해를 기점으로 약 10년간 이슬람은 아라비아반도 전 지역을 장악했고 이후 이집트, 페르시아 등지로 급속히 팽창했다. 어떻게 이렇게 짧은 기간에 사막이라는 지리적 장벽을 뚫고 이슬람이 확대될 수 있었던 걸까? 이슬람 전파의 시작은 메카와 메디나였다. 이슬람으로 개종한 아랍인들은 이슬람의 기치 아래 사막을 발판 삼아 주변으로 계속 영토를 확장해 나갔다. 이들은 사막 가장자리에 거점 도시를 건설했고, 그 거점 도시에서 출격한 아랍인들은 주변 지역을 하나씩 정복해 나갔다. 중동학의 권위자 버나드 루이스Bernard Lewis는 사막을 바다에, 군사 도시를 항구 도시에 비유했다. 즉 아랍인들은 사막의 출구에 항구(군사 도시)를 설치한 후 그곳을 기지 삼아 '낙타'라는 배를 타고 주변 영토로 세력을 확장했다는 것이다. 물론 말도 아랍인과 함께 전투에서 톡톡한 역할을 했지만, 무거운 전투 식량을 싣고 사막이라는 거대한 바다를 넘나들기 위해서는 낙타가 꼭 필요했다. 아라비아반도에 살던 아랍인들은 이슬람 깃발을 들고 북아프리카 지역(이집트, 리비아, 알제리 등)과 레반트 지역으로 나아갔고, 이 지역들의 이슬람화Islamization와 아랍화Arabization를 동시에 이루어냈다.

아랍인과 벗이 되어 준 낙타

20세기가 되자 아랍 지역에 커다란 변화가 찾아왔다. 사우디아라비아를 비롯한 아라비아반도 각지에서 석유가 나오기 시작한 것이다. 때마침 아랍인들은 '국가' 개념을 도입했고 정부 체계를 정비한 후 산업 발전에 매진하기 시작했다. 그러자 많은 아랍 부족이 낙타와 함께했던 사막 생활을 접고 도시로 몰려들기 시작했다. 이들은 석유, 국방 관련 업종을 선호하며 사무실에 앉아 편안하게 돈을 벌어들이기 시작했다. 부족 간의 전투도, 낙타도 이제 필요 없게 되었다.

때마침 세계 운송 수단에도 대변혁이 일어났다. 제1차 세계대전이 끝나자 중동 지역에 자동차가 등장하기 시작했다. 시리아 르왈라Rwala 등 중동의 사막 지대에서 물품을 운반해 주던 낙타는 트럭으로 대체됐다. 심지어 사우디에서 가장 순수한 유목 부족 중 하나로 여겨지는 알무라Al-Murrah족도 트럭을 타 보고는 그 편리함에 놀라 운송의 현대화를 적극적으로 환영했다. 운송 수단으로서 낙타의 가치가 떨어지자 아랍 상인들은 낙타보다는 양이나 염소의 방목 활동을 더 선호하게 되었다. 양이나 염소 고기를 더 비싼 가격에 팔 수 있을뿐더러 방목 관리도 훨씬 용이했기 때문이다. 이후 100년이라는 시간 동안 인간의 운송 수단은 상상을 초월할 정도로 급격히 발전했다. 인공지능 기술과의 융합을 통해서 획기적인 운송 수단의 변혁을 보게 될 날도 머지않았다. 아랍에서 낙타는 이제 상업적으로나 군사적으로나 큰 매력이 없는 동물이 되었다. 물론 낙타 경주나 '예쁜 낙타 선발대회' 등을 통해 인간에게 재미를 안겨 주기도 하고, 낙타 우유나 낙타 초콜릿 상품 개발로 경제적 이익을 창출하고 있다. 그러나 과거처럼 아랍의 역사에서 더 이상 굵직한 역할을 하진 못할 것 같다.

예부터 아랍인들은 광활한 사막과 하늘을 바라보며 깊은 생각에 잠기거나 상상하기를 즐겼다. 모든 생각과 자연 현상을 말로 표현하기를 좋아했던 그들은 사막에서 낙타의 걸음걸이에 맞춰서 시를 읊기도 했다. 이렇게 낙타 걸음의 리듬에서 영감을 받아 형성된 아랍 시의 운율을 '라자즈Rajaz'라고 한다. 낙타는 아랍인들에게 시의 운율을 제공하며 낭만까지 선사해 주었던 더 없이 고마운 존재였다. 아랍 선조들과 함께 역사를 만들어 나갔던 낙타. 낙타 없이 아랍인의 역사를 이야기하기는 어려울 것이리라.

수많은 고대 문명의 보물을 간직하고 있는 곳, 아랍.
그중에서도 신묘한 기운을 내뿜는 곳은
단연 피라미드다.
그곳에 발을 딛는 순간, 현실의 나는 온데간데없고
오천 년 전으로 시간 여행을 떠난다.
보석처럼 빛을 내며 경이로움을 자아내는,
완벽에 가까운 기하학적 산.
너무나 많은 이야기가 숨겨져 있어서
여전히 불가사의로 남아 있는 이곳, 피라미드.

'올드 사나'는
한가로워서 좋아..

'올드 사나'를
둘러싸고 있는
성벽
2009. 10. 7
손정은 Soha

어느 날 문득 나는 올드 사나의 풍경을 직접 손으로 그려 보고 싶어졌다.
다리 앞에 앉아 그림을 그리고 있으려니 내 주위로
예멘 아이들이 몰려들기 시작했다. 예멘 아이들의 순수한 눈빛,
내 그림을 마냥 좋아하던 아이들의 웃음소리 속에서 붓질을 했다.
눈을 감으면 그날의 분위기가 선명하게 떠오른다.
10여 년이 지난 지금, 예멘 내전의 기사를 읽을 때마다
그 아이들이 생각난다. 이제 청년이 된 그들은 어떻게 살고 있을까.
'살아 있을까…'까지 생각이 미치면 서글퍼진다.

아랍인의 마음은 활짝 열려 있다.
낯선 사람이 다가가도 거리낌이 없다.
그림을 그려도 되겠느냐 정중히 묻자 "잘 그려 주시오!" 하며
아저씨는 호탕하게 웃었다.
아랍인들은 웬만해선 "No"라고 말하지 않는다.
그렇게 해서 상대방의 기분을 상하게 하는 것보다는
거짓말이라도 "Yes"를 외치는 것이 더 나은 선택이라고 생각한다.
작업을 마치고 그림을 보여 주자 아저씨는
무척이나 마음에 든다며 내 커피값을 내줬다.

"다음에 또 볼 수 있나요?"라는 질문에 그는
"인샤알라(알라가 허락하신다면)"라는 말만 외치고 떠나 버렸다.
이후로 그를 다시 볼 수 없었다.

아자지의 한 카페,
서샤 목악개를 빠는
이집트 아저씨.. 2009. 11. 16
은현호 Aahm

보기만 해도
소리가 들린다.
뽀글 뽀글 뽀글…

한가하게 신문을 팔던 아저씨,
40도가 넘나드는 더운 날씨에도 카이로 거리를
지키고 앉아 있다.
멀리 사막에서 불어 온 바람 때문에
오늘 자 신문 위에도 고운 모래가
소복이 쌓여 있다. 손님이 오자
한가하게 잠을 청하던 아저씨는 무표정한 얼굴로
신문지를 툭툭 털어내고 건네준다.
이집트에서도 한국인처럼 바삐 살아갔던 나에게
여유롭다는 게 무엇인지 알려 준
그 아저씨가 기억난다.

신문 파는
아저씨

나른~ 하다.
이집트, 창원이 진
날에서..
손원호 Aska

لو أن صنعاء القديمة هكذا ...
أسود وأبيض
واللون البني

2004. 9
손원호 Ahn

내 마음속 올드 사나는 세 가지 색으로 물들어 있다.
갈색, 검은색, 흰색. 건물 대부분이 세 가지 색으로 구성되어 있어
얼핏 단조로워 보이지만, 그 색상의 조화로 인해
독특한 아름다움을 자아낸다. 예멘인들이 고집하는 투박한
전통의상과도 잘 어우러진다.
올드 사나의 색깔만큼이나 예멘인들의 삶도
단순하다. 돈에 대한 큰 욕심도 없다.
사나에 가면 마치 중세의 한 도시에 뚝 떨어진 느낌이다.

2004년 8월, 올드 사나에 비가 내렸다.
은빛 하늘 아래 추적추적 내리는 비를 맞으며 회색빛 돌길 위를 걸었다.
보는 사람마다 "아랍 지역에서 비는 축복이죠!"라며
나에게 인사를 건넸다.
이런 날이면 어김없이 예멘 커피를 곱게 갈아 모카포트에 넣고 끓였다.
올드 사나만의 회색빛 풍경과 빗소리와 함께
내 얼굴에 불어오는 시원한 비바람을 느끼고 있으면,
어느새 진한 아랍 커피 향기가 풍겨 왔다.

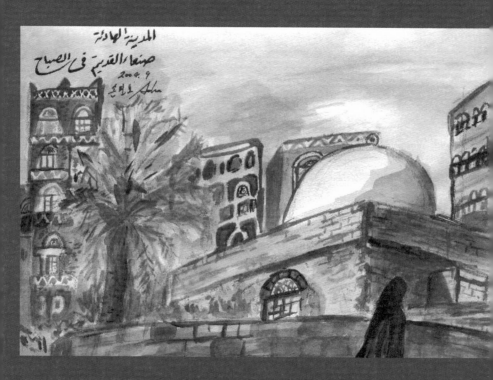

أستاذ اسماعيل

2･･9. 12. 7
손원근 Ahn

아라비아반도에 광활하게 펼쳐진 척박한 사막,
그 사막의 환경처럼 아랍어의 발음도 강하게 또 거칠게
해 줘야 제맛이라며 나에게 처음으로
아랍어의 진수와 멋스러움을 알려 주셨던 이스마일 선생님.
안타깝게도 예멘 내전 이후 수년간 연락이 끊겨 버렸다.
가끔 구글 지도로 그의 집이 있었던 곳을 더듬더듬 찾아가며,
그리운 마음을 달래 본다. 흐릿하게 보이는 위성 사진처럼
그와의 추억들도 흐릿하게 사라져 간다.

육십이 넘어
삶이 즐거운 예멘 아저씨

2004. 10. 8
손원호 Sohn

벤치에 앉아 있던 예멘 아저씨에게 그림을 그려 줄 테니,
시간을 좀 내줄 수 있느냐고 물었다.
그는 시간 따위 중요치 않다며 가만히 앉아 그림이 완성될 때까지 기다려 주었다.
언제나 시간에 쫓기지 않는 아랍인들은 누구에게나
자신의 시간을 열어 놓는다. 얼마든지 자신의 시간에 들어올 수 있도록
유연성을 발휘한다. 낙타를 타고 사막을 누비며 시간의 흐름에 자신을 맡기던
아랍 선조들의 DNA가 고스란히 남아 있기 때문일 것이다.

나의 살던 고향은…
푸르른 예멘

مسقط رأسي هو... اليمن السعيد

"저 좀 도와주세요."

2019년 여름, 내가 운영하는 유튜브 구독자 중 예멘인 이싼
(가명)이 왓츠앱으로 아랍어 메시지를 보내 왔다. 이싼은 몇 년
전 한국에 입국하여 여러 공장을 전전하며 일을 해 왔다. 급한
일인 듯싶어서 화상 통화를 시도했다. 그는 어설픈 한국말로 말
문을 열었다.

"무슨 일인데? 아랍어로 이야기해 봐."

"제가 일하는 공장에서 석 달 치 월급을 몇 달째 안 주고 있
어요. 사장님이 원래 받아야 할 급여의 60퍼센트만 주겠다고 해
요."

"그래서?"

"고용노동부에 진정서를 냈어요. 그리고 난민 구호 단체에서
소개해 준 노무사한테 소액의 돈을 지불하고 도움을 받고 있어
요. 오늘 노무사가 한글로 된 서류를 한 통 보내 주고는 여기다
서명을 하라네요. 한글로 씌어 있어서 이해가 안 되는데 이게 도
대체 무슨 서류지요?"

"사진으로 찍어서 보내줘 봐."

서류에는 '받아야 할 미지급 급여는 전 급여의 60퍼센트이며
본인은 이미 이 금액을 수령했으니 진정서를 취소하겠다'는 내
용이 씌어 있었다.

"이싼, 이거 취하서야. 너 돈 받았어? 네가 여기에 서명하면
네가 이미 돈을 받았다고 인정하는 꼴이야. 그리고 금액도 급여
의 60퍼센트라고 되어 있어. 근데 돈을 적게 주는 이유가 뭐야?"

"제가 일을 열심히 안 했대요. 중간에 화장실도 자주 갔다고

하고요. 근데 저는 정말 열심히 일했어요. 컨테이너 숙소에서 잠을 자고 일어나 하루 열네 시간을 일했어요."

"노무사 연락처를 알려 줘. 내가 연락해 볼게."

노무사와 긴 이야기를 나누었다. 사장이 이싼에게서 취하서를 받지 않으면 절대 입금하지 않겠다며 노무사와 고용노동부 담당자에게 고집을 피우고 있다고 했다. 이 돈이라도 받으려면 취하서에 서명하고 돈을 받아야 한단다. 다시 이싼에게 연락을 해서 모든 이야기를 해 주었다.

"그럼 제가 취하서에 서명을 하지 않으면 어떻게 되는 건가요?"

"사장과 법적 싸움을 해야 하는데 노무사 말로는 1년 이상이 걸린대. 1년 넘게 시간과 에너지를 소모할 바에 합의하는 게 낫다고 해."

"알았어요. 그거라도 받아야죠. 일을 해야 해서 법원에 들락날락할 시간도 없을 것 같아요. 아, 한국 사는 게 너무 힘드네요."

나는 어떠한 위로의 말도 해 줄 수가 없었다. 그저 한국인과 어려운 소통을 도와주고 그의 푸념을 들어 줄 뿐이었다. 잠시 정적이 흐른 후 이싼이 말했다.

"고마워요. 이렇게 제 말을 들어 줘서요. 한국 사람이 제 이야기를 들어 주니 마음이 따뜻해지네요. 그걸로 됐어요."

이싼은 예멘의 한 마을에서 가족과 행복하게 살고 있던 평범한 고등학생이었다. 어느 날 갑자기 그가 다니던 학교의 선생님들이 바뀌기 시작했다. 새로운 선생님들은 아이들에게 기존 교과서를 버리게 하더니 난생처음 보는 책들을 나눠 주었다. 예멘의 후티 반군을 찬양하는 내용이었다. 이 일로 이싼은 후티 반군이 자신의 동네를 점령했다는 사실을 눈치챘다. 그러던 어느 날 학교 운동장에서 놀고 있던 이싼과 몇몇 학교 친구는 부모에게 알리지도 못하고, 후티 반군에게 잡혀갔다. 이들은 전투 요원으로 동원되었고 예멘 남서부의 한 지역으로 끌려가 훈련을 받았다. 이싼은 자신이 정부군을 상대로 총알받이가 될 것 같다는 직감이 들어 탈출을 감행했다. 그는 다른 동료 일곱 명과 함께 새벽에 부대를 탈출해 하염없이 걸었다. 시내로 도망쳐 버스를 타고 예멘 남부 아덴으로 겨우 이동했지만, 남부 지역에서는 후티 반군에 몸담았던 사람들을 받아 주지 않았다. 이싼은 후티 반군 진영으로 돌아가느냐 나라를 떠나느냐 하는 기로에 서고 말았다. 고향의 아버지에게 전화를 걸었으나 아버지는 이싼에게 돌아오면 반군에게 살해당할 수 있으니 차라리 나라를 떠나라고 말했다.

그때 이싼은 주변 사람들로부터 '코리아'란 나라에 대해 듣게 되었다. 코리아의 비자를 받기만 하면 목숨을 건지는 동시에 치료를 받고 일도 할 수 있다는 이야기였다. 그는 같이 탈출한 친구 중 한 명 하싼(가명)과 의기투합해 한국행을 결심했다. 당시 깊은 병을 앓고 있었던 이싼과 그의 보호자 격인 하싼은 집에서 보내준 돈을 다 털어서 아덴의 관광사무소에 지불했고, 관광사무소는 원격 작업을 통해 주두바이 대한민국 총영사관의 예멘 담당 데스크로부터 둘의 의료 비자를 획득했다. 그러나 내전 때문에 아덴 공항에서는 비행기가 운항하지 않았다. 시간이 없었다. 그는 고향에 남아 있는 가족들과 마지막으로 통화한 뒤, 버스에 몸을 싣고 비행기를 탈 수 있는 오만으로 향했다. 내전으로 파괴된 고속도로를 우회하느라 오만 국경까지 꼬박 이틀이 걸렸는데, 오만 국경에서는 이싼과 하싼의 신분을 확인해야 한다며 국경을 넘지 못하게 막았다. 오만 국경에서 2주간 조사를 받으며 그들은 길거리나 빈 건물을 찾아 잠을 청했다. 2주간의 조사가 끝나자 둘은 버스를 타고 오만 국경에서 가장 가까운 공항이 있는 오만 살랄라Salalah 지역으로 향했다. 공항에 도착해 수속을 마치고 이싼은 만신창이가 된 몸을 비행기에 겨우 실었다. 카타르 도하를 경유해 가족도 없이 2017년 인천에 도착했을 때, 그의 나이는 겨우 열일곱이었다. 이후 지금까지 3년을 넘게 공장, 식당 등을 전전하며 일을 하고 급여의 일부를 예멘에 있는 가족들에게 보내 주고 있다. 얼마 전, 같이 한국에 들어왔던 하싼이 궁금해 소식을 물어봤다.

"하싼은 지금 뭐 하고 있어?"

"하늘나라에 간 것 같아요."

"무슨 소리야?"

"우리 둘이 탈출해서 한국에 왔을 때, 하싼의 아내와 딸은 예멘에 남아 있었거든요. 그런데 서로 너무 보고 싶어 해서 가족과 말레이시아에서 만나기로 했었죠. 안타깝게도 아내와 딸이 예멘을 나오는 도중에 사망했어요. 하싼은 슬픔을 참지 못하고 확인을 해야겠다며 바로 예멘으로 들어갔고요. 그 이후로 소식이 없는데… 아무래도 무슨 일이 있었던 것 같아요."

예멘의 내전은 어떻게 시작되었나?

이싼의 동네를 점령했던 후티 반군, 이들은 누구일까? 이들과 예멘 정부군은 왜 끝없는 싸움을 하고 있을까? 그 이야기의 시작은 무려 30년 전으로 거슬러 올라간다.

남북으로 분단되어 있던 예멘은 1990년, 냉전이 끝날 즈음에 통일을 이룩했다. 1978년부터 1990년까지 북예멘을 다스리던 알리 압둘라 살레Ali Abdullah Saleh가 통일 예멘의 초대 대통령이 되었다. 그는 강력한 '철권통치'로 하나의 예멘을 다스리기 시작했다. 여러 반정부 세력과 극단주의 집단이 존재했지만, 독재자 살레는 이들을 힘으로 억눌렀다. 2004년 예멘 연수 시절, 나를 가르쳤던 아랍어 선생님들은 항상 나에게 "어디를 가서도 살레 대통령 이야기는 하지 마라"라고 단단히 입단속을 시키곤 했다. 한마디로 살레는 무소불위의 권력을 휘두르는, 그 누구도 범접할 수 없는 인물이었다.

그러나 겁 없이 살레 대통령에게 항거를 시도한 세력이 있었다. 1990년대 북부 예멘에서 탄생한 시아파 정치 무장 단체, 후티Houthi Movement다. 1990년대 초 후세인 바드렛딘 알후티 Hussein Badreddin al Houthi를 주축으로 세워진 후티 반군은 오랫동안 정부에 불만을 품고 칼을 갈았다. 2003년, 정부를 공격할 좋은 빌미가 생겼다. 미국이 이라크를 침공하면서 아랍 세계에는 자연스레 반미, 반외세 분위기가 형성되었다. 후티는 이러한 분위기를 타 미국과 동맹 관계에 있던 살레 정부를 공개적으로 비난했다. 2004년부터는 정부를 상대로 소규모 전쟁을 수차례 일으키며 과격한 행보를 보이기 시작했다. 당시 나는 예멘의 수도 사나에 머물고 있었는데, 아랍어 스승 이스마일 선생님은 북부로 여행을 가려는 나를 극구 말리기도 했다.

"선생님, 이번 주에 예멘 북부로 여행을 가려고 합니다."

"납치당하고 싶으면 가도록 해."

"납치요?"

"반정부 세력이 똬리를 틀고 있는 곳이 북쪽이야. 이들이 최근 친미 성향의 예멘 정부를 상대로 전투를 벌이기 시작했어. 안 그래도 반미 정서가 강한 곳인데 외국인이 눈에 띄면 위험해."

"가지 말라는 말씀이시죠?"

"절대 가지 마."

2010년, 튀니지에서 독재 정부에 반대하는 민주화 혁명이 시작되었다. 재스민 혁명Jasmin Revolution이라고 불리는 이 혁명의 물결은 중동 전체로 퍼져나갔다. 후티 반군에게는 예멘의 독재자 살레를 끌어내고 정권을 획득할 좋은 기회였다. 결국 살레 대통령은 시대의 흐름을 거스르지 못했고 2011년 11월, 권력 이양안에 서명하고 대통령직에서 물러났다. 2012년 2월 당시 부통령이었던 압드라부 만수르 하디Abdrabbuh Mansur Hadi에게 대통령직이 이양되었고 예멘 과도정부가 출범했다. 예멘 국민은 새로운 평화 민주주의 시대를 꿈꿨다. 그러나 그 꿈은 순진한 착각이었던 걸까. 대통령이 바뀌는 혼란의 시기를 틈타 후티 세력은 예멘 북부의 사다Sa'dah, 알자우프Al Jawf, 핫자Hajjah를 중심으로 더욱 세력을 확장하며 국가 전복의 날을 꿈꾸기 시작했다.

강대국의 개입으로 더욱 커져 버린 내전

하디 정부가 출범하자 후티 세력과의 권력 다툼이 벌어졌다. 2014년 2월 20일, 하디 정부는 예멘을 여섯 개 주로 분할해 주별 자치권을 허용하는 연방 정부안을 공포했다. 하디 정부는 시아파에게 예멘 북부의 사다주 한 곳만을 할당해 주었다. 그러나 시아파는 이를 받아들이지 않았다. 예멘 인구의 41퍼센트에 육박하며 사다, 알자우프, 핫자 세 개 지역에 걸쳐 세력을 키워 왔던 시아파에게 고작 한 곳의 권한이라니, 가당치도 않았다. 후티 세력은 이러한 시아파 주민의 반정부 정서를 이용해 선동하며 예멘 북부를 중심으로 정치적 힘을 더욱 확장했다. 이후 후티는 계획했던 대로 전투를 벌이며, 앞뒤 가리지 않고 전 예멘 지역으로 돌진해 나갔다. 2014년에는 수도 사나까지 진출했고, 2015년 1월에는 무력으로 대통령 궁을 장악해 버렸다. 궁지에 몰린 하디 대통령은 2015년 3월, 사우디아라비아 리야드로 망명했다.

내전은 후티 반군의 쿠데타로 일단락되는 듯 보였다. 당시 나도 뉴스를 접하고는 '결국 시아파 중심의 반군이 예멘을 접수하는구나'라고 생각했다. 그러나 문제는 그리 간단히 끝나지 않았다. 이때부터 그들의 뒤를 봐주던 중동 강대국들이 개입했기 때문이다. 수니파 종주국인 사우디아라비아와 시아파 종주국인 이란, 이 두 강대국이 끼어들었다. 예멘에서 활개 치고 있는 후티 반군을 눈여겨본 이란은 시아파 헤게모니를 아라비아반도 남쪽까지 확대할 좋은 기회라고 생각했다. 이란은 후티 세력이 예멘에서 정권을 차지할 수 있도록 군사 고문단 파견 등을 포함한 비공개적인 군사 지원을 지속했다. 이러한 이란의 움직임은 수니파의

대표 격인 사우디아라
비아에게 결코 달갑지
않았다. 이미 1979년
이란이 혁명을 통해 시
아 이슬람 국가로 탈바
꿈한 이후, 사우디는 그
혁명의 바람이 자국의
안정적인 왕정 정치에
영향을 미칠까 봐 부단
히 경계했다. 만약 사우
디 남서부에 접경한 예
멘을 시아파인 후티 세

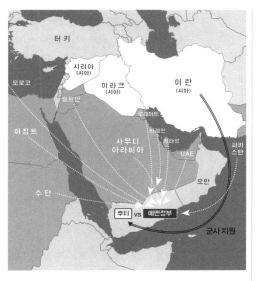

아랍 연합군과 이란의 대리전 양상.
아랍 연합군 : 사우디, UAE, 카타르, 쿠웨이트, 바레인, 요르단,
모로코, 이집트, 수단, 세네갈, 모리타니, 파키스탄.

력이 장악한다면 사우디는 남쪽의 예멘과 북쪽의 이란 사이에
끼어 시아 무슬림의 위협을 받는 모양새가 된다. 사우디는 이란
이 조종하는 후티가 예멘을 차지하도록 방치할 수가 없었다. 그
리고 2015년 사우디 정부는 아랍 연합군의 협력하에 후티 반군
을 몰아내기 위해서 내전 개입을 시작했다.

예멘인 친구 리마는 내전과 관련된 자신의 이야기를 해 주었다.
"제가 나고 자란 예멘의 타이즈란 곳은 정말 아름다운 곳이
에요. 그러나 내전 때문에 그 아름답던 곳이 망가지기 시작했죠.
우리 가족이 살던 집도 공중에서 날아드는 폭격으로 피해를 입었
어요. 2015년에 지금의 남편과 약혼식을 올리자마자 저는 죽음
을 피하기 위해 남편 가족들과 예멘을 떠나기로 결심했죠. 당시

남편의 아버지가 아부다비에서 일하고 계셨고 그 덕분에 우리가 지낼 수 있는 보금자리를 그곳에 마련할 수 있었어요. 그나마 저희는 운이 좋은 편이에요. 다만 친정 어머니와 형제들을 예멘에 남겨두고 떠나야 했기에 제 마음은 슬픔으로 가득했었죠. 제가 조국을 떠날 때 파괴되어 가던 예멘의 모습이 아직도 눈에 선해요. 사람들은 폭격 소리를 들으며 두려움과 슬픔 속에서 살아가야 했어요. 그때의 감정들은 기억하고 싶지 않아요."

"그럼 친정 가족들은요?"

"친정 가족들은 제가 예멘을 떠나고 반년 뒤에 예멘에서 나와 사우디를 거쳐 말레이시아로 갔어요. 예멘에 있을 때 온 가족이 한 집에 모여 매일 얼굴을 맞대고 지냈던 때가 그리워요."

끝나지 않는 싸움과 사라지는 추억

정부군과 후티 반군. 만약 이 싸움에서 어느 한쪽이 이긴다면 예멘에 평화가 찾아오는 걸까? 간단히 단정 지을 수 있는 사안이 아니다. 예멘 내에는 하디 정부와 후티 반군만이 존재하는 것이 아니기 때문이다.

최근 들어 남부 분리주의 운동Southern Transitional Council, STC 세력이 부상하고 있다. 이들은 예멘이 통일되기 이전 남예멘을 모델로 하여 북쪽과 분리시키고, 남쪽에 별도의 국가를 수립해야 한다고 주장하고 있다. 이에 더해 예멘에는 이슬람 극단주의 세력 알카에다 아라비아 지부Al-Qaeda in the Arabian Peninsula, AQAP도 존재한다. 이들은 그 누구의 편도 아니다. 하디-후티 간 내전으로 인한 혼란의 시기를 틈타서 아덴 근처 남부 지역, 마리브 Marib 동부, 중부 내륙 지역에서 계속 자신들의 세력을 확대하고 있다. 이렇게 혼란스러운 시기, 예멘 정부가 강력한 구심점이 되어 알카에다 같은 극단주의 세력을 축출하고 분열된 국가를 통일시키는 것이 마땅하나, 서로의 야욕으로 인해 합의점을 찾지 못하고 수년째 내전에 휩싸여 있다.

2015년 3월에 시작된 내전은 지금도 이어지는 중이다. 이미 10만 명의 예멘인이 목숨을 잃었고 경제는 파탄이 나 버렸다. 이들의 영양실조는 만성화되어 신체적 저항력이 없어진 지 오래다. 예멘 의료 시설의 절반 이상이 파괴되었고 전국의 4분의 1에 해당되는 지역에는 의사조차 없다. 콜레라, 말라리아, 뎅기열 등 전염병이 창궐해 있던 예멘에 코로나19까지 덮쳐 버렸다. 예멘의 핫자 시티 병원Hajjah City Hostpital에서 근무하는 한 임상공학 기사는 예멘의 절망적인 상황에 대해 가슴 아픈 이야기를 했다.

"코로나는 예멘에 엄청난 대재앙이 될 것입니다. 세계 지도에서 예멘이 지워지는 날이 올 수도 있어요."

현재까지 약 376만 명의 예멘인들이 죽음을 피해 자신의 조국을 떠나 난민 신세로 전락했다. 한국에 사는 이싼과 두바이에 사는 리마도 이들 중 하나다. 특히 많은 사람이 90일간 비자 없이 체류가 가능한 말레이시아로 갔고, 그곳에서 약 500명 이상의 예멘인이 2018년에 제주도로 왔다. 한국 난민법에 따라 무비자로 30일간 제주도 체류가 가능하기 때문이었다. 당시 많은 한국 사람이 난민 수용을 반대하며 큰 논란이 일자, 2018년 6월 1일

127

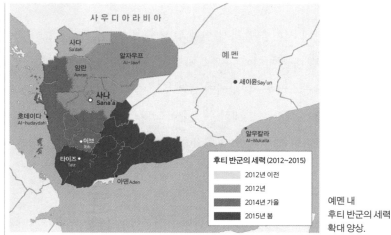

자로 예멘인에 대한 무비자 입국이 불허되었고, 이후 추가적인 예멘 난민의 입국이 중단되었다. 2018년 당시 입국자 중 두 명만이 난민으로 인정받았을 뿐, 대부분의 사람은 '인도적 체류 허가'를 받아 현재 서울, 인천, 아산, 전주 등지에서 이싼처럼 공장 일을 주로 하고 있다.

요즘에도 나는 종종 예멘에서 찍었던 옛 사진들을 꺼내 본다. 15년 전 그곳에서 만났던 사람들과 아이들의 모습이 담긴 빛바랜 사진을 볼 때면 가슴이 먹먹해져 온다. 그들의 순박한 모습과 나를 반겨 주었던 따뜻한 마음이 다시금 떠오른다. 추억 속에 남아 있는 이 모든 것이 이제 예멘 현실에서는 사라져 버린 듯하다. 그 임상공학 기사의 말이 현실이 될까 봐 염려가 되기도 한다. 세월이 지나면 역사 속에 묻혀 버릴 권력과 헤게모니 때문에 예멘 사람들이 마땅히 누려야 할 현실의 행복과 내 추억의 공간이 사라지고 있다. 그토록 아름답던 예멘 땅에서 말이다.

이싼을 보면 15년 전 나와 웃고 떠들던 예멘 아이들이 생각난다. 그래서 더욱 잘해 주고 싶은 마음이다.

"이싼, 가족이 많이 보고 싶지? 고향에 가게 된다면 뭘 제일 하고 싶어?"

"저의 푸르렀던 고향 땅에 입을 대고 키스를 할 거예요. 감사의 키스. 그리고 가족과 부둥켜안고 울고 웃는 날을 꿈꿔요. 아! 그리고 예멘에 있는 우리 가족, 아버지, 어머니와 세 명의 누나, 세 명의 형들과 각각 하루 24시간을 함께 보내고 싶어요. 8일이 걸리겠네요."

"나도 이싼에게 그런 날이 오기를 기도할게."

"고마워요. 근데 그거 알아요? 인생이 항상 슬픔만으로 가득하다고 생각하지 않아요. 나는 믿어요. 슬픔 뒤에는 분명히 기쁨이 오리라는 것을…."

2004년 5월 어느 날, 나와 함께했던 예멘의 아이들.

المملكة العربية السعودية..
أرض الحرمين الشريفين

세 번째 일기

사우디아라비아
SAUDI ARABIA

그들의 인생 표본,
무함마드

النبي محمد، هو القدوة

나와 같은 전공으로 박사 과정을 밟고 있는 알리 선생은 매우 진중한 사람이다. 풍부한 학식과 경험을 가진 데다 겸손하기까지 하다. 알리 선생은 아랍에미리트 샤르자 토후국에 위치한 술탄 알까시미 걸프 연구소Dr Sultan Al Qasimi Centre of Gulf Studies에서 연구소장으로 근무하고 있다. 이곳은 샤르자 통치자 술탄 알까시미의 후원 아래 걸프 아랍 지역을 연구하는 곳이자 통치자의 개인 도서관이기도 하다. 나는 아랍 냄새가 물씬 풍기는 그곳이 좋아 예고 없이 자주 들르곤 한다.

"원호, 아랍 커피 한잔하지?"

"좋죠!"

연구소의 한 직원이 오더니, 숯에 불을 붙이고 그 위에 우드 Oud 나무 조각을 올려놓는다. 캄보디아, 인도 등지에서 생산되는 향나무의 일종인데 소비층은 대부분 걸프 아랍인(아라비아만 부근에 거주하는 아랍인을 일컫는 말, 우리가 흔히 알고 있는 석유 부국들인 사우디, 아랍에미리트, 쿠웨이트, 카타르 등에 사는 사람들을 걸프 아랍인이라 한다)이다. 감실감실 올라오는 연기와 함께 우드 특유의 중후한 향기가 알리의 사무실에 퍼진다. 직원이 아랍어가 멋스럽게 새겨진 작은 잔에 밝은 갈색빛의 아랍 커피를 따라 준다. 그날 우리는 사막의 아랍 부족에 관한 이야기를 나누다 자연스럽게 아랍 위인으로 주제를 바꾸었다. 한참 이야기가 오가던 중 그에게 질문을 하나 던졌다.

"아랍인 중에서 가장 위대한 사람은 누구라고 생각하나요?"

그는 1초도 망설이지 않았다.

"당연히 선지자 무함마드지! 알라께 기도하나니 그에게 평화가 있기를…"

"그분을 한마디로 어떻게 표현하겠어요?"

"빛이지 빛이야."

"빛이라고요?"

"척박한 아라비아반도에 빛을 비추어 준 분이지. 내가 말하는 것은 영적 척박함이야. 아랍의 척박한 사막 기후는 아직도 변하지 않았으니까…"

"어떻게 빛을 비추어 준 것이죠?"

"당시 우리 아랍인들은 불신앙과 각종 우상 숭배에 빠져 있었어. 무슬림이 매년 성지 순례를 하는 메카의 카바 신전도 우상을 숭배하는 자들의 아지트였지. 그곳에서 우리를 건져 준 분이 바로 선지자 무함마드야. 그에게 평화가 있기를…"

아랍 무슬림들은 '이슬람'을 깨우치게 해준 무함마드를 정말 빛과 같은 존재로 생각한다. '이슬람'은 아랍어 동사 '아슬라마(순종하다, 복종하다)'에서 파생된 단어로, '알라에게 복종하는 종교'라는 의미다. 이슬람 신자를 가리켜 '무슬림'이라고 부르는데 이 또한 같은 동사에서 파생된 단어로, 그 의미는 '순종, 복종하는 자'가 된다. 아랍 무슬림에게 무함마드는 알라에게 계시를 받아 사람들에게 이슬람을 깨우치게 한 동시에 알라에게 복종하는 법을 알려 준 이상적인 '무슬림의 표본'이다. 무슬림이 경전 코란 다음으로 그의 언행이 담긴 《하디스》를 인생 교본으로 삼는 이유다.

선지자 무함마드에 대해 잘 알고 있으면 아랍인들과의 대화

134

가 더욱 풍성해진다. 하다못해 아랍인과 식사할 때 할 말이 없어 어색해지는 순간, 선지자 무함마드에 대해 아는 척을 좀 하면 상황이 완전히 달라진다. 자연스럽게 상대 아랍인이 대화를 풍요롭게 이끌어 가주므로 시간은 순조롭게 흘러간다. 물론 아랍 지역에서 사업을 하거나 주재원으로 일할 때 선지자 무함마드에 대해 잘 모른다고 해서 업무에 큰 지장이 있는 것은 아니다. 하지만 아랍 무슬림과 더 깊은 관계를 맺으려면, 또 그들이 살아가는 아랍 사회를 제대로 이해하려면 꼭 알아야 하는 상식이다. 게다가 아랍 생활 자체가 선지자 무함마드의 삶과 긴밀하게 연결되어 있다. 아랍 국가들의 공휴일은 대부분 이슬람과 선지자 무함마드와 관련된 것이어서 무함마드의 삶을 배우면 공휴일의 의미, 관습, 인사말 등을 정확히 파악할 수 있다. 또 누가 알까? 이러한 상식을 통해 언제 어디서 나의 협상 능력이 빛을 발할 수 있을지 말이다.

무함마드의 탄생일
: 이슬람력 세 번째 달 라비 알아우왈Rabi Al-Awwal의 12일

무슬림에게도 인류의 조상은 아담이다. 그는 아내 하와와 함께 여러 자식을 낳았고, 그 후손들은 번성하고 또 번성하여 훗날 아브라함이 태어났다. 아브라함에게는 두 아내가 있었는데 본처인 사라와 여종인 하갈이다. 이 두 아내에게서 태어난 배다른 두 아들로 인해 아브라함 가문은 두 민족으로 갈라진다. 아내 사라가 낳은 아들 이삭Isaac은 유대 민족을, 여종 하갈에게서 태어난

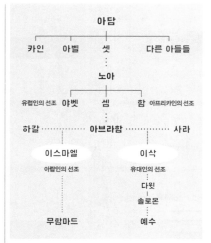

아담
┌──────┬──────┬──────┐
카인   아벨   셋   다른 아들들
│
노아
┌──────┬──────┬──────┐
유럽인의 선조 야벳   셈   함 아프리카인의 선조
│
하갈 ········ 아브라함 ········ 사라
│   │
┌─────┐   ┌─────┐
이스마엘   이삭
아랍인의 선조   유대인의 선조
│   다윗
│   │
│   솔로몬
│   │
무함마드   예수

무함마드는 누구인가?

서자 이스마엘Ismael은 아랍 민족을 이루게 된다. 그리고 훗날 아랍 민족은 아라비아반도를 중심으로 부족사회를 이루며 살아간다.

6세기경 아라비아반도 중서부 메카Mecca에는 유력한 아랍 부족이 하나 있었는데, 바로 쿠라이시Quraysh 부족이다. 570년 4월 22일, 쿠라이시 부족에 속해 있던 여러 가문 중에서도 명문가로 소문난 하심가Hashimite에서 귀한 사내아이가 태어난다. 아랍어로 '찬양받을 자'라는 뜻인 '무함마드'가 그의 이름이 되었다.

안타깝게도 그는 부모 복이 없었다. 그가 태어나기 두 달 전, 대상을 따라나섰던 아버지는 여행 중에 객사했고, 어머니마저 그가 여섯 살 때 세상을 떠났다. 이후 그를 양육하던 조부가 사망하자 부계 삼촌 아부 탈리브Abu Talib가 그를 맡아 키우게 되었다. 어릴 적부터 사막에서 목동 일을 도왔던 무함마드는 열두 살 때부터 삼촌을 따라 팔레스타인, 시리아 등지로 대상 교역을 떠났다. 당시 메카는 남쪽의 예멘, 북쪽의 팔레스타인 사이에 위치한 낙타 대상들의 중간 거점이자 상업의 중심지 역할을 했다. 물려받은 유산이 없었던 무함마드는 삼촌을 도와 생계를 유지하며 고독하고 힘겨운 소년기를 보내야만 했다. 그러나 성품이 워낙 착하고 예의가 발라 주위 사람들의 사랑을 한 몸에 받았다.

알라의 계시를 받다

스물다섯이 되던 해, 무함마드는 인생의 동반자 카디자Khadija를 만난다. 삼촌을 도와 근근이 생활하던 무함마드와 달리 마흔 살의 카디자는 상업 활동으로 성공해 돈과 명예를 모두 거머쥔 유능한 비즈니스 우먼이었다. 카디자가 고용한 대상 무역 대리인에 불과했던 무함마드가 대상을 인도하여 레반트 지역에서 큰 수익을 거두고 메카로 돌아오자 카디자는 그의 근면함에 호감을 품는다. 수많은 남자를 거절해 왔던 도도한 여자였지만 무함마드에게는 본인이 먼저 다가가 적극적으로 관심을 보인다. 그리고 마침내 둘은 혼인에 이른다.

카디자와의 만남은 무함마드 인생의 커다란 전환점이 된다. 평범한 상인에서 종교적 예언자로 변모할 수 있었던 조건이 이때 만들어졌다고 해도 과언이 아니다. 사회적 지위가 상승하고 부유한 생활을 누리게 되어 여유가 생기자 무함마드는 상대적으로 생각할 시간이 많아졌다. 이전 같으면 열심히 땀 흘려 일할 시간에 그는 메카 근교에 있는 히라Hira 동굴을 찾아가 사색과 명상에 잠겼다. 일 년에 거의 한 달은 꼬박 그곳에서 시간을 보내며 배고픔, 목마름, 가족, 자녀에 대한 잡념을 모두 잊고 오로지 우주와 세상 그리고 창조자에 대해 깊이 묵상했다. 15년

무함마드가 삼촌을 따라다녔던 대상 무역로.

세 번째 읽기: 사우디아라비아

간의 명상 후, 그가 마흔이 되던 해에 천사 지브릴Jibril(성경에서 가브리엘)이 히라 동굴의 무함마드에게 찾아온다. 그리고 알라의 첫 계시를 준다.

> 만물을 창조하신 알라의 이름으로 읽어라.
> 그분은 한 방울의 정액으로 인간을 창조하셨노라. -[코란 96:1-2]

이후 무함마드는 2년여의 고민과 망설임 끝에 본인이 예언자를 넘어선 알라의 사자使者임을 확신하게 된다. '알라'는 '하나님The God'을 아랍어로 표기한 것이고, 알라의 사자란 아랍어로 '라술'이라 하는데, '알라의 말씀을 세상에 전하기 위해 하늘의 천사로부터 보냄받은 자'라는 뜻이다. 613년부터 그는 메카 전역을 다니며 본격적인 공개 포교를 시작한다. 첫 이슬람 신도는 아내 카디자를 비롯한 무함마드 가족 구성원과 가까운 지인들이었다. 추종자들은 점차 늘어났고, 이들은 다신을 섬기는 부족들을 상대로 전도를 시작한다. 메카를 누비며 "알라 외에 신은 없으며, 무함마드는 알라의 사자다(라 일라 일랄라흐 무함마드 라쑤룰라)"를 외쳤다. 아랍어로 이 문구를 '샤하다'라고 부르는데, 일종의 '신앙 증언'으로 무슬림이 되기 위한 첫 번째 의무 사항

무함마드가 명상하던 히라 동굴. 해마다 성지 순례 기간이 되면 수많은 무슬림이 이곳을 찾는다.

138

이기도 하다. 현재 내가 거주하고 있는 아랍에미리트의 경우, 이슬람법을 다루는 샤리아 법원Sharia Court에 출석하여 판사 앞에서 이 샤하다를 말하면 무슬림이 되었다는 '공식 증명서'를 받을 수 있다.

메카는 아라비아반도에서 매우 중요한 신전 도시였는데, 그 중심에는 정육면체 건물, 카바Ka'bah 신전이 있었다. 이슬람 전승에 따르면, 아브라함이 사막에 떨어진 운석을 가져다가 현 카바 신전 자리에 제단을 쌓고 여종 하갈이 낳은 서자, 이스마일과 함께 알라에게 예배를 드렸다고 한다. 쿠라이시 부족을 중심으로 한 메카의 지배층은 카바 신전을 찾는 순례객들에게서 큰 수익을 얻었으므로, 일신교를 외치며 다신을 파괴하려는 무함마드의 사상을 좋게 볼 수 없었다. 무함마드가 이슬람을 전파할수록 쿠라이시 부족의 불만과 저항은 커져만 갔다. 심지어 메카의 권력자들은 무함마드가 속해 있던 하심 가문과 계약, 결혼, 무역 거래 등을 거부하기 시작한다. 일종의 사회적, 경제적 제재를 가한 것이다. 설상가상으로 619년, 하심 가문의 수장이자 어릴 적부터 무함마드를 양육해 온 삼촌 아부 탈리브가 세상을 뜨고, 아내 카디자마저 잃자 무함마드는 큰 상실감을 느낀다. 아부 탈리브의 후임으로, 하심 가문의 수장이 된 아부 라하브Abu Rahab는 무함마드의 포교 활동 때문에 하심 가문이 메카에서 소외되도록 내버려 둘 수가 없었다. 그는 하심 가문의 위상을 지켜낸다는 명분으로 무함마드를 가문의 보호 대상에서 아예 배제한다. 그러나 무함마드는 이에 굴하지 않고 사회적 압박 속에서도 포교 활동을 쉬지 않는다.

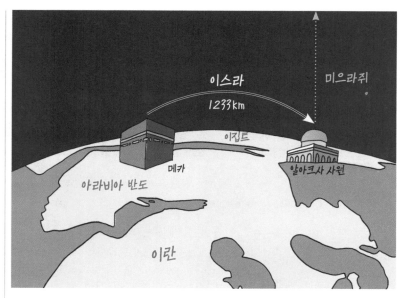

무함마드 승천일: 이슬람력 일곱 번째 달 라자브Rajab의 27일

코란에는 신비한 스토리가 등장한다. 621년 7월 27일, 메카에서 심한 박해를 받고 있던 무함마드에게 일어난 기적 이야기다. 이 날 밤, 무함마드는 천사 지브릴의 안내를 받으며 날개 돋친 네발 짐승 알부라크Al-Buraq를 타고 메카에서 예루살렘까지(두 장소 간의 거리는 약 1233킬로미터) 일순간에 날아간다. 예루살렘에 도착한 무함마드는 빛에 실려 하늘로 올라가며 일곱 개의 천계에서 이미 세상을 떠난 옛 예언자들과 조우한다. 제1천에서는 아담을, 제2천에서는 세례 요한을, 제3천에서는 요셉을, 제4천에서는 이드리스를, 제5천에서는 아론을, 제6천에서는 모세를, 제7천에서는 아브라함을 만난 것이다. 마지막으로 알라의 어좌를 참배하고 예배의 의무에 대해 명을 받은 무함마드는 다시 인간 세상으로 내려와 메카로 돌아간다. 이 모든 것이 하룻밤에 일어난다.

코란 17장에 명시되는 메카와 알아크사 사원 간 수평적 이동을 아랍어로 '이스라Isra'라고 하며, 코란 53장에 명시되는 땅과 하늘 간의 수직적 이동을 '미으라쥐Mi'raj'라고 한다. 이스라는 아랍어 동사 '아스라(밤에 걷다)'에서, 미으라쥐는 '아라자(상승하다)'에서 파생된 단어다.

무함마드는 인간이다. 그는 알라의 계시를 전하는 메신저일 뿐 본인이 직접 기적을 행하지는 못했다. 그래서 무슬림들은 알라가 무함마드를 통해 보여 준 얼마 안 되는 기적이기에 이 사건을 매우 중요하게 여긴다. 무함마드가 신의 특별한 예언자라는 것을 증명하는 알라의 예증이기 때문이다. 흥미로운 사실은 이 이야기가 단테의 《신곡》에 나오는 지옥-연옥-천국 여행과 매우 유사하다는 것이다. 실제로 스페인계 이슬람·아랍 언어학자 미겔 아신 팔라시오스Miguel Asin Palacios는 무함마드의 승천이 단테의 《신곡》 구상에 영향을 끼쳤다고 주장했다.

이슬람 신년: 이슬람력 첫 번째 달 무하람Muharram의 1일

당시 메카에서 북쪽으로 약 450킬로미터 떨어진 곳에 야스립Yathrib이란 도시가 있었다. 현재 명칭은 사우디아라비아의 내륙 도시 메디나로, 야스립에는 로마제국의 박해를 피해 팔레스타인에서 피난 온 유대인의 후예들이 살고 있었다. 야스립에 살던 아랍인들은 이러한 유대인들과 공존하며 자연스레 유대교 유일신 사상에 익숙해져 있었다. 메카를 방문한 야스립 출신 아랍인들은 우연한 기회로 들은 무함마드의 설교에도 거부 반응을 보이지 않았다. 오히려 무함마드에게서 영적 리더십을 발견한 이들은 무함마드를 야스립으로 초청하려 한다. 야스립 사회는 아우스Aws와 카즈라즈Khazraj, 두 아랍 부족 간 끊임없는 분쟁과 갈등으로 골머리를 앓고 있었는데, 야스립의 아랍인들은 무함마드가 이 분쟁을 해결해 주리라 확신했다. 621년, 야스립 두 부족의 대표 열두 명이 메카를 찾아와 무함마드에게 충성 서약을 한다. 이듬해에는 75명의 대표가 찾아와 무함마드에게 2차 충성 서약을 한다. 그리고 무함마드에게 야스립 분쟁의 중재자가 되어 줄 것을 요청하며 공식적으로 그를 야스립으로 초청한다. 고심 끝에 무함마드는 야스립으로 가기로 결정한다. 쿠라이시 부족의 지속적인 박해 속에서 강력한 이슬람 국가를 세우는 것이 더 이상 어렵다고 판단했기 때문이다. 야스립으로의 이주는 아무도 모르게 조용히 진행되었다. 교우 아부 바크르Abu Bakr와 함께 메카 남쪽에 있는 사우르산Thawr 동굴에 사흘 동안 숨어 지낸 뒤, 무함마드는 70명의 추종자와 함께 비밀리에 메카를 탈출한다. 여드레의 긴 여정을 마치고 드디어 야스립에서 남쪽으로 3킬로미터 떨어진 꾸바Quba 마을에 당도한다.

무함마드는 까스와Qaswa라는 그의 암낙타를 타고 꾸바 주민 앞에 나타난다. 그곳의 주민들이 서로 경쟁하듯 무함마드에게 자신의 집에 머물기를 청하자 무함마드는 이렇게 말한다.

알히즈라 당시 무함마드의 이주 경로
(무역 대상로를 피해 야스립에 당도함).

"이 낙타에게 길을 내주어라. 그것이 알라의 지시니라."

특정한 집안을 선택함으로써 발생할 수 있는 분쟁을 방지하려는 지혜이기도 했다. 주민들은 길을 비켜섰고, 메카에서부터 무함마드와 함께한 암낙타 까스와는 길을 더 가다가 바니 안나자르Bani An-Najjar라는 자의 집 앞에 멈춰서 무릎을 굽히고 앉았다. 무함마드는 바로 그 자리에 첫 번째 이슬람 사원을 지었다.

무함마드와 그의 추종 세력이 메카에서 야스립으로 이주한 사건을 아랍어로 '알히즈라'라고 하는데 이 말은 사건 내용 그대로 '이주移住'를 의미한다. 무함마드가 야스립에 도착한 622년 7월 16일이 이슬람력으로 원년 1월(무하람) 1일이 된다.

라마단 금식월: 이슬람력의 아홉 번째 달 라마단Ramadan

야스립 이주 초기 예배를 인도할 때 무함마드는 유대인과 똑같이 예루살렘을 향해 예배를 올렸다. 게다가 유대인의 속죄일(욤키푸르)에 함께 단식도 지켰다. 유대인들의 충성과 지원을 끌어들인다는 전략적인 이유도 있었다.

이러한 노력에도 끝내 유대인들의 지지를 받지 못하자 무함마드는 유대인들과 관계를 단절하고, 623년에 이슬람 예배 방향을 예루살렘에서 메카로 바꾼다. 이에 더해 그는 유대인의 속죄일을 금하고, 대신 이슬람력 아홉 번째 달인 라마단 한 달 동안을 이슬람의 금식월로 제정한다. 라마단은 알라의 최초 계시가 있었던 '성스러운 달Holy Month'이기도 하다. 코란에서는 라마단 금식에 대해서 이렇게 이야기한다.

하얀 실이 검은 실과 구별되는 아침 새벽까지 먹고 마시라. 그런 다음 밤이 올 때까지 단식을 지키고 아내와 잠자리를 같이하지 말 것이며 사원에서 경건한 신앙생활을 할 것이라. -［코란 2:187］

라마단 한 달 동안 일출에서 일몰까지, 해가 떠 있는 동안에는 먹거나 마시는 것이 일절 금지된다. 규칙을 어기면 다른 날에 금식의 날을 벌충해야 한다. 라마단 금식은 모든 무슬림의 의무이며 성스러운 행위로 간주된다. 하지만 현실에서 라마단을 대하는 무슬림의 자세는 천차만별이다. 어떤 이는 생존에 필요한 것만 섭취하고 절제하며 '경건한 한 달'을 보내지만, 어떤 이는 밤새도록 먹고 마시는 '잔치의 한 달'을 보내기도 한다.

태음력을 따르는 무슬림들은 라마단의 시작과 끝을 초승달의 출현으로 결정한다. 시작일과 종료일을 예측하기가 어려우므로, 국가마다 권위 있는 종교 기관이 초승달을 관측한 뒤 라마단의 첫날을 발표한다. 라마단이 종료된 직후 무슬림은 보통 사흘간 공휴일을 갖고 '이드 알피트르Eid Al-Fitr'라는 축제를 즐긴다. 많은 사람이 라마단 한 달이 끝나갈 즈음이면 더 많은 공휴일을 즐기기 위해 제발 초승달이 주말에 나타나지 않기를 바라곤 한다.

아라비아반도를 접수한 무함마드

무함마드는 메카에서 이루지 못한 꿈, 이슬람 공동체 건설을 야스립에서 이루었다. 그는 이 공동체를 '움마ummah'라고 명명했는데, 현대의 개념으로 보면 이슬람 교리를 근간으로 한 정교일치 국가라고 할 수 있다. 무함마드는 움마의 행정, 사법, 경제, 생활 규범 등을 제정함으로써 이상적인 이슬람 국가의 표본을 만들었다. 그는 정치와 종교를 아우르는 움마 최고의 권력자가 되었고, 동시에 도시의 이름을 야스립에서 '예언자의 도시'라는 뜻의 '메디나 나비Medinat Annabi'로 바꾸었다. 이곳은 약칭인 '메디나'로 불리며, 이슬람의 수도이자 성지로 완전히 탈바꿈했다. 현재까지도 메디나는 메카, 예루살렘과 함께 이슬람의 3대 성지 중 한 곳이다.

메디나에서 힘을 키운 무함마드는 이슬람이란 종교의 이름을 내걸고 주변 부족들과의 전쟁을 감행한다. 아라비아반도 전 지역에서 정치적, 종교적 지배권을 확장하면서 어느새 그를 박해했던 메카를 무너뜨릴 능력을 갖추게 된다. 마침내 629년 12월 11일, 그는 메카로 진입한다. 이미 전세가 역전되었다는 것을 알고 있던 메카의 쿠라이시 부족은 무함마드에게 항복을 선언하고 이슬람으로의 귀의를 약속한다. 8년 전 도망자 신세였던 무함마드는 당당히 메카를 접수하고 카바의 우상 신전들을 모두 무너뜨린다. 아라비아반도의 여러 부족은 무함마드에게 줄줄이 대표단을 보내 충성 서약을 하고 이슬람으로 개종할 것을 약속한다.

그로부터 2년이 지난 631년, 메카와 메디나를 중심으로 아라비아반도에 이슬람 세계가 확고하게 자리를 잡는다. 알리 선생이 말했던 선지자의 '빛'이 아라비아반도를 비추기 시작했다.

무함마드 집권 시 아라비아반도 안에서의
이슬람 세력권(570~632).

이슬람 대순례 핫지
: 이슬람력 열두 번째 달 두 알힛자
Dhu al-Hijjah의 8~10일

이슬람 제국의 수도, 메디나에 살
던 무함마드는 마지막 순례 여행을
위해 메카로 떠나기로 결정한다.
이 소식을 들은 메디나 주민은 너
도나도 할 것 없이 무함마드의 순
례 의식을 배우기 위해 메카 여행
을 준비한다. 그가 메디나를 떠나던 날, 운집한 순례자가 10만
명이 넘었다고 한다. 메카에 도착한 무함마드는 카바 신전을 돌
고 근방에 있는 앗사파as-safa와 알마르와al-marwah라는 두 언덕
사이(420미터)를 질주한다. 아랍 민족의 조상인 이스마엘의 어머
니 하갈을 기리는 의식이었다. 무슬림은 아브라함에게 쫓겨났던
여종 하갈이 바로 이 두 언덕 사이에서 물을 찾아 헤맸다고 믿기
때문이다. 질주를 마친 무함마드는 메카에서 동쪽으로 7킬로미
터 떨어진 미나 평원에서 숙영한다. 그리고 이튿날 아침 그는 메
카 동쪽으로 25킬로미터 떨어진 해발 228.6미터의 성산 아라파
트에 가서 고별 설교를 한다. 그리고 그 자리에서 23년간 받아
온 알라의 마지막 계시를 전달한다.

> "오늘 나는 너를 위해 네 종교를 완성하고 너에 대한 내 호의를 완
> 결하며 이슬람을 너의 종교로 결정하노라."

순례를 마치고 메디나로 돌아온 무함마드는 얼마 지나지 않아 병에 걸린다. 632년 6월 8일, 향년 63세를 일기로 사랑했던 세 번째 아내 아이샤Aisha의 무릎에 누운 채 죽음을 맞이한 무함마드는 바로 그 자리에 묻힌다. 모든 무슬림은 여전히 메카 성지 순례 기간에 무함마드의 마지막 순례 의식을 그대로 따른다. 메카 순례는 건강과 재정이 허락하는 한도 내에서 무슬림이 평생에 한 번은 수행해야 할 의무로 여겨진다.

특히 이슬람력의 마지막 월에 행해지는 대순례 핫지는 이슬람 최대 종교 행사로서 매년 약 200만 명의 세계 무슬림이 메카를 찾는다. 최근에는 코로나19 백신 접종자에 한해서 인원 제한을 두고 있기 때문에 그 수가 많이 줄어들었다. 메카 순례를 마친 무슬림들은 메디나로 이동하여 무함마드의 무덤을 찾아 그의 영을 기린다. 무함마드 생전에 내려진 계시들은 그가 죽은 뒤 20년간 수집되고 정리되어, 3대 칼리파 우스만Uthman ibn Affan(재위 644~656) 시대에 와서야 '코란'이라는 하나의 경전으로 집대성되었다.

메카 카바 신전,
대순례의 모습.

(1) 그랜드 모스크

카바 신전 반시계 방향으로
7번 돈다.

(2) 미나

미나 평원에서 기도. 코란을 읽는다.

(3) 아라파트산

일몰까지
기도한다.

(5) 자마라트

미나 계곡에서
악마의 돌기둥 3개를 향해
돌을 던지는
의식(자마라트)을 행한다.

(4) 무즈달리파

돌 던지기
의식에 쓸
작은 돌멩이를
줍는다.

무함마드가 없었다면?

그날 알리 선생과 이야기를 하던 중 나는 대뜸 질문을 던졌다.

"만약 선지자 무함마드가 없었으면 어땠을까요?"

"서구 사회는 이슬람이 없었다면 세계가 더 평화로웠을 것이라고 말하곤 하지."

"그렇죠. 우리가 접하는 중동 뉴스 지면의 많은 부분이 내전, 테러, 게릴라전 등으로 채워져 있으니까요. 그리고 이슬람 원리주의자나 이슬람 종파 간 갈등으로 인해 발생한 사건들도 워낙 많고요."

"그런데 잘 생각해 봐. 무함마드가 등장하기 이전, 즉, 이슬람이란 종교가 생기기 전엔 전쟁이 없었나?"

"많았죠."

"이미 인간의 역사는 전쟁으로 점철돼 왔어. 이슬람이 태동하던 시기, 페르시아와 동로마제국은 300년간 싸우고 있었지. 로마 가톨릭과 동방정교회 간의 증오에 찬 갈등의 역사는 어떻고? 이탈리아의 파시즘과 독일의 나치즘은? 현재 중동의 가장 큰 골칫거리 중 하나인 팔레스타인-이스라엘 분쟁을 사람들은 자꾸 종교와 엮으려고 하는데… 이건 유대-아랍 민족 간의 영토 분쟁이야. 종교 싸움이 아니라고."

"사실, 인간은 자신들이 원하는 방향에 따라 종교, 민족, 국가, 각종 이데올로기로 전쟁을 포장하죠. 이슬람이 없었어도 인간의 전쟁은 계속되었을 거예요."

"그렇지. 오히려 우리 아랍인들은 반대로 생각하고 있어. 아랍 사회는 이슬람을 통해 상호 투쟁 시대에서 상호 협력 시대로 접어들었지. 아랍 사회에서 이슬람은 혁명에 가까웠어. 자신의 부족을 지키기 위해 타부족에 대한 적대감으로 분열되었던 사회가 문명사회로 거듭날 수 있었던 계기이기도 해. 이 모든 것은 선지자 무함마드로부터 시작되었다고 할 수 있지."

아랍 무슬림은 이렇게 생각한다. 아랍인 무함마드는 알라의 메신저로서 선택된 신성한 존재이자 무슬림으로서 가장 모범적인 삶을 살았던 최고의 인격체라고. 동시에 무지의 세계에 머물러 있던 아랍인을 무지에서 이성의 세계로 안내한, 그래서 결국 이슬람 문명의 토대를 마련하여 세계 역사의 한 획을 그은 위인이라고 말이다. 그렇기 때문에 무함마드에 대한 풍자는 더욱더 용서할 수 없는 것이다. 게다가 이슬람에서는 사람의 우상화를 금하기 때문에 무함마드의 성화도 그리지 못하게 한다. 즉, 무슬림에게 있어서 무함마드 풍자는 알라에게 죄를 짓는 행위이자 선지자 무함마드에 대한 도리가 아닌 것이다. 종교를 떠나 무함마드에 관해 공부하고 알아갈 때 아랍 세계에 더욱 깊이 들어가 아랍인들의 마음의 빗장을 여는 '열쇠'를 쥘 수 있다.

시아파와 수니파는 대체 무엇일까?

＊　　＊　　＊

632년 6월 8일, 이슬람의 선지자 무함마드가 사망했다. 이후 차기 이슬람 지도자 칼리파 선출을 두고 두 집단 사이 갈등이 시작됐다. 한쪽(수니파)은 당시 관행에 따라 원로들의 선출을 통해 뽑자고 주장했고, 다른 한쪽(시아파)은 선지자 무함마드의 혈통인 하심 가문에서만 칼리파가 나올 수 있다고 주장했다. 이후 1대~3대 칼리파는 비非하심 가문 출신에서 선택되었고 4대 칼리파는 하심 가문 출신의 '알리Ali ibn Abi Talib'가 선출되었다. 알리를 따르던 사람들은 아랍어로 '알리를 추종하는 분파'라는 뜻의 '시아 알리Shia Ali'로 불리었는데, 이후 '알리'를 뚝 떼고 그냥 '시아'라고 불리게 되었고 이것이 '시아파'의 기원이 된다. 다시 말해, 시아파는 무함마드가 사망한 이후, 이슬람 세계의 지도자로서 하심 가문 혈통만을 인정하는 종파다. 반면 수니파 무슬림들은 무함마드의 언행과 관행을 통칭하는 '순나Sunnah'만을 따라야 하며, 무함마드가 자신의 혈통에서만 후계자를 정하라는 말을 한 적이 없기 때문에 시아파의 교리는 인정하지 않는 종파다. 수니파의 어원은 바로 '순나'다.

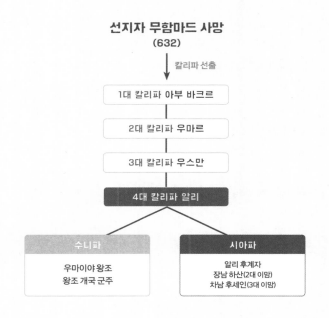

선지자 무함마드 사망
(632)

↓ 칼리파 선출

1대 칼리파 아부 바크르

2대 칼리파 우마르

3대 칼리파 우스만

4대 칼리파 알리

수니파
우마이야 왕조
왕조 개국 군주

시아파
알리 후계자
장남 하산(2대 이맘)
차남 후세인(3대 이맘)

두 세력 모두 1대부터 4대까지(정통 칼리파 시대)의 칼리파는 인정했다. 그러나 4대 칼리파 알리가 사망한 후, 수니파와 시아파는 갈라지게 된다. 수니파는 무아위야Muawiya(602~680)를 지도자로 둔 '우마이야 왕조Umayyad Dynasty' 시대 (661~750)를 열었다. 반면 시아파는 알리의 장남인 하산Hasan을 알리의 후계자로 추대했다. 그러나 워낙 수니파의 정치력과 군사력이 막강해서 시아파 무슬림들은 쿠파(현 이라크 남부) 지역을 중심으로 일종의 '지하' 신앙생활을 할 수밖에 없었다. 시아파의 지도자 하산이 사망한 뒤 그의 동생인 후세인Husayn ibn Ali ibn Abi Talib(625~680)이 다음 시아파 지도자가 되었다. 그러나 후세인이 680년 카르발라 전투에서 우마이야 왕조의 수니파 군사들에게 무참히 살해되자 시아파 무슬림은 이 사건을 운명적인 순교로 받아들인다. 시아가 '정파'에서 '종파'로 탈바꿈하는 순간이었다. 이후 시아파는 정통 칼리파 4명 중 1대부터 3대까지를 찬탈자로 여기고, 오직 예언자의 혈통인 4대 칼리파 알리와 그 '혈통적 후계자'만을 영적 지도자로 인정하기로 한다. 또한 '칼리파'란 지도자 명칭을 버리고 알리부터 그의 혈통적 계승자들을 이맘Imam이라고 부른다(알리가 1대 이맘이 된다). 사우디의 메카와 메디나에 남아 있던 시아파 무슬림들은 모두 그곳을 떠나 이라크 쿠파로 이주했고, 그곳에서 그들만의 종파 공동체를 형성했다. 오늘날 쿠파를 중심으로 한 이라크 남부 일대가 시아파의 근거지인 이유다. 이후 1400년 동안 수많은 지도자와 정치 세력들이 이 종파 간의 갈등을 이용하고 선동하여 각종 패권 전쟁을 일으켰다. 이로 인해 이슬람의 양대 종파 수니파-시아파 간의 갈등은 여전히 계속되고 있다.

로렌스、

아랍을 사랑했던 영국 신사

لورنس، الإنجليزي الذي أحب العرب

어느 날, 알리 선생과 대화를 나누었다.

"알리, 〈아라비아 로렌스Lawrence of Arabia〉란 영화 아시죠?"

"음… 영화는 못 봤는데 로렌스는 알지. 영국의 스파이 장교. 대부분의 아랍인은 그를 기억하고 있지."

"영화 속에서는 로렌스가 아랍인을 매우 사랑한 것으로 나오잖아요."

"그랬을 거야. 그는 실제로 아랍 유목민들이 쓰는 아랍어 방언도 배우고 아랍 시도 읊으며 아랍 사회에 동화되었다고 해. 그러나 결국 그도 중동 지역을 장악하려는 영국 정부의 스파이에 불과했어. 로렌스만이 아니야. 이미 16세기부터 영국, 프랑스, 네덜란드, 독일 등지에서 수많은 학자가 아랍 지역을 탐험하고 연구하면서 동시에 스파이 노릇을 했지. 물론 학문적 성과를 위한다는 이유도 있었지만 큰 그림으로 보자면 결국 그들의 활동은 유럽 강대국의 중동 식민 지배라는 틀 안에서 이루어진 일들이야. 거기서 벗어날 수 없지, 아무리 자신을 학자라고 자처하더라도…"

사색과 고적을 좋아한 괴짜 영국 청년

영국인 토머스 에드워드 로렌스Thomas E. Lawrence(1888~1935)는 고독을 즐기며 혼자 사색하기를 좋아했던, 몽상가적 기질이 다분한 청년이었다. 한국에서는 1962년에 영국에서 제작된 〈아라비아의 로렌스〉란 영화로 잘 알려진 사람이다. 그는 학창 시절부터 혼자 영국과 프랑스의 옛 교회, 성터 등 중세의 고적古跡들을 샅샅이 찾아다녔던 괴짜 소년이었다. 옥스퍼드대학교 사학과에 들어간 그는 혼자서 자전거를 타고 프랑스와 지중해를 오가며 3500킬로미터 거리를 횡단했고, 당시 오스만제국 통치하에 있던 시리아 지역의 십자군 성전들을 찾아다니며 1600킬로미터나 되는 거리를 석 달 동안 걸어 다녔다. 타고난 사색가이자 고고학

아랍 전통복을 입은 T.E. 로렌스.

자였던 그는 1910년 옥스퍼드대학교를 수석으로 졸업한 후 대영박물관 산하 탐험대에 참가하여 1911년부터 1914년까지 시리아, 메소포타미아, 이집트 등 중동 지역을 두루 다니며 고고학자의 삶을 즐겼다. 서른 살이 되기 전에 그는 이미 영어, 프랑스어, 독일어, 라틴어, 그리스어, 아랍어, 터키어, 시리아어를 능숙하게 구사할 줄 알았다고 한다. 영국 내에서도 촉망받는 학자였음이 틀림없다.

제1차 세계대전과 로렌스의 입대

로렌스가 중동 지역을 누비며 학문의 길에 빠져 있던 그때 기존의 세계 질서를 바꾸는 엄청난 사건이 벌어졌다. 1914년, 제1차 세계대전이 발발한 것이다. 영국, 프랑스, 러시아 중심의 연합국과 독일, 오스트리아 중심의 동맹국이 전쟁을 벌였다. 독일은 오

스만제국에게 동맹국 편에 서서 참전하기를 제안했고, 오스만제국은 그 제안을 받아들여 세계대전의 소용돌이에 휘말리게 되었다. 그때만 해도 오스만제국은 예상하지 못했다. 이 결정이 중동을 여러 국가로 분열시키는 도화선이 되리라는 것을⋯.

오스만제국을 상대로 싸우던 영국은 여러 고민 끝에 중동 지리에 익숙한 아랍인을 이용해 오스만을 무너뜨리자는 전략을 세웠다. 튀르크 민족이 주축이 되는 오스만제국은 당시 아랍 민족이 살던 지역 대부분을 통치하고 있었다. 즉, 튀르크 민족이 아랍 민족을 지배하던 시절이었다. 영국은 아랍인의 민족주의를 자극해 튀르크 민족에 대항하도록 부추기는 작전을 짰다. 영국 입장에서는 영국인 대신 아랍인이 오스만제국에 대항해 싸워 준다면 피 한 방울 흘리지 않고 손쉽게 중동 지역을 손에 넣을 수 있는 전략이었다.

영국은 곧바로 이를 실행에 옮겼다. 우선 영국을 도울 강력한 아랍 지도자와 아랍 군대가 필요했다. 그들은 아라비아반도에 위치한 이슬람 성지, 메카의 태수Sharif이자 헤자즈 지역(현재 사우디아라비아의 서부)의 왕이었던 후세인 빈 알리Hussein bin Ali(1853~1931)를 지도자로 점찍었다. 당시 메카의 유력 가문 중에서 선지자 무함마드의 혈통인 하심가는 명문 중 명문으로 통했는데, 후세인은 하심 가문의 최고 실력자였다. 영국은 하심 가문이 전투를 주도할 경우, 다른 아랍 부족들이 쉽게 반대할 수 없다는 사실을 고려해 전쟁의 명분을 만들었다. 1915년, 영국 고등판무관 헨리 맥마흔Henry McMahon은 태수 후세인과 열 번이나 서한을 교환하며 이 사안에 대해 협의했다. 맥마흔은 후세인이 영국을 도와 오스만제국을 무너뜨리는 데 일조한다면, 자신들도 후세인을 도와 팔레스타인을 포함한 중동 지역에 통일된 하나의 아랍 왕국을 세울 수 있게 돕겠다고 약속했다. 무척이나 달콤한 제안이었다. 전략이 성공하여 오스만제국만 무너진다면, 후세인은 아랍 민족 사이에서 해방자로 여겨질 뿐 아니라, 독립된 아랍 왕국에서 정치·종교를 아우르는 최고 지도자 '칼리파'에 등극할 수 있었다. 욕망 때문이었을까? 영국과 문서 교환을 통해 영국의 확답을 받은 후세인은 안타깝게도 이 말을 쉽게 믿어 버리고 만다. 숨겨진 영국의 비열한 제국주의적 전략을 전혀 의심하지 못한 채…. 영국의 말을 믿은 순간, 태수 후세인은 전투를 지체할 필요가 없었다. 그는 아랍인만의 국가를 건설하겠다는 희망에 찬 꿈을 안고 아랍 반란군을 조직하기 시작했다. 군대의 지도자는 후세인의 삼남인 파이살Faysal al-Awwal ibn al-Husayn ibn Ali al-Hashimi(훗날 이라크 초대 국왕이 되는 파이살 1세, 사우디의 파이살과 구분하기 위해 이후 파이살 1세로 칭할 것이다)로 정했다.

세계대전이 발발하자 영국 청년 로렌스는 1914년, 영국 육군 정보부 소속으로 카이로에 부임한다. 그곳에서 그는 전투에 필요한 이집트 시나이 지역의 지도를 제작하는 등 군대 내에서도 학문적 기질을 발휘할 수 있는 일들을 했다. 그러던 1916년, 영국 정부는 아랍 전문가 로렌스를 아랍 군대의 지도자 파이살 1세의 군사 고문으로 파견하기로 결정한다. 오스만제국을 상대로 싸울 아랍 군대에 적어도 한 명의 영국인 스파이를 심어 놓을 필요가 있었기 때문이다. 아랍인과 아랍 지역을 사랑했던 로렌스는 기꺼이 이 제안을 받아들였고, 아랍 군대가 출전을 준비하고 있던 아라비아반도의 메카로 자리를 옮긴다. 그리고 로렌스는 메카에서부터 오스만제국과의 전투지인 다마스쿠스까지 파이살 1세가 이끄는 아랍 군대와 동행한다. 사기 충만했던 아랍인들과 전략가 로렌스의 조합은 완벽해 보였다. 그들의 목표는 오스만으로부터 시리아의 다마스쿠스를 쟁탈하는 것이었다. 로렌스는 아랍인들과 함께 메카를 떠나 홍해 유역의 아카바를 거쳐 시리아의 다마스쿠스까지 이어지는 2년여의 긴 사막 여정을 견뎌냈다. 그리고 1918년 드디어 로렌스는 파이살 1세와 함께 시리아의 다마스쿠스에 입성했다. 그러나 그들을 맞이한 것은 약속을 저버린 영국의 배신이었다. 제1차 세계대전이 끝난 후, 영국은 태수 후세인을 아라비아반도 서부 헤자즈 왕국의 왕으로만 인정하고, 팔레스타인을 포함한 통일 아랍 국가의 건설과 칼리파제 복원의 꿈을 물거품으로 만들었다. 영국이 후세인에게 주겠다고 약속했던 팔레스타인과 메소포타미아 지역은 영국이 점령해 버렸다. 결국 파이살 1세와 로렌스는 아랍 군대의 희생을 통해 영국이 중동을 지배할 수 있도록 도와준 셈이었다. 아랍인

영국 정부는 로렌스를 메카로 파견하여 아랍군의 다마스쿠스 점령을 추진했다.

들과 2년간 우정을 나누었던 로렌스도 결론적으로 보면 영국 정부의 제국주의적 전략에 이용된 희생자였다.

'영국 신사'라는 말을 들어 본 적 있을 것이다. 영국 사람은 예의를 중시하고 공동체 생활에서 여성과 약자를 배려하는 신사도를 중시하기 때문에 이 말이 생겨난 것이다. 그러나 그들이 20세기 중동에서 벌인 일들을 생각해 보면 '영국 신사'라는 용어는 얼마나 아이러니한가….

영국과 프랑스의 땅따먹기

제1차 세계대전으로 오스만제국은 무너졌다. 튀르크 민족이 지배하던 그 광활한 영토는 아나톨리아 북반부(현 터키)로 축소되었고, 600년간 이어 온 오스만 술탄 정부의 힘은 위태로워졌다. 이를 기회 삼아 세계대전 중 영국군을 무찔러 국민적 영웅이 된 튀르크인 무스타파 케말Mustafa Kemal(1881~1938)이 반정부 세력을 모아 술탄 정부를 타도했다. 그리고 1923년 앙카라를 수도로 하는 터키공화국, 현재의 터키를 수립했다. 영국과 프랑스는 터키의 안정적인 국가 수립을 조용히 묵인해 줬는데, 이는 당시 러시아에서 일어난 사회주의 혁명의 바람이 중동으로 파급되는 것을 우려하여 터키라도 조용히 있기를 바랐기 때문이다.

이제 영국과 프랑스는 터키를 뺀 나머지 아랍 국가를 어떻게 나눠 먹을지 행복하고도 추악한 고민에 빠졌다. 이들은 제1차 세계대전 중 러시아의 동의하에 영국-프랑스 간 체결했던 비밀 협정을 다시 끄집어냈다. 1916년에 영국의 중동 전문가이자 외교

관인 사이크스Mark Sykes와 프랑스 외교관 피코François Georges-Picot가 체결한 일명 '사이크스-피코 비밀 협정'으로, 공식 명칭은 '소아시아 협정Asia Minor Agreement'이다. 세계대전이 끝나기도 전 영국, 프랑스, 러시아는 이미 오스만제국의 해체를 예상했고 세 국가는 오스만제국 영토를 3분할하기로 약속했는데, 이것이 비밀 협정의 핵심 내용이었다. 당시 영국을 위해 오스만과 싸우던 아랍인들은 강대국 간에 이러한 협의가 비밀리에 이루어지고 있다는 사실을 전혀 모르고 있었다. 세계대전 중반 러시아가 자국의 혁명으로 인해 협상에서 이탈하게 되었고, 협정을 맺은 지 4년 만인 1920년, 영국과 프랑스 두 국가만이 이탈리아의 산레모에 모여 이 비밀 협정을 토대로 새로운 중동의 지도를 그렸다. 태수 후세인에게 아랍 왕국을 보장해 주겠다던 옛 약속은 무시하면 그만이었다.

긴밀한 논의 끝에 프랑스가 레바논과 북부 시리아, 영국이 이라크와 트랜스요르단, 팔레스타인을 차지하기로 합의를 보았다. 영국과 프랑스는 오스만제국의 통치를 받던 아랍 지역을 분열시키고 부자연스러운 직선으로 국경을 정해 버렸다. 현재 중동 국가들 대부분의 국경이 직선으로 되어 있는 이유는 이 때문이다. 직선 안으로 들어온 아랍인들은 영국과 프랑스에 의해 정해진, 생전 처음 들어보는 '국가'란 개념에 순응할 수밖에 없었다. 인위적인 국경선으로 인해 같은 민족, 같은 부족이 다른 국가로 갈라졌다. 특히 쿠르드Kurds 민족의 경우, 본인들의 의지와는 무관하게 민족과 문화가 전혀 다른 터키, 이라크, 이란, 시리아 네 국가에 찢어져 살게 되면서 세계 최대의 유랑 민족이 되고 말았다.

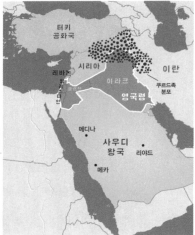

1910년경 아라비아 반도 상황.　　1930년경 아라비아 반도의 국경.

　　1921년, 영국의 식민 장관 처칠은 약 40명의 영국 고위급 인사들을 모아 카이로에서 회담을 열었다. 영국의 중동 지배를 더욱 구체화하기 위한 모임이었다. 아이러니하게도 이 모임에는 로렌스가 처칠의 고문 자격으로 참석했다. 아랍 전통복을 입고 아랍인들과 함께 2년을 동고동락하던, 그리고 아랍인들과 함께 낙타를 타고 오스만군을 향해 칼을 휘두르던 로렌스가 말이다. 최소한의 양심 때문이었을까? 이 자리에서 로렌스는 영국을 도와 오스만제국을 무너뜨렸던 메카의 태수 후세인의 두 아들에게 여러 개로 쪼개진 아랍 국가의 왕 자리를 하나씩 주자는 제안을 한다. 당시 아랍인들 사이에서는 영국과 프랑스의 지배에 극렬히 반대하는 아랍 민족주의가 싹트고 있었다. 아랍의 명문 하심 가문의 두 형제에게 왕위를 줌으로써 영국에 대한 아랍인의 불만을 가라앉힐 수 있는 좋은 전략이었다. 처칠은 이러한 제안을 받아들이고, 메카 태수 후세인의 차남 압둘라를 요르단강 동쪽에 위치한 트랜스요르단(현 요르단)의 국왕으로, 삼남 파이살 1세를 이라크 국왕 자리에 앉혔다. 이라크 왕국은 1958년 혁명으로 무너졌지만 요르단 왕가는 여전히 건재하다. 현재 요르단 만이 아랍 국가 중 유일하게 선지자 무함마드의 혈통이 다스리는 국가로 남아 있다.

그럼 메카에 있던 아버지 태수 후세인은 어떻게 되었을까? 그의 세력은 영국을 도와서 오스만제국과 싸우느라 많은 에너지를 소모한 상태였다. 물론 두 아들이 메소포타미아 지역에 위치한 두 국가의 왕이 되었지만 정작 아버지 후세인은 그가 다스리던 헤자즈 지역을 지킬 만한 힘조차 남아 있지 않았다. 당시 아라비아반도의 중부 나즈드Najd 지역에는 위세를 떨치던 또 다른 아랍 가문, '사우드Saud'가 있었다. 헤자즈 지역을 지키던 후세인은 나즈드에서 돌진해 오는 사우드 가문을 이겨낼 수 없었다. 결국 그는 1924년 압둘아지즈가 이끄는 사우드 가문의 공격을 받아 메카, 메디나, 제다 지역을 차례로 상실하고 사이프러스

가운데가 파이살 왕자 (파이살 1세), 그의 오른쪽에 서 있는 사람이 로렌스다.

Cyprus로 유배되고 만다. 이후 그는 차남 압둘라가 통치하던 트랜스요르단으로 건너간 후, 1931년에 사망했다. 독립된 아랍 왕국을 수립해 주겠다던 영국의 말만 순진하게 믿고 오스만 타도에 온 힘을 쏟았던 후세인의 인생은 이렇게 허망하게 끝이 나고 말았다. 반면 사우드 가문은 아라비아반도의 대부분을 차지한 뒤, 1932년 '사우디아라비아왕국'을 수립하여 아랍·이슬람 세계의 중심 국가로 서게 되었다.

로렌스는 왜 그랬던 것일까? 무엇 때문에 그토록 아랍인을 사랑했고, 무엇을 위해 뜨거운 사막에서 그들과 열정을 불태웠던 것일까? 자서전《지혜의 일곱 기둥Seven Pillars of Wisdom》에서 그는 다음과 같은 이야기를 털어놓는다.

"우리는 서로를 사랑했다. 광활한 대지에서 사나운 바람과 뜨거운 태양을 경험하고 같은 희망 속에서 열심히 일했기 때문이다. 아침이 밝아 오는 신선한 풍경은 우리를 매혹시켰다. 우리는 말로 표현하기 어려운 안개처럼 쉽게 사라지는 이상理想 때문에 몹시 지치고 힘들었다. 하지만 고통 속에서도 이상을 위해 싸우지 않을 수 없었다."

그러나 영국 제국주의의 굴레에서 벗어날 수 없었던 로렌스에게 꿈이나 이상 따위가 정말 존재했을까? 그는 영국인이었다. 자신이 속한 국가의 제국주의 정책이라는 틀 안에서 결국 그토록 사랑했던 아랍인들을 버렸고, 자신이 수행한 업무들이 중동을 분열시키는 도화선이 되었다. 그가 도왔던 메카의 태수 후세인은 모든 힘을 다 써 버린 뒤, 사우드 가문에게 헤자즈 지역을

163

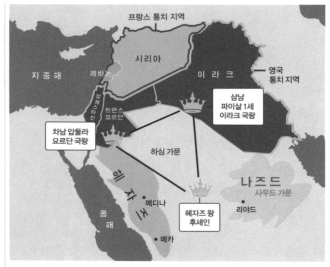

프랑스 통치 지역

지중해

시리아

레바논

팔레스타인

트랜스
요르단

이라크

영국
통치 지역

삼남
파이살 1세
이라크 국왕

차남 압둘라
요르단 국왕

하심 가문

나즈드
사우드 가문

헤자즈 왕
후세인

메디나

리야드

홍해

메카

후세인의
몰락과
사우드 가문의
부상.

빼앗기고 허무하게 삶을 마감했다. 세계대전이 끝나자 로렌스는 영국 왕 조지 5세에게 훈장을 받는 등 영국인들 사이에서 유명 인사가 되었다. 그러나 영국으로 돌아온 그는 그토록 찬사를 받던 자신의 이름 '로렌스'를 버린다. 이후 두 번이나 이름을 바꿔가며 영국 공군과 육군 전차 부대에 입대하여 현실 도피적인 삶을 살았다.

죄책감 때문이었을까? 아랍인들과 함께 꾸었던 그 이상이 모두 헛된 것이었다는 깨달음과 좌절감 때문이었을까? 그의 자서전 《지혜의 일곱 기둥》의 머리말에는 다음과 같은 고백이 씌어 있다.

"모든 사람은 꿈을 꾼다. 그러나 그 꿈이 모두 같은 것은 아니다. 밤에 꿈을 꾸는 사람은 밝은 아침이 되면 잠에서 깨어나 그 꿈이 헛된 것이라는 사실을 이내 깨닫는다. 반면에 낮에 꿈을 꾸는 사람은 위험하다. 그런 사람은 눈을 뜬 채 자신의 꿈을 실현시키기 위해 행동으로 옮긴다. 바로 내가 낮에 꿈을 꾼 자였다."

1935년 병역 만기를 채우고 제대한 그는 영국 웨어햄Wareham 인근에 클라우스힐Clouds Hill이라는 작은 오두막집에 정착해 은둔 생활을 했다. 속도광이었던 로렌스는 아무도 찾지 않는 그곳에서 오토바이를 즐겼다고 한다. 그곳에서 질주하며 휘날리는 거친 바람에 과거의 헛된 꿈들과 죄책감으로 얼룩진 기억들을 날려 버린 게 아닐까. 1935년 5월의 어느 날, 그는 오토바이 사고로 파란만장했던 47년의 생애를 마감했다.

로렌스와 그가
아꼈던 오토바이
브러프 슈페리어
SS100.

100년 전 영국 땅을 밟은 사우디 소년

الصبي السعودي
الذي وطئت قدماه الأراضي البريطانية
قبل 100 عام

2019년 10월의 하루, 산책을 위해 가족들과 집 근처 대형 쇼핑몰 에미리츠몰Mall of Emirates을 찾았다. 두바이에서는 보통 6월부터 10월까지 무더운 날씨가 지속되기 때문에 많은 사람이 동네 산책 대신 차를 타고 집 주변에 있는 대형 쇼핑몰을 찾는다. 에미리츠몰은 중앙이 천장까지 뚫려 있고, 각 층의 가장자리에 상점들이 둘러싸도록 건축되어 있어 사람들이 상점 앞의 널찍한 복도를 오가며 쇼핑 겸 산책을 즐긴다. 몰의 강력한 냉방 기능 때문에 한여름에도 카디건을 챙겨 가야 한다. 건물의 중앙에서 천장을 올려다보면, 지상부터 최고층까지 시원하게 뚫린 모습이 한눈에 들어와 더위로 지친 마음이 절로 풀린다. 더운 날씨 때문인지 두바이의 모든 영화관은 쇼핑몰 안에 위치해 있다. 쇼핑몰 회사 입장에서는 영화를 보러 온 사람들이 건물 안에서 식사하고, 그 김에 계획에 없던 물건까지 구매하니 일석삼조다. 두바이는 인구의 80퍼센트 이상이 외국인이기 때문에 극장에서는 아랍 영화뿐 아니라 미국, 영국, 한국, 인도 등에서 제작된 다양한 영화를 접할 수 있다. 아랍인들의 경우 가족 문화가 강하기 때문에 아이들을 데리고 가족 단위로 영화관을 찾는 경우가 많고, 1인당 한화 9만 원가량을 내고 저녁 식사까지 나오는 특별관을 택하는 경우도 많다.

그날 에미리츠몰 2층에 위치한 복스vox 극장 앞에서 〈왕으로 태어난 자Born a king〉라는 영화의 홍보 배너가 눈에 들어왔다. 옛 아랍 왕족 의상을 입은 소년의 모습을 보고 직감적으로 '사우디의 3대 국왕 파이살 이야기로군'이라고 생각했다. 영국-스페인이 공동으로 제작한 영화 〈왕으로 태어난 자〉는 4년간 사우디

167

의 수도 리야드와 유적 마을 디리야Diriyah, 그리고 런던을 오가며 제작됐다. 사우디에서 촬영한 첫 서양 영화로, 제작진이 사우디 정부로부터 촬영 허가를 받기 위해 4년이나 협상을 진행했다고 한다. 2019년 9월 26일 사우디아라비아, 아랍에미리트, 오만, 쿠웨이트, 바레인 등의 국가에서만 제한적으로 개봉된 이 영화는 상영 나흘 만에 97만 달러의 수익을 올리며 폭발적인 반응을 일으켰다. 물론 20세기 초 아랍과 유럽 강대국 간에 일어난 역사적 배경지식이 없으면 이해하는 데 어려움이 있지만, 아라비아반도의 거친 사막에서 벌어지는 전투 장면, 제1차 세계대전후 아랍의 한 어린 왕자가 최강대국 영국의 거물들을 만나는 장면 등은 보는 것만으로도 큰 즐거움을 준다.

아라비아반도의 풍운아 압둘아지즈의 등장

영화는 1906년 광활한 아라비아 사막에서 벌어진 전투로 시작된다. 말과 낙타를 탄 사우드 가문의 아랍인들은 한 손에 칼을 들고 상대편을 향해 돌진하고, 사막의 모래바람이 휘몰아친다. 이들은 '알라 외에는 신이 없고 무함마드는 알라의 사도다'라는 이슬람 문구가 새겨진 초록색 깃발을 높이 들고 함성을 지르며 사기를 북돋운다. 훗날 사우디아라비아의 국기에 새겨지는 문구다. 상대는 칼과 총으로 무장한 라시드Al-Rashid 가문의 군대다. 라시드군이 쏜 총알이 사우드 군대를 진두지휘하던 압둘아지즈의 말에 명중되고 그는 말에서 굴러떨어진다. 압둘아지즈는 자신이 무너지면 사우드 군대의 사기가 떨어진다는 것을 잘 알고

168

있다. 상황 판단이 빠른 그는 본능적으로 사막에 발을 딛고 다시 일어나 양손으로 칼을 잡고 자세를 가다듬는다. 적군을 향해 포효하는 그의 모습은 마치 떼로 달려드는 하이에나 무리를 상대하는 한 마리의 사자를 연상케 한다. 압둘아지즈는 말을 타고서 몰려오는 라시드군을 향해 칼을 휘두르고, 두 세력 간의 전쟁이 시작된다.

영화의 등장인물, 키 190센티미터가 넘는 풍채의 압둘아지즈 빈 압둘라흐만 알사우드Abdulaziz bin Abdul Rahman Al Saud(1875~ 1953), 그는 누구일까?

소설가 제임스 에드먼즈James Edmonds는 그의 저서 《파이살 왕King Faisal: A Life》에서 다른 전기 작가들의 말을 인용하며 압둘아지즈를 이렇게 묘사했다.

"군살 없이 근육질로 된 사나이, 압둘아지즈. 그는 사막 지대에서 그 누구보다 빨리 달리고, 말과 낙타를 잘 타며, 누구보다도 뛰어난 명사수였다."

"그 누구도 그의 존재를 거부할 수 없었다. 그는 어둡고 근엄한 눈과 강해 보이는 돌출된 코, 검은 머리와 투박하게 난 수염, 그리고 두꺼운 입술을 소유하고 있었는데, 이는 전형적인 아랍 남성성을 보여 준다. 그도 이러한 자신의 장점을 잘 이용했다."

"그는 아랍인 남성들이 생각하는 선망의 대상이었다. 무한한 관대함과 민주적인 면모를 보여 주며, 사랑이 풍부하면서도 무모할 정도로 용감한 전사였다."

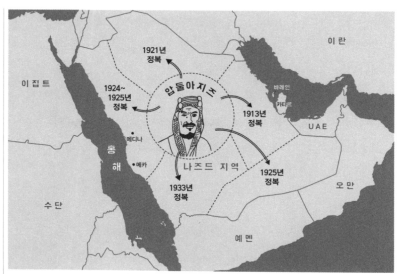

사우드 가문의 아라비아반도 정복도(1902~1933).

압둘아지즈는 어린 시절에 이미 사막에서 전투 기술과 생존 기술을 터득했다. 전사의 기질을 타고난 그는 자기 자신에게 엄격한 잣대를 들이댔다. 겨울철 사막의 밤은 매서운 추위를 몰고 오는데 그는 절대 자신의 천막에 화로를 들여놓는 법이 없었다. 14세기 아랍의 역사 철학가 이븐 칼둔Ibn Khaldun의 명저 《무깟디마Muqaddimah》에서 묘사된 아랍 베두인의 모습과 압둘아지즈가 겹쳐 보인다.

"곡식과 양념을 풍부하게 획득하지 못한 사막의 거주민들이 먹거리를 풍부하게 획득한 구릉지의 거주민들에 비해 신체도 건강하고 성격도 좋다."

"그들은 가장 야만적이고 거친 사람들이다. 그들은 길들지 않은 야수와 같고 이런 이들이 바로 아랍인이다."

170

"그들의 관심은 필수품에 한정되고 결코 사치품이나 탐욕, 쾌락을 추구하지 않는다."

"그들의 용기는 성품이 되었고 담대함은 천성이 되었다."

1902년 성인이 된 압둘아지즈는 자신의 군사를 이끌고 아라비아반도 중앙에 위치한 나즈드 지역으로 향했다. 11년 전 자신의 아버지가 라시드 가문에 빼앗겼던 지역을 되찾기 위해서였다. 1902년 자신의 고향 리야드(현재 사우디 수도)부터 탈환한 후 그 주변 도시를 하나씩 장악해 나갔다. 영화에서 나오는 첫 전투 장면은 압둘아지즈가 라시드 가문과 수없이 치른 전투 중 한 장면이었다. 전쟁의 불씨였던 그의 복수심은 점점 정치적 야심으로 변해 갔고 그의 통치 영역은 빠른 속도로 확대되었다. 당시 아라비아반도에는 수많은 부족과 가문들이 각자의 지역을 통치하고 있었는데, 몇 년 사이에 압둘아지즈는 이들을 하나둘 정복한다. 오랜 기간 성채에 거주하며 태평해진 다른 부족들은 수년간 칼날을 갈았던 사막의 전사 압둘아지즈 앞에서 무너져 내릴수밖에 없었다. 강력한 리더십을 통해 다른 부족들로부터 충성 서약을 받아낸 압둘아지즈는 각 지역 부족의 딸들과 정략혼인을 통해 사우드 가문을 중심으로 한 아라비아반도의 중앙 집권 체제를 만들어 갔다. 압둘아지즈는 22명의 아내를 통해 45명의 아들과 수십 명의 딸을 둔 것으로 기록되고 있다.

왕의 아들로 태어난 자, 파이살

"사우디 역사상 가장 기억에 남는 국왕은 누구인가?"

이렇게 물으면 대부분의 사우디 사람들은 "모두 훌륭한 국왕이었다"라는 뻔한 대답을 한다. 뭔가 특별한 답을 원했던 나는 오랜 세월 아라비아반도 지역 연구에 매진한 노령의 교수 칼리드 사으둔Khalid Saudun에게 페이스북 메시지를 보냈다. 그리고 교수의 답신을 통해 나의 갈증은 풀릴 수 있었다.

"1대 국왕 압둘아지즈와 3대 국왕 파이살 국왕이지. 압둘아지즈가 사우디 건국의 아버지라면, 파이살 국왕은 사우디 현대화의 아버지라고 할 수 있어."

영화 〈왕으로 태어난 자〉가 나의 관심을 끌었던 이유도 바로 이 두 왕을 집중적으로 조명했기 때문이다. 1919년, 영국인 탐험가 존 필비John Philby가 압둘아지즈를 보기 위해 나즈드로 찾아왔다. 외교 사절단으로서 영국 정부가 압둘아지즈를 초청했다는 소식을 알리기 위해서였다. 이 둘은 이미 몇 번의 만남으로 깊은 유대를 맺은 관계였다. 아마도 필비가 영국에서는 볼 수 없었던 아랍 베두인만의 매력 넘치는 품성에 반했던 게 아닐까 싶다. 탐험가이자 관료였던 필비는 영국의 식민정치에 반기를 든 괴짜였다. 당시 영국은 아라비아반도 서부의 헤자즈 지역을 통치하던 메카의 태수 후세인에게 힘을 실어 주고 있었지만 필비는 이것이 못마땅했다. 이미 나즈드 지역을 통치하던 압둘아지즈에게서 강력한 리더십과 가능성을 보았기 때문이다. 필비는 압둘아지즈가 아라비아반도를 통합해 아랍의 왕이 될 수 있다고 믿었다. 영

화 속에서 필비는 압둘아지즈에게 영국으로 함께 가자며 이렇게
설득한다.

"왕이여, 사우드 가문이 아라비아 땅에서 어떠한 존재인지 영국에
알려야 합니다. 영국인들 사이에서 오히려 당신의 적(메카의 태수 후
세인)이 유명해지고 있어요. 이제 영국에 갈 시기가 온 것입니다. 조
지 커즌George Curzon(영국 외교장관), 윈스턴 처칠, 그리고 영국 국
왕님과 서로 친분을 맺게 될 겁니다. 그들에게 직접 아라비아반도의
상황을 설명할 수 있을 겁니다."

그러나 압둘아지즈는 내부적으로 해결할 일을 두고 나즈드
지역을 떠날 수 없다며 이를 거절했다. 대신 셋째 아들인 열세
살짜리 파이살Faisal ibn Abdulaziz Al Saud을 보내겠다고 필비에게
제안했다.

"파이살이요? 좀 더 신중하게 생각하시죠. 파이살은 경험이 없지 않
습니까?"
"파이살은 내 아들이오. 진정한 남자지."
– 영화 〈왕으로 태어난 자〉 중에서

압둘아지즈가 한창 라시드 가문과 전쟁을 치르던 1906년, 압
둘아지즈의 셋째 아들이 태어난다. 압둘아지즈는 아들의 이름을
아랍어로 '검Sword'이란 뜻의 파이살로 지었다. 파이살은 또래
친구에 비해 몸도 작았고, 아버지처럼 호전적 기질이 다분한 용
사의 모습도 보이지 않았다. 하지만 그의 진가는 사막이 아닌 런
던에서 발휘된다.

영화 속에서 열세 살 소년 파이살은 독일산 증기선을 타고 영국으로 향한다. 1919년 10월 13일, 영국 남서부 플리머스 Plymouth항에 도착한 파이살. 그는 사우드 가문 사람 중 처음으로 유럽을 방문했으나 영국 정부는 사막에서 온 어린 왕자에게 큰 관심을 쏟지 않는다. 필비는 영국 정부의 형편없는 의전에 분노하지만, 호기심 많은 소년 파이살은 멋들어진 영국의 건축물들과 피커딜리 광장의 움직이는 계단(에스컬레이터), 그리고 손으로 돌리기만 하면 찬물과 뜨거운 물이 번갈아 나오는 호텔의 수도꼭지까지 모든 것을 신기해할 뿐이다. 그때마다 파이살의 고문으로 따라온 사촌 아흐마드 알투나얀Ahmad al Thunayyan은 파이살에게 왕자로서 위엄을 지켜야 한다고 상기시킨다. 아버지 압둘아지즈가 아흐마드에게 당부한 사항이었다. 아랍인들은 가문의 영광을 대단히 중요하게 여기기 때문에 아무리 세계를 호령하는 대영제국 앞에서도 어린 왕자는 흔들리지 않는 자신의 권위를 몸소 보여 줘야 했다. 짧은 시간의 즐거운 여행이 끝나고

1919년, 파이살의 영국 방문 당시 실제 모습. 오른쪽이 파이살이다.

파이살은 그의 아버지를 대신해 영국 국왕을 비롯한 고위급 정치가들과 부담스러운 만남을 갖기 시작한다. 거들먹거리는 영국 정치인들의 냉대를 받으면서도 그는 왕의 아들로서 위엄을 지키려고 끝까지 침착한 모습을 보인다. 그러나 호텔 방에서 혼자 남아 액자 속 아버지의 사진을 바라보며 편지를 써 내려가는 파이살의 눈빛은 애처롭기만 하다. 열셋의 어린아이가 감당하기에는 이 모든 것이 너무나 혹독해 보인다. 그럼에도 불구하고 왕의 운명을 타고난 자이기에 어쩔 수 없이 치러야 할 대가였다.

영화 속에서 파이살은 외교장관 조지 커즌의 집무실을 찾아 마지막 면담을 한다. 양국의 2인자가 만나는 역사적인 만남이었지만, 조지 커즌은 소년 파이살에게 사탕 하나를 건네며 어린아이 취급을 해 버린다. 커즌이 이 만남을 얼마나 하찮게 여겼는지를 보여 주는 장면이다. 당시 중동 전 지역을 프랑스와 함께 식민통치하려던 영국의 외교장관 입장에서는 사막에서 온 어린 왕자가 그리 대단해 보이지 않았을 것이다. 게다가 영국은 아라비아반도를 자신들의 입맛대로 조정하기 위해 각 세력이 분열되길 원했지, 사우드 가문을 중심으로 한 중앙 집권 체제가 이루어지는 걸 결코 바라지 않았다. 커즌과의 만남에서 파이살은 아버지를 생각하며, 사우드 가문의 위엄을 지키기 위해 흔들리지 않으려 애쓴다. 파이살은 다섯 달간 영국과 프랑스를 다니며 어린 나이에 홀로 최강대국의 정치인들을 만나는 호된 외교 수업을 마친다. 그리고 1920년 2월 12일, 다시 아버지의 품으로 돌아간다.

형의 낭비벽과 금욕적인 동생

역사를 보면 한 가문의 자식들 사이에서도 성격과 능력 차이가 극명히 드러나는 경우가 많다. 물론 후천적인 요인도 작용했겠지만, 일부다처의 경우 아무래도 모친의 유전자가 큰 영향을 끼치는 게 아닐까 싶다. 특히 파이살에 대해 알면 알수록 그의 외가의 유전자가 고귀해 보인다. 파이살의 외가는 전통적인 이슬람교 집안이었다. 특히 파이살은 6개월 만에 어머니를 여의고, 종교 지도자인 외조부 압둘라 알 앗 셰이크Abd Allah ibn Abd Al-Latif Al ash-Sheikh의 경건한 가정에서 자라며 직접적인 영향을 받았다. 그는 외조부로부터 기도, 금식, 이슬람 규율, 그리고 자신의 감정을 통제하는 법을 배웠다.

> "항상 친절하고, 신중하고, 약속을 저버리지 말고, 관대하고, 거짓말을 하지 말며, 남의 이야기를 하지 말고, 말을 적게 하고, 비열하지도 말고 시기하지도 마라."

파이살은 외조부에게 위와 같은 말을 항상 들으며 자랐는데, 훗날 뉴욕의 고급 호텔 월도프 아스토리아Waldorf Astoria에서 흑인 하인과 같은 테이블에서 식사했다는 유명한 일화가 그의 인격을 잘 보여 준다. 사우디의 노예제를 폐지한 것도 바로 그였다.

이러한 그의 인품과 능력은 바로 손위 형인 사우드와 더욱 비교가 됐다. 1932년 사우디를 건국한 압둘아지즈는 제2차 세계대전이 끝나고 건강이 악화되었다. 그는 장남 투르키Turki가 1919년 스페인 독감 팬데믹으로 사망했기 때문에 자신의 왕권을 둘째 아들인 사우드Saud(1902~1969)에게 승계할 준비를 했다.

당시 압둘아지즈는 사우드에게 이렇게 말했다고 한다.

"파이살이 너보다 더 명철하니 그의 조언을 새겨듣도록 해라."

아버지도 아들 간의 능력 차이를 간파하고 있었던 것이다. 둘째 사우드는 아버지를 도와서 아라비아반도 내 전투에만 투입되었던 반면, 셋째 파이살은 어릴 적부터 종교적인 지식을 체득했을 뿐 아니라 외국을 다니며 서구 문물을 배우고 외교 능력을 키운 자였으니 차이가 날 수밖에…. 그러나 왕위 세습에도 순서가 있고 명분이란 게 있었다.

1953년 압둘아지즈가 서거한 후, 사우드는 아버지의 뜻대로 국왕이 되었고, 동생 파이살을 왕세제로 책봉했다. 그러나 경제관념이 없는 데다 사치를 좋아했던 사우드는 석유 수출로 들어오는 돈을 물 쓰듯이 썼다. 1대 국왕 압둘아지즈의 오랜 벗이자 자문관이었던 영국인 필비는 당시 아내에게 보낸 편지 속에서 사우디아라비아의 안타까운 현실을 전했다.

"이 나라가 가난했을 때, 그들만이 가지고 있던 위대함이 있었소. 그러나 지금 이곳에 만연한 타락의 모습은 나를 슬프게 하는구려."

아무리 '오일머니'가 왕실로 흘러 들어오더라도 영리하게 사용하지 못하면 불붙은 석유처럼 금방 증발해 버릴 수밖에 없다. 사우드가 왕위에 오른 지 5년 만에 사우디아라비아는 경제적 파산 상태에 이르렀고, 국제통화기금IMF으로부터 차관을 끌어 써야 하는 지경까지 내몰렸다. 더 큰 문제는 사우드가 국가의 핵심 공직에 무능한 자신의 아들들을 포진시켰다는 것이다. 자신의 왕권을 형제가 아닌 아들에게 승계하겠다는 의지를 노골적으로 드러낸 행보였고, 형제간에 나이순으로 왕위를 계승하라는 부친 압둘아지즈의 유언에도 어긋나는 일이었다. 사우드 가문 사람들조차도 국가적인 위기의식을 느꼈다. 1964년 말, 사우드 왕가의 왕자들과 사우디 최고 이슬람 율법학자들은 사우드의 폐위를 결정했다. 그리고 1964년 11월의 어느 날, 사우드 가문의 연장자들은 공항에 모두 모여 폐위된 후 아테네로 떠나는 사우드와 작별 인사를 했다. 환송의 줄 맨 끝에 서 있던 파이살은 자신의 순서가 오자 형에게 고개를 숙이고 형의 손에 키스를 하며 경의를 표했다. 새로운 사우디의 시대가 시작되는 순간이었다.

파이살의 시대

파이살의 얼굴은 퍽 인상적이다. 차가운 눈빛과 군살 하나 없는 그의 얼굴에서는 금욕, 근면, 원칙주의 기질이 다분한 학자나 종교 지도자의 분위기가 풍긴다. 그러나 그는 사회 변화를 꾀하는 개혁가였다. 미국의 저명한 저널리스트 캐런 엘리엇Karen Elliott은 '사우디 국왕 중 파이살만큼 현대화와 발전에 관심을 두었던 확신에 찬 활동가적 군주는 없었다'라고 평가했다. 개혁적인 정책 추진 과정에서 국가 리더로서 그가 보여 준 대범함과 결단력은 사우디 역사에서도 전무후무하다. 어린 시절 종교 지도자였던 외조부의 교육을 받으며 자신만의 확실한 도덕적 기준이 생겼고, 어린 나이에 영국 고위급 인사들을 만나며 회피할 수 없는 상황에서 빠른 판단 능력을 키웠던 것이 아닐까? '젊은 시절 배운 것은 돌에 새겨진 것과 같다'는 아랍 속담처럼 말이다.

무엇보다 파이살은 돈을 모을 줄도 알고 지혜롭게 쓸 줄 아는 지도자였다. 왕위에 오른 그는 형이 망쳐 놓은 국가 경제를 살리기 시작했다. 국가의 각종 비용을 절감하고 석유 생산량을 증대해 재정의 균형을 잡아 갔다. 금전적인 욕심이 없어 왕궁 꾸미기에도 큰 관심이 없었다. 1970년 그는 제1차 경제개발 5개년 계획Five-Year Development Plan을 발표했고 오일머니를 이 거대한 국가적 사업에 투입했다. 지도자가 돈 욕심이 없어야 국가가 부유해질 수 있다는 사실을 사우드, 파이살 두 형제의 행보가 잘 보여준다.

그는 신중하면서도 주저하지 않고 결단을 내릴 줄 아는 자였다. 1973년 오일쇼크 사건이 대표적인 예다. 1948년 팔레스타인 땅에 유대인들이 '이스라엘'이라는 국가를 세웠다. 이로 인해 팔레스타인에 살던 아랍인들이 피해를 입자 아랍 민족 전체가 반이스라엘 캠페인을 벌이기 시작했다. 1970년대에 들어서 아랍 국가들은 이스라엘과 이를 지원하는 미국 등 서구 국가를 상대로 석유 공급을 축소하자는 목소리를 높였다. 그러나 파이살 국왕은 눈 하나 꿈쩍하지 않았다. 물론 파이살도 이스라엘에 반감이 있었고, 팔레스타인을 돕고 싶어 했다. 그러나 그는 자신의 감정에 휘둘리지 않고 정책을 우선시했다. 당시 사우디는 경제적으로, 전략적으로 미국과 매우 밀접한 관계를 유지하고 있었기 때문에 미국의 심기를 건드려서 좋을 게 없다고 판단했던 것이다. 그러나 1973년경 상황이 바뀌기 시작했다. 세계의 석유 수요가 증가했고 미국도 비상시에는 중동에서 나오는 석유에 의존할 수밖에 없는 상황이 되었다는 것을 파이살은 감지했다. 그는 결단을 내리고 각종 언론에 모습을 드러내 미국이 시온주의(유대인 국가 건설을 목적으로 한 민족주의 운동)를 지원하고 아랍 세계에 적대적인 태도를 취한다면, 석유 공급이나 우호적인 관계 유지가 어려워질 것이라는 메시지를 분명히 알렸다. 이후 사우디의 주도로 중동 산유국들은 친이스라엘 국가에 대한 석유 공급을 축소하거나 중단했고 이로 인해 유가는 급속도로 상승했다. 이 일로 더 많은 오일머니가 사우디로 흘러 들어왔고, 그 덕분에 파이살은 국가 인프라 사업을 더욱 확대하고, 외국에서 수많은 의사와 기술자를 불러들였다. 사우디 여성들은 처음으로 제대로 된 고등교육을 받기 시작했다.

파이살 국왕은 1964년부터 1975년까지 짧은 기간에 사우디의 근대화를 이룬 후 안타깝게도 왕궁에서 조카에게 암살을 당해 69세의 나이로 생을 마감했다. 그가 더 살았다면 사우디는 어떻게 변화되었을까? 영화 〈왕으로 태어난 자〉를 본 나이 지긋한 관객들은 어린 나이에도 침착하고 지혜로웠던 옛 왕 파이살, 그리고 그가 통치했던 시절을 그리워했을 것이다. 현재 사우디를 통치하는 제8대 국왕 살만 빈 압둘아지즈Salman bin Abdulaziz는 파이살보다 스물아홉 살 어린 동생이다. 그리고 그는 2017년 자신의 아들 무함마드 빈 살만을 왕세자로 책봉함으로써 2세대 국왕 시대가 끝남을 예고했다. 이런 세대교체 시기에 영화 〈왕으로 태어난 자〉 개봉이 의미하는 것은 무엇일까? 영화를 보고 나오면서 나는 1985년생의 젊은 왕세자가 이 거대한 왕국을 압둘아지즈와 파이살처럼 지혜롭게 이끌어 가겠다는 의지가 아닐까 생각했다.

석유가 준 축복,
석유로 인한 저주

بَرَكَة النفط.. لعنة النفط

정말 물보다 석유가 더 쌀까?

산유국에 살면 좋은 점이 하나 있다. 휘발유를 넣을 때 가격 때문에 고민할 필요가 없다는 것. 한국에서는 주유소 앞에서 고시된 가격을 확인하고, 그나마 저렴한 곳으로 골라 들어가 3~5만원 정도를 주유하곤 했다. 차를 조금이라도 가볍게 해서 유류비를 절약하기 위해서였다. 그러나 지금 살고 있는 아랍에미리트에서는 언제나 "가득 채워 주세요"를 자신 있게 외친다. 60리터짜리 SUV 차량을 가득 채워도 한화로 3만 원만 내면 충분하다. 한국에서는 휘발유 1리터당 평균 1500원이지만 사우디나 아랍에미리트와 같은 중동 산유국에서는 약 500원 정도이기 때문이다. 산유국에 거주할 경우 누릴 수 있는 큰 혜택 중 하나다. 그럼 아랍 산유국의 기름값은 정말 물값보다 쌀까? 정답은 '그럴 수도 있고 아닐 수도 있다'다. 최근 값싼 식수 상품이 시중에 많이 나오긴 했지만, 에비앙이나 페리에 같은 값비싼 수입 브랜드 물과 비교하면 기름값이 물값보다 싼 것은 사실이다. 그러나 실제 값보다 중요한 건 수천 년간 건조한 사막에서 살아 온 아랍인들의 마음속에는 '그 무엇보다 소중한 것은 물'이라는 진리가 뿌리 깊게 새겨져 있다는 사실이다. 사우디 제1대 국왕 압둘아지즈도 석유 탐사 초기에 석유가 아니라 물이 발견되었을 때 더 기뻐했다고 하는데, 기름 한 방울 나오지 않는 한국의 상황에서는 참 부럽기도 하고 어이 없기도 한 일이다. 2020년을 기준으로 아라비아반도에 위치한 사우디아라비아, 아랍에미리트, 쿠웨이트, 카타르, 오만 다섯 국가의 석유 생산량을 합산하면 전 세계 생산량의 약 4분의 1을 차지한다. 그중 최대 점유율은 단연 사우디아

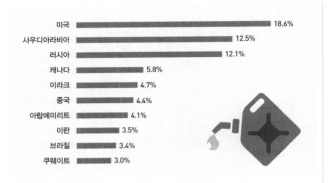

세계 석유 생산량
점유율 비교
(2020년 기준).
출처: BP plc

라비아다. 사우디의 일일 생산량은 1104만 배럴로 미국에 이어
세계 2위, 매장량은 2975억 배럴로 베네수엘라에 이어 세계 2위
를 차지한다. 광활한 사막 지대의 깊은 땅속, 그 속에서 수천 년,
아니 수억 년간 잠자고 있었던 엄청난 양의 검은 황금은 도대체
어떻게 그 모습을 세상에 드러내게 된 걸까?

1938년의 기적

현재 석유 매장량이 가장 많은 지역은 중동으로, 전 세계 석유
매장량의 48퍼센트를 차지하고 있다. 대부분이 사막 지대인 이
지역은 과거 풍부한 유기물을 지니고 있던 테티스해Tethys Sea가
자리 잡고 있었다. 이후 대륙이 움직이면서 이 해저 지역은 육지
로 덮였지만, 유기물은 그대로 남아 수억 년간 고온과 고압에 의
해 석유가 되었다. 중동 땅에 많은 양의 석유, 가스가 매장된 것
은 그 때문이다. 그럼 이 축복의 주인은 누가 되는 걸까? 당연히
석유가 묻힌 땅을 소유한 주인이다. 그러나 안타깝게도 석유가
묻힌 땅의 주인들은 수천 년간 자신의 땅에 석유가 매장되어 있

다는 사실을 알지 못했다. 또 알고 나서도 채굴하는 방법을 몰라 그 축복의 수혜를 받지 못했다. 어느 날 기술력을 앞세운 영국, 미국 등 서구의 석유 기업들이 땅속에 묻힌 석유를 끌어 올려 주겠다며 앞다투어 중동 땅으로 몰려왔다. 땅 주인들은 마다할 이유가 없었다. 아무 일도 하지 않고 가만히만 있어도 서구 기업들이 대신 땅을 파 주고 석유를 생산하여 판매한 금액의 반을 떼어서 주겠다는데, 나쁠 게 없지 않은가? 기술이 없는 산유국에는 선택지 자체가 많지 않았다. 중동의 산유국들은 서구 기업들과 줄줄이 계약을 맺었고, 얼마 지나지 않아 중동 유전 지대의 대부분을 영국과 미국 기업들이 선점하게 되었다. 특히 1960년대까지 세계 석유 업계는 '세븐 시스터스Seven Sisters'라고 불리는 일곱 개의 영미계 석유 기업이 독점적으로 주도했다(세계의 석유 산업을 지배해 온 거대한 7대 석유 자본, 엑손, 모빌, 걸프, 소칼, 텍사코의 미국계 5사와 네덜란드·영국계의 로열더치셸, 영국의 브리티시페트롤리엄까지 7사를 세븐 시스터스라고 한다).

사우디도 같은 과정을 거쳤다. 1932년, 제1대 왕 압둘아지즈 빈 압둘라흐만 알사우드는 아라비아반도의 90퍼센트에 해당하는 거대한 지역을 통합하고 '사우디아라비아왕국'의 건국을 선포했다. 활력 넘치는 사막의 전사 압둘아지즈는 1925년 이슬람 성지 메카와 메디나가 위치한 헤자즈 지역을 차지한 직후, 건국하기 이전부터 현대 국가 건설 작업에 착수했다. 새로운 정부 기관을 설립하고, 단일 통화인 리얄riyal을 도입하는 동시에 기본적인 인프라 구축에 나섰다. 그러나 당시 사우디에는 '국가'라는 개념 자체가 없는 수많은 아랍 부족이 자신의 둥지를 지키기 위해 경계의 눈빛을 하고 있었다. 사우디 지형의 90퍼센트를 차지하는 사막 지대에는 오스만제국도 통제하지 못했던 아랍 유목민 '베두인' 집단이 살아가고 있었다. 땅덩어리가 작은 우리나라도 한국전쟁 이후 전국에 기본 인프라를 구축하는 데만 약 20년 이상이 걸렸는데, 국가라는 개념 자체가 없는 데다 남한 면적의 20배가 넘는 사우디아라비아는 오죽 어려웠을까. 일단 압둘아지즈 앞에 놓인 건 부족민에게 '국가'의 개념을 주입시켜 하나로 결속시켜야 한다는 숙제였다. 그는 국민이 생활할 수 있도록 보조금을 주고 충성심을 높이는 방법을 생각해냈지만, 그러기에는 자금이 턱없이 부족했다. 당시 메카를 방문하는 무슬림 순례객들로부터 얻는 관광 수입은 그다지 많지 않았다. 어쩔 수 없이 압둘아지즈는 건국 초기에 영국과 미국에서 긴급 자금을 지원받아 나라를 유지했으나 그것에도 한계가 있었다. 해가 갈수록 부채는 늘어갔고 만성적인 재정 적자에 허덕일 수밖에 없었다. 거대한 아라비아 왕국은 이대로 역사 속에 잠깐 존재했던 나라로, 한낱 꿈으로 끝나는 것인가?

그러나 생각지도 못한 기적이 일어났다. 1938년 3월, 미국 카속California-Arabian Standard Oil Company, CASOC이 한창 탐사 활동을 하던 사우디 동부의 담맘 7번공Dammam 7 Well에서 대규모의 유전이 발견된 것이다. 카속은 세븐 시스터스였던 미국 텍사코와 소칼의 합작 기업이자, 오늘날 사우디아라비아 국영 석유 기업인 아람코의 전신이다. 당시 영국의 보호령 아래 있던 이라크, 이란, 쿠웨이트 등에 진출하기 어려웠던 미국은 그나마 영국이 큰 관심을 두지 않던 사우디 땅에 진출했던 것인데 그야말로 '잭

폿'이 터져 버렸다. 아마 사우디의 석유 매장 가능성을 회의적으로 보았던 영국의 석유 회사들은 땅을 치며 후회했을 것이다. 이후 독일, 일본, 이탈리아 등 다른 국가들이 뒤늦게 압둘아지즈 국왕에게 잘 보이려 애를 썼지만 이미 늦은 상황이었다. 1939년, 사우디는 미국 카속에 추가 지역을 확보할 수 있도록 우선권을 주었고, 카속은 그 우선권을 이용하여 113만 제곱킬로미터에 달하는 지역을 추가로 확보했다. 압둘아지즈 국왕은 가만히 있어도 주머니로 들어오는 오일머니 덕분에 계획했던 국가 사업들을 차근차근 추진해 나갈 수 있었다. 수십 년이 지난 지금까지도 사우디는 아랍 국가 중에서 대표적인 친미 국가인데, 이 둘의 관계는 1930년대 바로 이 석유로 맺어진 인연에서 시작되었다.

1973년의 추억

2020년 가을, 샤르자대학교에서 '아라비아반도 역사' 수업을 들을 때였다. 수업 시간에 무함마드 무니스 교수는 1973년의 추억을 끄집어냈다.

"1973년을 기억하나? 우리 아랍인들이 똘똘 뭉쳤던 시절이지. 20세기 초, 갑자기 유대인들이 팔레스타인 땅에 들어와 옛 조상의 땅이라며 우겼고 1949년 이스라엘이라는 국가를 팔레스타인 땅 위에 세워 버렸어. 수천 년간 그 땅에서 살아온 아랍인들의 억울함을 풀어 주기 위해 우리 아랍 민족들은 단합하여 수차례 이스라엘과 전쟁을 치렀어. 그러나 이스라엘 뒤에는 항상 미국이 있어서 이길 수가 없었네. 특히 1967년에 발발한 전쟁의

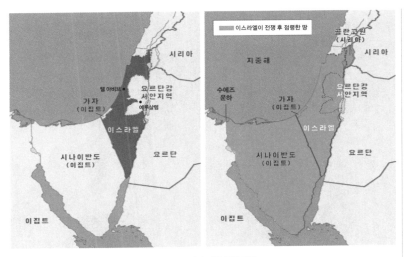

1967년 이스라엘이 점령했던 땅(시나이반도, 요르단강 서안, 골란고원).

결과는 아랍인들에게는 치욕적이었어. 도리어 이스라엘이 이집트의 시나이반도, 시리아의 골란고원, 요르단강 서안을 점령해 버렸으니 말이야.”

“어떻게 보면 이스라엘이 있었기 때문에 아랍인들이 똘똘 뭉쳤던 것은 아닐까요?”

“틀린 말은 아니지. 아랍 민족주의는 1973년에 절정을 이루었어. 1973년 4월, 이집트 대통령 안와르 사다트가 6년 전 빼앗긴 땅을 되찾기 위해 이스라엘을 상대로 이집트 주도의 연합 공격을 구상했지. 그때 중요한 역할을 한 사람이 바로 사우디의 3대 국왕 파이살이야. 나는 감히 그때 파이살의 결심을 ‘위대하다a'zeem’고 표현하고 싶네.”

아랍인들에게 ‘1973년과 파이살 국왕’은 잊을 수 없는 역사적 키워드다. 그해, 파이살 국왕은 어떤 결심을 했던 것일까? 당시 이집트 대통령 사다트는 파이살 국왕에게 이스라엘을 상대로

1973년

생각해 보겠소…

이스라엘과의 전쟁은
우리 이집트와 시리아가 하겠소.
대신 사우디가 우리 아랍의
대의를 위해 석유를 무기화하시오.

사우디
파이살 국왕

이집트 대통령
사다트

시리아와 함께 전쟁을 일으킬 것이라며, 같은 아랍 민족 국가로서 도와 달라고 간청했다. 그러나 이집트가 원한 것은 군사 지원이 아니었다. 전쟁은 이집트-시리아가 할 테니, 사우디는 다른 아랍 산유국을 설득해서 친이스라엘 국가에 대한 석유 공급량을 감축하거나 중단해 달라고 요청했다. 미국을 비롯해 석유가 필요한 세계의 산업 국가들이 경제적인 압박을 이기지 못해 이스라엘 지원을 포기하고 아랍의 손을 들어줄 것이라는 계산이었다. 이스라엘을 지원하는 미국을 총으로만 상대할 수 없음을 인정하고, 그 대신 석유를 무기로 사용하자는 발상이었다.

그러나 파이살 국왕 입장에서는 오랜 기간 정치적, 경제적 파트너였던 미국을 상대로 석유를 무기화하는 것은 결코 쉬운 결정이 아니었다. 그러나 사우디뿐 아니라 전 아랍 세계에서 들려오는 민중의 소리를 외면할 수 없었던 파이살 국왕은 오랜 고심 끝에 결국 사다트의 제안을 받아들였다.

1973년 10월 6일은 유대교의 속죄일이었다. 이집트로서는 느슨해진 유대인들을 기습 공격하기 딱 좋은 날이었다. 계획한 대로 이집트는 시리아와 협력해 이스라엘을 공격했다. 일명 '10월 전쟁'이라 불리는 제4차 중동전이 발발한 것이다. 며칠이 지나고 사우디의 파이살 국왕은 계획했던 석유 무기화 전략을 실행에 옮겼다. 10월 16일에는 사우디를 주축으로 중동의 산유국들이 쿠웨이트에 모였고, 아랍 5개국(사우디, 이라크, 아랍에미리트, 카타르, 쿠웨이트)과 이란의 대표들은 오랜 논의 끝에 매월 5퍼센트의 점진적 석유 감산을 결정했다. 단 아랍에 우호적인 국가들은 이 결정에 영향을 받지 않는다는 조건을 두었다. 산업 발전을 위해 석유가 절실했던 유럽, 일본, 한국 등 세계의 수많은 국가가 너나 할 것 없이 '친아랍 성명'을 발표하며, 이스라엘이 1967년에 점령한 지역에서 철수할 것을 촉구했다. 아랍 국가들은 석유라는 정치적 무기를 이용해 피 한 방울 흘리지 않고 전 세계가 아랍의 손을 잡도록 유도한 것이다.

석유에 대한 수요가 공급을 상회하면서 석유 가격은 급상승했다. 전 세계의 소비자들은 석유 공급이 중단될 수 있다는 불안감에 석유 물량 확보에 나섰다. 산유국들은 이전에 만져 보지 못한 엄청난 돈을 쓸어 담게 되었고, 오늘날 우리가 흔히 가지고 있는 '아랍 부자'의 이미지도 이때 생겨났다. 국제 유가는 1970년 1.85불에서 1973년 12월 11.65불로, 4년 사이에 거의 여

189

섯 배가 올랐다. 매일 석유를 구매하고 산업을 일구어야 했던 국가와 기업 입장에서는 쇼크 그 자체였다. 한창 산업 발전에 매진하던 한국도 그 쇼크를 피해 갈 수 없었다. 경제 성장률 하락과 소비자 물가 급상승으로 우리 국민도 울상을 지었다. 특히 이스라엘에 군사 지원을 감행했던 미국은 아예 석유 공급 중단이라는 직격탄을 맞아 1973~1975년 GDP(국내총생산)가 6퍼센트나 감소했다고 하니, 가히 '오일쇼크'라 불릴 만하지 않은가. 그러나 나의 친구 알리는 이 표현에 대해 고개를 저었다.

"아랍인의 입장에서는 쇼크가 아니라 승리intisar였어. 아랍 세계가 이렇게 세계의 이목을 집중시키며 정치적 힘을 발휘하는 동시에 경제적 성장을 이루었던 적이 있었던가!"

여전히 아랍인들이 1973년을 추억하는 데는 이런 배경이 있다. '오일승리' 덕분에 사우디아라비아는 1972년 97억 달러였던 GDP를 1981년 무려 1843억 달러로 약 스무 배가량 끌어올렸다. 파이살 국왕의 과감한 결단으로 사우디아라비아는 약 10년 사이에 중동 최고의 부자 나라로 등극하게 됐다.

오일쇼크로 산유국들의 힘은 막강해졌고, 수십 년 전 석유가 매장되어 있던 땅을 점유하고 큰 이익을 취했던 영미계 석유 기업들은 상대적으로 입지가 좁아졌다. 한때 세계 석유 가격을 일방적으로 결정하는 위치에 서 있던 그들이었으나 시대의 흐름에 따를 수밖에 없었다. 석유가 매장된 땅의 주인들은 석유 수익 중 서구 기업의 몫을 점차 줄여 나갔다. 사우디아라비아 정부도 정치적 영향력과 경제력 상승에 탄력을 받아 1974년 6월, 미국 소칼이 소유하고 있던 사우디 석유 기업 아람코의 지분 중 60퍼센트를 취득했고, 1980년에는 나머지 지분 40퍼센트를 사들여 아람코를 100퍼센트 사우디 왕실 소유로 만들었다. 오늘날에도 국영 석유 회사 아람코는 사우디 GDP의 70퍼센트를 차지하며 사우디 경제의 주축이 되고 있다.

석유는 축복일까 저주일까

2005년 가을, 대한상공회의소 초청으로 한국에 연수를 받으러 온 알제리 볼리유 직업훈련센터 교사들을 위해 통역을 한 적이 있다. 그들을 인솔해 온 머리가 희끗한 알제리인 관리자와 석유에 대해 이야기를 나누게 되었다.

"알제리의 하루 석유 생산량은 어느 정도 되나요?"

"한 200만 배럴 정도 되죠."

"한국의 하루 소비량이 250만 배럴 정도인데 알제리 생산량만으로도 많은 부분을 채울 수 있겠네요. 기름 한 방울 안 나는 나라에 사는 사람으로서 참 부러운 얘기예요."

그는 몇 초간 뜸을 들이며 대답을 하지 않았다. 그러고는 한 손으로 안경을 치켜세우며 비장한 눈초리로 한마디 툭 내뱉었다.

"부러워할 것 없어요. 그 석유 때문에 우리 아랍인들이 망가진 거니까."

예상치 못한 답변에 놀랐지만, 혹시라도 실례가 될까 봐 그 이유에 대해서 더 깊이 물어보지 않고 다른 소재로 이야기의 방향을 돌렸다. 벌써 15년이나 지난 일이지만 그의 말은 아직도 내게 중요한 화두를 던져 준다. 석유 덕분에 중동의 많은 국가가 먹고살 수 있었던 것은 부정할 수 없는 사실이다. 그럼 그는 왜 석유가 그들에게 준 축복을 오히려 저주인 양 말했던 것일까?

석유를 통해 벌어들이는 돈은 노동을 통해 벌어들인 돈과 다르다. 노력 없이 저절로 생긴 돈이라고 봐도 무방하다. 국가를 하나의 개체로 본다면 석유 수익은 한마디로 '불로소득'인 것이다. 국가로서는 석유 하나로 천문학적인 돈이 저절로 들어오니 굳이 국민이 내는 세금에 의지하지 않아도 되고, 국민으로서는 내가 번 피 같은 돈을 정부에 갖다 바치지 않아도 되니 얼마나 좋은가? 이에 더해 국가는 남아도는 돈으로 국민에게 각종 보조금과 사회보장제도를 제공할 수 있으니 국민은 국가를 향해 불만을 품지 않는다. 마치 돈 많은 아버지가 자식이 원하는 것이라면 뭐든 다 해주는 모습이 연상된다. 그렇게 본다면, 한국은 돈 없는 아버지로 비유할 수 있을 것이다. 입에 풀칠할 돈이 없으니 자식들은 나가서 열심히 기술을 익히고 돈을 벌었고, 사우디를 비롯한 열사의 땅까지 가서 외화를 벌어 왔다.

반대로 사우디는 자기 자식들을 집 밖에 내보내 일을 시킬 필요가 없었다. 하다못해 인프라 구축 같은 사우디 내에서 해야 하는 궂은일마저도 해외에서 온 기술자들에게 맡겼다. 사우디의 자식들은 그저 공공기관에 들어가서 좋은 자리를 차지하고 지시만 내리면 되었다. 사우디를 비롯한 산유국의 국민은 점점 이러한 관행을 당연히 여기게 되었고, 이들에게는 '노동을 해야 보상이 주어진다'라는 인과관계의 공식이 통하지 않게 되었다. 기술력이 필요한 일은 선진국이나 한국 같은 신흥 공업국의 기업들이 와서 해주면 되고, 청소나 가사일 등 몸으로 하는 고된 노동은 동남아 등 개발 도상국 사람들이 와서 해주면 된다. 그 노동의 대가는 아버지가 끊임없이 내주고 있으니 말이다.

사우디 재정 수익의 80퍼센트 이상이 석유 판매 수익이다. 그러나 석유 산업에 관여하는 사우디 노동력은 10퍼센트도 되지 않는다. 나머지 사람들은 무엇을 하는 것일까? 거대화된 국가는 각종 공공 부문에서 국민이 일할 수 있는 자리를 마련했고, 국민은 그 자리를 하나씩 꿰차고 앉아 국가의 부를 창출하는 데 큰 기여를 하지 못하는 수동적인 노동자가 되었다. 이러한 사회적 현상이 산유국에 사는 사람들 개개인에게 숨어 있던 게으른 본성을 자극한 건 아닐까? 사우디에서 태어나 20년을 살아온 한 한국계 청년이 나에게 했던 말이 떠오른다. "형, 사우디에서는 코앞에 있는 마트도 안 나가요. 전화해서 배달하죠."

물론 사우디 정부도 이를 해결하기 위해 노력을 해 왔다. 특히 정부나 공공기관의 일자리가 부족해지자 1985년부터 '사우디화Saudization'라는 자국민 의무 고용 정책을 시행해 왔다. 사우디에 외국 회사를 설립할 경우 전체 인원의 10퍼센트에서 많게는 60퍼센트 이상을 사우디 자국민으로 채워야 한다. 사우디의 실업률을 낮추는 동시에 자국민이 외국 기업으로부터 기술력을 전수받을 수 있는 묘수를 짜낸 것이다. 말은 그럴듯했지만, 기대했던 효과는 돌아오지 않았다. 절실함을 가지고 구한 것이 아니라 아무 노력 없이 주어진 것이기 때문에 더욱 그럴 것이다. 사우디에서 수십 년간 사업을 해 온 한국 에너지 기업의 인사 담당자가 한번은 나에게 이런 말을 했다.

193

"사우디 사람들은 기본적으로 한국 사람들에 비하면 근무하는 자세가 태만해요. 다 이유가 있긴 하죠. 아내가 꼭 필요한 외출을 해야 해서 운전해 줘야 한다며 업무 시간에 자리를 비우는 친구들도 있어요. 사우디에서는 여성의 운전이 금지되어 있으니까요. 물론 똑똑하고 일을 잘하는 친구들도 있지요. 다만 그런 유의 직원이 한국에서는 보편화되어 있지만, 사우디에서는 매우 희소하다는 차이가 있죠. 아마 오랜 세월 그들이 경험했던 사우디 사회의 분위기로 인한 결과가 아닐까요?"

그 알제리 사람이 나에게 석유가 저주인 것처럼 말을 했던 건 어쩌면 석유라는 자원이 절실함에서 비롯되는 '헝그리 정신'을 말살시켰기 때문은 아닐까? 사실 베두인의 피가 섞인 사우디 사람들은 집 앞에 있는 마트도 나가기 싫어하는 그런 민족이 아니었다. 14세기 아랍 역사학자 이븐 칼둔은 《무깟디마》에서 베두인을 이렇게 묘사했다.

"베두인은 말을 달리거나 사냥을 나가거나 필요한 것을 찾으러 다니고 필요한 것을 얻기 위해 끊임없이 몸을 움직인다. (…) 베두인들의 경우 위에 음식이 남아 있는데 새로운 음식을 더하는 일은 없다. 따라서 그들의 기질은 병과는 매우 거리가 멀고 정착해서 사는 사람들보다 훨씬 건강하다. 결론적으로 그들이 약을 찾는 일도 적다. 그러므로 사막에 의사가 있을 일도 없다."

석유가 축복이 될 기회는 오는가

이븐 칼둔은 한 국가나 문명을 일으켜 세운 가문은 보통 1대에서 시작되어 4대에서 종말에 이른다고 보았다. 특히 3대부터는 경험이 아닌 학습을 통해 전 세대의 것들을 모방하기 때문에 이전 세대에 비해 뒤처진다는 것이 그의 주장이다. 2017년 무함마드 빈 살만 왕세자가 사우디아라비아 왕국의 왕세자로 책봉되었다. 사우드 가문 1대와 2대를 지나 드디어 3대 통치 시대가 열린 것이다. 수백 년 전 이븐 칼둔이 당부했던 말을 새겨들은 것일까? 왕세자는 과거의 국왕들을 모방하지 않고 급변하는 세계의 흐름에 맞추기 위해 노력하는 듯 보인다. 2016년에 왕세자가 발표한 '사우디 비전 2030'을 보면, 지난 50년간 이루지 못한 경제 다각화를 성공시켜 미래에 사우디 국민이 석유 없이도 행복한 삶을 누릴 수 있게 하겠다는 큰 포부가 담겨 있다. 특히 4차 산업혁명 시대를 따라잡기 위해 IT, 신재생에너지, 인공지능 같은 첨단 과학기술 기반 산업을 육성하고 있다.

하지만 이러한 행보를 조금만 더 빨리 시작했다면 어땠을까 하는 아쉬움이 있긴 하다. 비전 2030을 추진하기 위한 자금의 원천은 결국 석유 수익인데, 이미 유가는 2014년에 정점을 찍은 후 미국의 셰일오일 공급 과다로 인해 곤두박질치고 있다. 게다가 코로나19 팬데믹으로 수요가 줄어들면서 유가는 더욱 하락하고 있고, 온실가스 감축 등 환경 규제가 심화되면서 세계 각국은 태양광, 풍력 등 신재생에너지 개발에 열을 올리고 있다. 즉 화석연료에서 신재생에너지로 에너지 시장의 중심축이 이동하고 있는 것이다.

어쩌면 비전 2030은 사우디에게 마지막 남은 기회일지도 모른다. 게다가 사우디 내에는 유가의 변동에 따라 요동치는 국가의 재정 상황, 사우디인 의무 고용으로 인한 낮은 생산성, 지정학적 불안 요소(예멘 내전, 이란과의 갈등) 등의 리스크도 존재한다. 이러한 요소들은 언제든지 비전 2030의 추진 속도를 더디게 만들 수 있다. 미국의 사우디 전문가 데이비드 런델David H. Rundell은 자신의 책《비전인가 신기루인가Vision or Mirage》에서 비전 2030이 좀 더 현실적인 비전이 되려면 "비전 2050이 되었어야 한다"며 회의적인 견해를 보이기도 했다. 그럼에도 불구하고 나는 최근 몇 년간 비전 2030을 중심으로 변화되고 있는 사우디의 모습에 큰 기대를 걸고 있다. 내가 아랍인들을 좋아하고 역사를 통해 사우디 선조들이 보여 준 용감함과 호전적인 기질에 반했기 때문일까? 그래도 확실히 말할 수 있는 것은 현재 사우디 정부의 새로운 정책들이 적어도 과거를 답습하지 않는다는 것이다. 창조의 정신을 기반으로 한 개방적이고 진취적인 새로운 사우디가 성공적으로 탄생하기를 바라본다.

마침내 빗장이 열리다

أخيرا الباب مفتوح

2019년 10월, 유튜브를 통해 나에게 한국어를 배우는 히바가 사우디의 수도 리야드에서 열린 방탄소년단의 공연 영상을 자신의 인스타그램 계정에 올렸다. 궁금한 마음에 그에게 다이렉트 메시지를 보냈다.

"히바, 공연을 직접 본 거야?"

"예, 동생이랑 같이 갔다 왔어요."

"리야드까지 갔다 왔다고?"

"예, 맞아요. 쉽지 않은 과정이었지만 너무 행복했어요."

스물네 살의 간호학과 여대생 히바는 사우디의 메디나에 살고 있다. 메카에 이은 두 번째 이슬람 성지이자 선지자 무함마드의 묘가 있는 성역이기도 하다. 메카와 함께 이곳은 지난 1400년간 무슬림이 아니면 입장 자체가 금지됐기 때문에 나와 같은 비무슬림 아랍, 이슬람 학도에게는 궁금증을 자아내는 곳이다. 히바의 아버지는 수단 사람으로, 아내와 함께 사우디 메디나로 이민을 온 후 한 신문사에서 영업일을 해 왔다.

수단계 부모님 사이에서 태어나 어릴 적부터 줄곧 메디나에 살았던 히바가 한국 콘텐츠를 접한 건 열다섯 살 때였다. 우연히 유튜브에서 발견한 한국 드라마에서 그는 이전에는 경험하지 못한 신세계를 봤다. 그리고 곧 보수적인 아랍 도시, 메디나에서 사는 그에게 한국 드라마는 문화적 자유로움을 느낄 수 있는 유일한 통로가 되었다. 그는 한국 문화가 얼마나 좋았던지 시도 때도 없이 가족들에게 케이팝과 한국 드라마를 알렸다. 히바는 신이 나서 나에게 공연을 보러 가게 된 과정을 설명해 주었다.

"2019년 7월경이었어요. 방탄소년단이 사우디아라비아의 수도 리야드에 온다는 소식을 들었죠. 동생과 저는 너무 좋아서 펄쩍펄쩍 뛰었어요. 믿을 수 없는 일이었거든요. 어릴 적 꿈이 현실이 될 수 있다는 기대감에 가슴이 벅차올랐죠. 물론 메디나에서 리야드로 가려면 육로로 열 시간, 비행기로는 두 시간이나 걸리지만, 저와 제 여동생은 이번 기회를 절대 놓치지 말자며 다짐했어요. 그러나 차마 부모님께 그 말을 꺼낼 수는 없었죠. 오래전에 아버지께서 회사를 그만두시고 어머니 혼자 메디나의 한 초등학교에서 작은 매점을 운영하고 계시거든요. 어머니가 일해서 겨우 가정의 생계를 유지하고 있는데 공연을 보겠다는 말을 꺼내는 것은 사치였죠. 그래서 우리는 공연을 석 달 앞두고 스스로 돈을 벌기 위해 일을 시작했어요. 어머니께는 집에서 쉬시라고 하고 저와 제 동생이 대신 학교 매점에 나가 일을 했죠. 그리고 매일 저녁 어머니는 정산한 돈의 일부를 저희에게 주셨어요."

"어머니는 너희가 공연을 위해 일한다는 걸 알고 계셨어?"

"당연히 모르셨죠. 만약 아셨으면 일을 못 하게 하셨을 거예요. 그렇게 꼬박 석 달간 일해서 콘서트 티켓값 600리얄(한화 약 18만 원), 비행깃값 500리얄(약 15만 원)을 모았어요. 그리고 콘서트가 열리기 이틀 전에 부모님께 말씀드렸죠. 정말 떨렸어요. 예상은 했지만, 어머니는 허락하지 않으셨죠. 차라리 그 돈을 집안의 전기료에 보태라며 꾸중하시면서요. 그런데 다음 날 어머니가 저희를 부르시더니 허락해 주겠다고 말씀하셨어요. 얼마 전에 그때 왜 허락하신 거냐고 여쭤 보니 너희들이 땀 흘려 일하며 석 달간 마음에 품었던 꿈을 깨고 싶지 않았다고 하시더라고요. 콘서트를 가기 위한 긴 여정의 처음부터 끝까지, 모든 것이 믿어

지지 않았어요. 그 행복감은 말로 표현할 수 없었죠. 물론 가정 환경을 생각하면 우리 두 자매가 좀 철이 없었지만, 평생 잊을 수 없는 아름다운 추억이 생겨서 행복해요."

사우디는 왜 보수적일까?

사우디에서 열린 방탄소년단의 공연은 전 세계를 놀라게 했다. 사우디아라비아가 어떤 나라인가? 전 세계 57개의 이슬람 국가 중에서도 가장 보수적인 곳이 아닌가. 그 중심에는 '와하비즘Wahhabism'이라는 이슬람 사상이 자리 잡고 있는데 그 뿌리가 꽤 깊다. 18세기까지 거슬러 올라가 보자. 당시 아라비아반도에는 이슬람 외에도 미신과 우상 숭배가 만연했다. 이를 지켜보던 이슬람학자 무함마드 이븐 압둘와합Muhammad ibn Abd al-Wahhab(1703~1792)은 세속화되는 아라비아반도의 상황에 개탄했다. 그는 아랍 사회에 순수 정통 이슬람으로 돌아갈 것을 촉구하며, 아라비아반도 곳곳에 존재하는 모든 미신 사상과 우상 숭배를 제거하고 오직 코란의 가르침과 선지자 무함마드의 언행과 전통Hadith & Sunnah에 근거해 사회를 통치하자고 주장했다. 그러나 아라비아반도의 수많은 부족장이 변혁을 거부했고 지역 주민들도 압둘와합이 강조하는 엄격한 종교적 원칙에 반발했다. 살해 위협까지 느끼게 된 압둘와합은 한 후원자의 제안에 따라 고향인 알우야이나Al-Uyainah를 떠나 디리야 지역으로 급히 본거지를 옮겼다. 그리고 그곳에서 자신과 마음이 맞는 사람을 운명적으로 만나게 되었다. 당시 디리야 지역의 통치자이

사우디아라비아 왕국의 국기. 아랍어로 '알라 외에는 신이 없으며, 무함마드는 알라의 사도다' 라고 씌어 있다.

자 현 사우드 가문의 선조인 무함마드 이븐 사우드Muhammad ibn Saud(1726~1765)를 만난 것이다. 무함마드 이븐 사우드는 압둘와합의 사상을 적극적으로 수용하고 아예 사우드 가문의 통치 이념으로 정립했다. 사우드 가문 출신의 정치가와 압둘와합이라는 이슬람 이념가가 힘을 합친 것이다.

사우드 가문의 후손들은 압둘와합의 사상을 대대로 계승했다. 이후 압둘와합이 주창한 이슬람 복고주의 운동은 그의 이름을 따서 와하비즘이라고 불리게 되었다. 20세기 초, 사우드 가문이 배출한 압둘아지즈는 '알라 외에는 신이 없으며, 무함마드는 알라의 사도다'라는 문구를 모토로 삼아 아라비아반도 지역 대부분을 장악해 나갔다. 이슬람의 근본 교리인 이 문구는 훗날 사우디 국기에 새겨지게 된다. 1932년 12월 22일, 압둘아지즈는 선조의 뜻에 따라 와하비즘 사상을 국가 이념으로 삼고 사우디아라비아 왕국이라는 근대 국가를 건국하기에 이른다. 그는 코란과 선지자 무함마드의 언행록과 전통을 아예 사우디의 헌법으로 채택했다. 그리하여 사우디에 사는 사람들은 모두 이슬람법을 따라야 하고, 그에 어긋나는 모든 것은 가차 없이 처벌되었다. 압둘아지즈의 뒤를 이은 아들들도 와하비즘을 근간으로 한 이슬람 정책 노선에 따라 모든 국가 정책과 대외 정책을 추진했다. 한국과 사우디의 헌법만 비교해 보더라도 양 국가의 극명한 차이를 알 수 있다.

[대한민국 헌법]

1조 1항: 대한민국은 민주공화국이다.
1조 2항: 대한민국의 주권은 국민에게 있고, 모든 권력은 국민으로부터 나온다.

[사우디아라비아 헌법]

1조 1항: 사우디아라비아 왕국은 이슬람을 국교로 하는 아랍 이슬람 주권 국가다.
알라의 책(코란)과 선지자 무함마드의 전통(순나)이 헌법이며, 아랍어가 국가의 언어이자 리야드가 수도다.

사우디 여성의 변화

와하비즘과 전통적인 아랍의 관습으로 인해 나타나는 사우디 사회의 가장 두드러진 특징은 남녀의 엄격한 구분이다. 이는 극도의 가부장적인 분위기를 조성해 왔다. 사우디에서는 남성 후견인 제도 '마흐람Mahram' 때문에 여성들은 혼자서 출국하거나 교육받을 수 없었고, 취업이나 결혼 또한 자유롭게 할 수 없었다. 남성 보호자인 아버지 또는 남자 형제, 결혼 후에는 남편의 합법적인 동의가 필요했다. 남편과 사별한 여성의 경우 아들의 허가를 받아야 하는 상황까지 생겼다. 또한 사우디 정부는 여성에게 운전면허증 발급을 허용하지 않았다. 만약 여성이 어딘가로 이동하고 싶다면 고용된 남성 운전사나 가족 구성원 중 남성이 운전해 줘야 했다. 1990년에는 최고 종교 지도자 압둘아지즈 이븐 바즈Abd al-Aziz ibn Baz가 여성의 운전과 관련하여 '파트와Fatwa'를 발표했다. 파트와란 이슬람 법학자들의 율법 해석인데, 그는 여성의 운전이 남녀가 뒤섞이는 상황을 부추겨 '사회 몰락에 일조하며' 시행 금지의 주된 이유는 '간통의 위험 때문'이라고 주장했다. 내가 사는 아랍에미리트의 집에서 가정일을 도와주는 필리핀 도우미가 오래전 사우디의 수도 리야드의 한 가정에서 일했었다며 다음과 같은 이야기를 한 적이 있다.

"사우디에서는 외출하고 싶으면 집주인 남성이 같이 나가 줘야 했어요. 제가 그런 부탁을 할 위치도 아니고 부인이 허락할 리도 없었죠. 결국 사우디 가정에서 일했던 2년 6개월 동안 저는 한 번도 집 밖에 나가지 못했어요. 두바이는 천국이에요."

그러던 사우디 정부가 2017년 '여성의 운전'을 허용한다는 칙령을 발표했다. 갑작스러운 변화에 전 세계가 놀랐다. 물론 1990년부터 많은 여성 운동가가 사우디의 여권 신장을 위해 노력해 왔으나 사우디라는 거대한 국가를 상대하기에는 버거웠다. 놀랍게도 여성 운전 허용은 인권 운동가가 아닌 위로부터의 변혁이었다. 무함마드 빈 살만 왕세자가 추진한 '사우디 비전 2030'이라는 국가적 과업에 여성 운전 허용도 포함되었던 것이다. 비전 2030은 사우디의 고부가가치 산업 육성과 산업 다각화를 통해 사회적 경제적 개혁을 이루겠다는 국가적 프로젝트인데, 그는 이러한 미래의 청사진을 현실로 만들기 위해 사우디 사회에 만연한 보수적인 관습도 하나씩 바꾸기 시작했다. 1985년생인 젊은 왕세자는 지난 수십 년간 사우디가 유지해 온 강경한 보수적 문화가 비정상적이었다며, 사회를 좀 더 개방하여 '온건한 이슬람'으로 돌아가자고 촉구했다. 그가 추진한 사우디의 거대한 문화적 변혁이 여성의 사회 활동 확대를 위한 각종 조치로 이어지면서, 자연스럽게 여권을 신장하는 방향으로 나아가게 된 것이다.

사우디에 사는 친구, 파틴은 이 변화에 대해 이렇게 말했다.

"운전뿐 아니라 여성들의 의상에 대한 관념도 많이 바뀌고 있어요. 과거에는 아버지나 남편이 원하는 의상을 입어야 했다면 지금은 본인이 입고 싶은 걸 입을 수 있는 시대로 접어들고 있죠. 최근 사우디 수도 리야드에서도 니캅을 벗는 여성들이 늘어나고 있어요. 2018년 빈 살만 왕세자가 직접 언론에서 이제 사우디 여성은 목에서 발끝까지 온몸을 가리는 아바야를 입지 않아도 되고, 니캅을 꼭 착용할 필요도 없다고 말했거든요. 물론 아직도 대대로 내려 온 집안의 관습 때문에, 혹은 주변의 곱지 않은 시선 때문에 쉽게 변화에 동참하지 못하는 여성들이 대부분이긴 하지만 시간이 지나면 점차 변하지 않을까요?"

제도적으로 변화가 있더라도 수백 년간 간직해 온 관습을 바꾸기란 쉽지 않다. 2019년 8월, 사우디 정부는 21세 이상의 사우디 여성은 남성 보호자의 허락 없이도 여권을 발급받고 여행할 수 있다고 발표했지만, 현실에서는 여전히 아버지가 원치 않으면 불가능한 일이다. 아버지 입장에서는 좋은 가문으로 딸을 시

부르카

머리부터 발목까지
덮어 쓰는 통옷 형태.
눈도 그물로 가린다.

니캅

눈을 제외한
얼굴 전체를 덮는
일종의
얼굴 가리개.

차도르

얼굴만 내놓고
머리끝부터 발끝까지
전신을 가리는
망토.

히잡

머리를 둘러싸고
얼굴 일부와
목, 가슴 등을
가리는 스카프
형태의 천.

아바야

얼굴과 손발을 제외한
전신을 가리는 옷으로,
커다란 사각형 형태다.

히잡의 경우
착용 후
자유로운 복장을
입을 수 있다.

집보내려면 주변의 시선을 신경 쓰지 않을 수 없다.

2020년 1월, 나는 샤르자대학교에서 열린 한 콘퍼런스에 참석했다. 주변 국가에서도 많은 교수와 학생들이 콘퍼런스 참석을 위해 아랍에미리트의 샤르자 토후국을 찾았다. 그중에는 두 명의 사우디 여학생도 있었는데, 이 둘은 콘퍼런스 내내 히잡으로 머리만 덮고 얼굴은 다 내보이며 활동을 했다. 그들을 보며 '확실히 사우디가 변하긴 변했구나'라고 생각했다. 그러나 콘퍼런스의 마지막 날 샤르자 방송국에서 촬영을 하겠다며 행사장에 들어오자 이 두 명의 사우디 여학생은 급하게 니캅을 꺼내서 눈만 빼고 얼굴을 모두 가렸다. 자신 있게 카메라를 바라보며 인터뷰에 응하던 아랍에미리트 여학생과는 확연히 다른 모습이었다. 일주일 후, 콘퍼런스 측에서는 여러 장의 단체 기념사진을 보내왔는데 그 두 여학생의 모습은 찾아볼 수 없었다. 출국 전 아버지에게 단단히 교육을 받았던 게 아닐까?

이러한 보수적인 부족, 가문의 문화는 외부 문화의 유입이 적은 지방의 중소도시일수록 더욱 심각하다. 아무리 왕세자가 아바야를 입지 않아도 된다고 공표해도 당장 내 남편의 허락이 떨어지지 않으면 아무 소용이 없다. 자유분방한 여성의 복장은 어떤 지역에선 여전히 가문의 수치다. 설령 남편이 허락하더라도 청바지에 가죽 재킷을 입고 집 밖에 나갔다가는 이웃들의 따가운 시선을 감수해야 한다. 기존의 뿌리박힌 관습이 제도의 변화를 따라오려면 시간이 필요해 보인다.

사우디로 밀려 들어오는 다양한 문화

지난 수십 년간 사우디 사회는 음악과 춤 같은 '대중문화' 또한 금기시했다. 1970년대 한국과 사우디가 문화 협정을 논의할 때 사우디 측은 협정 내용 중에서 '한국의 예술가, 음악가 및 무용가의 사우디아라비아 방문' 문항을 삭제해 달라고 요구했을 정도였다. 2006년 리야드에 위치한 알야마마Al Yamamah대학교는 문화 부흥을 취지로 〈와싸티 빌라 와쓰티야Wasati bela Wastiah〉라는 연극을 상연했다. 관중석에 있던 극단적인 보수주의 성향의 이슬람주의자들은 연극 도중 감성을 자극하는 음악이 흘러나오자 이슬람에 어긋난다며 연극을 중단시켰고 이에 연극인들이 반발하며 난투극까지 벌어졌다. 그러나 10년 후인 2016년, 사우디 비전 2030의 성공을 위해 예술 및 공연 등 엔터테인먼트 산업의 필요성을 절실히 느낀 빈 살만 왕세자는 국가 기관인 엔터테인먼트청General Entertainment Authority을 설립했다. 아무리 노력해도 이슬람 보수주의라는 커다란 벽 앞에서 좌절할 수밖에 없었던 사우디의 예술가들은 위에서 시작된 문화 개혁 덕분에 숨통이 틔었다.

2017년 다흐란Dhahran 지역에서 개최된 사우디 영화 페스티벌에서는 상상도 할 수 없는 일이 벌어졌다. 2006년 알야마마대학교 극장에서 벌어진 난투극을 소재로 사우디 사회의 모순된 보수주의를 표현한 블랙코미디 단편 영화 〈사막의 여섯 개 창문 Six Windows in the Desert〉이 상영된 것이다. 이러한 문화적 변혁은 이슬람 보수주의자들에 대한 명백한 도전이었다. 사우디의 최고 종교 지도자 압둘아지즈 알셰이크Abdul Aziz Al-Sheikh는 한 TV

프로그램에 나와서 "엔터테인먼트청 관계자들이 악마에게 가는 문을 열지 않기를 바랄 뿐이다"라는 경고의 메시지를 던지기도 했지만, 왕세자는 이에 아랑곳하지 않았다. 2018년 러시아 서커스단이 사우디에서 공연을 펼쳤을 때, 여성 단원의 꽉 조이는 의상에 대한 사우디 보수주의자들의 반발로 엔터테인먼트청장이 사임하는 해프닝도 있었지만, 왕세자는 멈추지 않았다. 크로스오버 뮤지션 야니Yanni를 시작으로 남녀 관객이 함께 관람하는 대규모 공개 콘서트가 개최됐다. 남녀 관람객이 서로 볼 수 없도록 칸막이가 설치된 콘서트장에서 매우 제한적으로 남성 아티스트들만이 무대에 설 수 있었던 기존 공연문화를 완전히 해체하고, 머라이어 캐리, 테너 안드레아 보첼리 등을 초청해 다양한 공연을 이어갔다. 그리고 여러 시행착오를 통해 기존의 보수적인 정서와 균형을 맞출 수 있는 공연의 수위를 찾아가는 중이다.

이러한 과정에서 시도됐던 것이 케이팝 콘서트다. 2019년 7월, 리야드보다는 좀 더 개방적인 분위기의 도시인 제다에서 아시아 가수 최초로 슈퍼주니어를 초청해 공연을 추진했다. 남녀 관객 구분 없이 스탠딩으로 진행된 이 공연은 팬 수천 명의 환호 속에서 대성공을 거뒀다. 여세를 몰아 두 달 만에 수도 리야드에서 열린 공연이 바로 방탄소년단 콘서트였다. 나의 유튜브를 통해 한국어를 공부하는 열일곱 살의 사우디 소녀는 나에게 그날의 현장 분위기를 생생하게 전달하며 사우디의 변화에 대해 이야기했다.

"사실 사우디 여성들 대부분은 보수적인 문화로 인해 오랫동안 우울증을 겪어 왔어요. 스트레스를 해소할 수 있는 게 전혀 없었기 때문이죠. 주말에도 집 안에 갇혀 가족들과 시간을 보내야 하니 우울해질 수밖에 없는 거죠. 집 밖에 나가도 특별히 즐길 수 있는 문화 공간이 없을뿐더러, 가족의 허락 없이 나갔다가는 아버지나 어머니에게 매를 맞기 일쑤였거든요. 그런 우리에게 탈출구가 생겼는데, 그게 바로 한국 드라마와 케이팝이에요. 한국 문화를 접하면서 우리는 자신을 사랑하는 법을 배웠고 남에게 의지하지 않고 자신의 미래를 위해 노력하는 것이 중요하다는 것을 배웠어요. 같은 우울함을 경험했던 어머니들이 딸들의 모습을 보며 한국 드라마와 케이팝이 긍정적인 영향을 미친다는 것을 알게 되었고, 오히려 딸들을 응원하게 되었죠. 리야드에서 열린 BTS 공연 때도 많은 팬이 어머니와 함께 왔었어요. 최근 몇 년 사이에 인터넷의 발달과 한류의 바람, 거기다 사우디의 문화 개방이 맞물려 생긴 현상이에요. 아, 35년 동안 사우디에서 문을 닫았던 극장이 2018년부터 다시 문을 연 건 아시죠? 이제 점점 우리가 즐길 수 있는 공간들이 늘어나고 있어요. 상상할 수 없던 일들이 지금 사우디에서 일어나고 있어요."

2019년에는 한국인 여행 유튜버 초마드가 사우디를 찾았다. 사우디 곳곳을 누비면서 그를 알아본 젊은 팬들이 몰려드는 장면이 유튜브 채널에 여러 번 나왔다. 온라인에서만 간접적으로 이루어졌던 한국과 사우디 사이의 문화적 접촉이 현실이 되는 순간이었다. 타문화의 유입을 우려해 문을 꼭 걸어 잠갔던 사우디가 2019년 9월, 최초로 한국을 비롯한 49개국을 대상으로 관광비자를 발급하며 가능해진 일이다. 물론 코로나19 사태 이후 관광객 유입이 지체되고 있지만 이제 상황이 좋아지면, 한국의 비즈니스맨이 아닌 배낭을 짊어진 한국 청년들을 사우디 사람들도 자주 만나 볼 수 있지 않을까?

1967년 미국에서 활동하고 한국으로 돌아온 가수 윤복희는 한국에서 최초로 미니스커트를 선보였다. 1960년대 초반 프랑스 패션 디자이너 앙드레 쿠레주Andre Courreges와 영국의 메리 퀀트Mary Quant가 불러일으킨 미니스커트 열풍을 한국에 가져온 것이다. 보수적인 언론사들은 미니스커트를 따라 입는 여성들을 '민족 반역자'라며 비난을 쏟아 냈다. 결국 1973년에는 경찰들이 30센티미터 자를 가지고 다니며 미니스커트를 입은 여성들을 단속하는, 지금으로써는 상상도 할 수 없는 일이 벌어졌다.

1992년에는 제2의 비틀즈라고도 불렸던 미국의 아이돌 뉴키즈온더블록이 한국을 방문했다. 안타깝게도 공연장의 무질서 때문에 공연 도중 사상자가 나왔다. 이후 한국 사회는 무분별한 해외 문화 유입에 대한 우려의 목소리를 높이기 시작했다. 당시 신문사들의 논평이 당시 분위기를 잘 보여 준다.

선진국 반열에 들어서기 위해 이처럼 미국의 쓰레기 대중문화 현상까지 용인하고 받아들여야만 하는가를 다시 한번 반성해야 한다.
 -《국민일보》, 1992. 2. 18.

이들이 보여 준 소동은 우리의 전통적인 국민 정서에도 맞지 않는다.
 -《경향신문》, 1992. 2. 18.

이후 30년이 지났다. 한국은 다양한 문화를 흡수하고 여러 시행착오를 겪으며 '한류'를 넘어 'K문화'라는 세계적인 현상을 탄생시켰다. 어찌 보면 오늘의 사우디는 이렇게 오랜 세월 한국이 거쳐 온 문화적 변화를 단시간에 이루려 하는 것이다. 기성세대의 반대와 세대 차이에 의한 갈등은 필연적인 숙명이다. 그러나 사우디가 국가 이념으로 삼은 와하비즘 사상에 벗어나지 않는 한도에서 문화 개방의 적정선을 잘 찾아간다면 세계와 소통하는 문화 국가로 발돋움하는 것도 가능하지 않을까? 바로 오늘 BTS에 열광하는 사우디의 십 대들이 어떻게 사회를 이끌어갈 것인지 미래의 사우디가 더욱 궁금해진다.

العراق.. بلاد الرافدين

네 번째 일기

이라크
IRAQ

이라크 땅、
폭탄 테러의 서막

بداية الإرهاب.. قنابل في أرض العراق

2012년 초, 다니는 회사에서 나의 이라크 파견이 결정되었다. 석유공사는 이라크에 지사가 없었기에 주이라크 한국대사관에 파견 형식으로 나가기로 했다. 회사의 통보 후 나는 대학 스승들께 연락을 돌렸다. 겉으로는 출국 전 안부 인사였지만 내심 나는 "이라크 그렇게 위험하지 않아. 걱정 마"라는 말을 듣고 싶었다. 위로와 용기가 필요했다. 그러나 교수님들의 대답은 하나같이 "글쎄…"였다.

"글쎄… 원호야, 너무 위험하지 않을까?"

"글쎄… 네 인생이니 내가 뭐라고 답을 못 주겠네."

제자의 목숨과 관련된 일이라 그분들도 섣불리 대답할 수 없는 모양이었다. 사실 나 자신도 회사의 결정에 대해 몇 개월간 '글쎄…'를 되뇌며 마음의 준비를 하지 못하고 있었다. 나보다 더 힘든 건 아내였다. 아내는 8개월이라는 짧은 신혼 기간을 보내고 나를 바그다드로 보내야만 했으니까. 우리는 애써 서로의 근심을 숨기고 다른 이야기들로 신혼의 시간을 보냈다. 출국 한 달 전부터는 야구장, 캠핑장 등을 다니며 마지막 추억을 만들기도 했지만, 머릿속에는 온통 바그다드 생각뿐이었다. 그리고 2012년 5월 17일, 인천공항에서 아내와 작별 인사를 나눴다.

"잘 지내. 연락할게."

"오빠, 근데 입술이 왜 이렇게 하얘? 겁먹고 긴장한 티가 확 나. 챕스틱 좀 발라. 가서도 계속 바르고 지내고."

"그래."

나는 바짝 마른 입술에 챕스틱을 잔뜩 바르고 출국장으로 들어갔다. 나중에 들은 이야기지만 출국일까지 눈물 한 번 안 흘렸던 아내가 공항에서 나를 배웅한 후 친정으로 가는 차 안에서 몇 개월간 참았던 울음을 터뜨렸다고 한다.

우리나라에서 이라크로 가는 직항이 없는 관계로 에미리트 항공 편을 타고 두바이를 경유해 5월 18일 바그다드에 도착했다. 대사관에 내 사무실을 단장하고 새로운 생활에 적응하는 데는 일주일도 걸리지 않았다. 그곳도 역시 사람 사는 곳인지라 두려운 마음은 금세 사라졌다. 곧 생활과 업무에 활력이 넘치기 시작했고, 각종 테러를 피해 다니며 사람들을 만나 생생한 정보를 얻을 수 있다는 것에 스릴마저 느꼈다. 그리고 한 달이 지난 6월 어느 날, 아침 일찍 본사에 보고서를 보내기 위해 즐겁게 타자를 두드리고 있었다. 근데 그때….

부르르르르르!

책상이 흔들리더니 건물 전체가 약 3초간 진동했다. 깜짝 놀란 나는 2층 사무실 밖으로 뛰쳐나가 계단으로 날 듯이 내려갔다. 아니나 다를까 1층 대사님 사무실 옆에 경호단장님이 경직된 자세로 무전기를 들고 서 계셨다.

"단장님!"

긴장한 내 얼굴을 보고 단장님은 내가 왜 찾아왔는지 이미 알아채고는 곧바로 대답했다.

"손 대리님, 들으셨죠? 폭탄이 터진 거예요. 이거 한 1킬로미터 내에서 터진 것 같은데…"

그리고 단장님은 말을 이었다.

"그나마 손 대리님은 지금 오셔서 다행이에요. 작년 말에 미군이 완전히 철수하기 전에는 박격포 공격의 위험도 있었어요. 미국 대사관이 그린존Green Zone(외교 공관과 이라크 정부 청사가 있는 고도 경비 구역) 안에 있거든요. 그린존은 검문을 거쳐야만 들어갈 수 있기 때문에 테러리스트들은 당연히 못 들어가요. 그래서 최대한 가까운 곳에서 그린존으로 박격포를 날리는 겁니다. 우리 대사관은 그린존 밖에 있지만, 테러리스트들이 타깃 방향을 잘못 잡을 경우… 재수 없으면 손 대리님 방 창문으로도 날아올 수 있는 거죠."

그날에서야 내가 테러의 온상, 바그다드에 와 있다는 것을 실감했다. 내가 만약 그 시간에 바그다드 시내를 이동 중이었다면? 그리고 우연히 그 테러 장소를 지나치고 있었다면? 그 누구도 언제 어떠한 일이 일어날지 예상할 수 없는 곳이었다. 테러를 피하는 최선책은 외출과 이동을 최소화하는 것이었기에 주이라크 대사관의 직원들은 출퇴근 개념이 아예 없었다. 사무실을 개인 방으로 사용했기 때문이다. 대사관저 2층에 있던 내 사무실 안쪽 벽에는 침대가 하나 비치되어 있었다. 출근하면 나의 사무실은 공적 공간이 되었고, 업무 시간 외에는 사적 공간이 되었다. 침대에 누워 있다가 출근하는 데 5초도 안 걸렸다. 마음만 먹으면 24시간 재택근무도 가능했다. 이러한 특성 때문에 당시 대사님은 약 20명의 직원이 24시간 함께 생활하고 근무하는 대사관을 '바그다드 선수촌'이라고 불렀다. 그곳의 직원 대부분은 근무 시간에 문을 열고 업무를 했는데, 가끔 깜빡 잊고 문을 닫고 일하면 총무 서기관이 지나가다 방문을 살짝 열면서 장난기 섞인 목소리로 말하곤 했다. "잤냐?"

가장 긴장되는 순간은 역시 외출할 때였다. 그때마다 경호단장님은 얼굴을 찌푸리며 나에게 재차 물었다.

"손 대리님, 꼭 가야 해요?"

"예, 오늘 꼭 가야 하는 중요한 미팅이 있어요."

"손 대리님이 가려는 곳에 요즘 테러가 자주 발생해서 안 가는 게 좋겠는데요."

"그래도 오늘 꼭 가야 하는데…. 부탁드릴게요."

"알았어요. 근데 너무 자주 안 갔으면 좋겠어요."

단장님이 승인하면 대사관 경호팀이 일사불란하게 경호 준비를 한다. 일반 기업인들도 이라크에서는 사설 경호업체를 꼭 이용한다. 현재 한국인에게는 이라크 여행이 금지되어 있는데 사업차 방문이 꼭 필요한 경우, 외교부에서는 사설 경호업체와의 계약, 특약 보험 등을 확인한 후에 여행허가서를 발급해 준다. 그만큼 여전히 위험한 곳이다.

외출 승인이 나면, 옷을 입고 서류를 챙기며 외출 준비를 서두른다. 모든 것이 준비된 것을 확인하면 방문을 닫고 마지막 의식을 치른다. 기도다. 오늘 나의 목숨이 어떻게 될지 경호원조차 확신할 수 없는 이 상황, 무릎 꿇고 간절히 기도할 수밖에 없다. 죽음은 두렵다.

"오늘 테러가 일어나는 곳을 피해 갈 수 있게 해 주소서."

기도가 끝나면 출발 시각에 맞춰 밖으로 나간다. 경호원이 건네주는 방탄조끼를 입고 유리창이 매우 두꺼운 SUV 방탄 자동차를 타고 대사관 밖으로 나설 차례다. 한국인 경호단장님은 내 앞 보조석에 앉아 무전기를 통해 다른 차량에 탑승한 경호원들과 수시로 상황을 공유한다. 가장 안전한 이동을 위해 거의 분단위로 판단을 하고 지시를 내린다. 가끔은 길이 막힐 조짐이 보이면 계획에 없던 길로 빠지기도 한다. 그리고 단장님은 그 이유를 친절히 설명해 주신다.

"손 대리님, 요즘에는 차가 정차한 틈을 타서 테러리스트들이 갑자기 나타나 차량에 접착 급조 폭발물Improvised Explosives Device, IED을 붙이고 사라져요. 그래서 오래 걸리더라도 막히는 길보다는 원활한 길로 돌아가는 거예요."

"단장님, 혹시 테러가 나더라도 방탄 차량은 안전하지 않나요?"

"글쎄요…. 권총을 이용한 암살 시에는 효과가 있기는 하지만 폭탄 테러가 나면 압력 때문에 사망해요. 방탄 자동차도 소용없어요. 그래도 방탄조끼와 방탄 자동차는 최소한의 안전장치니 해야죠."

덜컥 겁이 난다. 그때 창밖 멀리서 버섯구름이 솟아오르는 광

바그다드 테러 현장의 모습. 테러가 발생하면, 외출은 즉시 금지된다.
ⓒDOD Defense Visual Information Cente

경이 보인다. 경호단장님이 급하게 무전기를 켜고 다른 대원들에게 말한다.

"테러가 발생한 지 한 5분도 안 된 것 같은데? 오늘은 위험할 것 같아. 대사관으로 돌아갑시다."

우리는 높이 30센티미터의 중앙분리대를 넘어서 대사관 쪽으로 방향을 튼다. 이럴 때는 또다시 눈을 감고 기도하는 수밖에 없다. 덕분에 바그다드에서 기도 실력이 많이 늘었다.

이러한 생활을 반복하다 보면 끊임없이 '왜?'란 질문을 던지게 된다. "왜 이렇게 모두가 힘들게 살아야 하지?" "왜 하필 이런 끔찍한 일들이 이라크 땅에서 벌어지고 있는 거지?" "도대체 언제부터 잘못된 거지?" 이라크와 테러…. 많은 학자가 그 시작점을 종파 간 갈등으로 보고 있다. 즉, 이라크 땅에 사는 시아파와 수니파 무슬림 간의 갈등이 문제의 근원이라는 것이다.

1535년, 오스만제국은 현재 이라크가 위치한 메소포타미아 지역을 차지했다. 오스만제국은 이 지역을 모술Mosul, 바그다드, 바스라Basrah 세 개의 주로 나누고 총독을 파견하여 20세기 초까지 지배했다. 메소포타미아 지역에는 명확한 국경선도, 주민의 응집력도, 국가적 정체성이란 것도 없었다. 그저 이곳의 아랍인들은 씨족이나 부족 단위로 모여 소박하게 살 뿐이었다. 넓게 구분해 보면, 북부의 모술주에는 주로 수니파 아랍인과 쿠르드족(수니파)이, 중앙의 바그다드주에는 수니파와 시아파 아랍인들이 살아가고 있었다. 그리고 카르발라Karbala, 나자프Najaf 등 시아 성지가 위치한 남부의 바스라주에는 주로 시아파 아랍인들이 거주하고 있었다. 특히 18~19세기에는 아라비아반도에서 이라크 남부로 이주한 많은 아랍인이 시아로 개종하면서 시아파 무슬림의 숫자가 계속해서 증가했다. 지역에 따른 종파적, 민족적 인구 분포는 오늘날까지도 거의 비슷하다.

한편 오스만제국은 페르시아(현재의 이란)의 시아 사상이 오스만제국에 침범하지 못하도록 이라크 지역을 수니파의 완충 지대로 활용했다. 그러나 16~18세기 이란의 사파비Safavid 왕조 (1501~1722)는 이라크 남부에 위치한 시아 성지뿐 아니라 바그다드에서 모술까지 메소포타미아 지역 전체를 차지하기 위해 호시탐탐 기회를 노렸다. 당연히 수니파인 오스만제국의 입장에서는 이란을 경계하지 않을 수 없었다. 이란의 사파비 왕조는 역사상 처음으로 국교를 시아 이슬람으로 공포한 페르시아 왕조면서 현재 이란이 시아 종주국이 된 시발점이기도 하다.

그러던 1914년 이라크의 아랍인들은 제1차 세계대전이란 큰 변혁을 겪는다. 1918년 전쟁이 종식되면서 수 세기간 이라크를 통치했던 오스만제국이 해체되었다. 독일의 동맹국으로서 영국, 프랑스, 러시아를 상대로 싸운 혹독한 대가였다. 결국 오스만제국은 이스탄불을 중심으로 '터키공화국'을 수립하여 하나의 작은 국가로 축소됐다. 메소포타미아 지역에 살던 아랍인들은 터키 민족에 의한 통치 시대의 종언과 함께 새로운 미래, 아랍인만의 독립 국가가 도래하기를 기대했다. 그러나 그것도 잠시, 영국이라는 서구의 강대국이 나타났고 메소포타미아에 살던 사람들은 또다시 그 땅의 주인 노릇을 하지 못하게 되었다. 메소포타미아 땅은 제국주의를 앞세운 영국의 먹잇감일 뿐이었다.

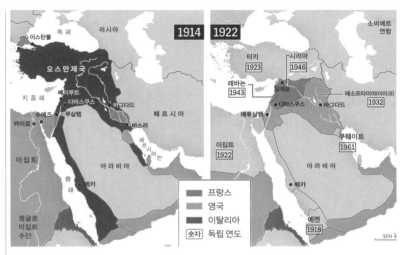

제1차 세계대전 전후의 중동 지도. 인위적으로 그어진 국경선이 참혹한 미래를 잉태하고 말았다.

영국은 그 땅에 이라크라는 국가를 세우고 이를 영국이 통치하기로 프랑스와 합의한다. 이때 영국은 바그다드주와 바스라주를 하나로 묶어 시아-수니를 국가라는 인위적 프레임 안에 집어넣었다. 한편 북부의 모술주 주변에 사는 쿠르드족은 아랍인이 아니라 언어, 문화 자체가 아예 다른 민족이었다. 이들은 오스만제국의 메소포타미아 지배가 종식된 이후, 당연히 자신들만의 독립 국가를 세울 수 있다는 희망에 부풀어 있었다. 그러나 남부 쿠르드 지역에서 석유가 나오자 이에 욕심이 난 영국은 이 지역을 모술주에 편입시켜 이라크 안에 넣어 버렸다. 이로써 영국은 모술-바그다드-바스라 세 지역을 통합해 시아-수니, 아랍-쿠르드족이 뒤섞인 이라크라는 나라를 탄생시켰다. 그리고 1920년 4월, 국제연맹(유엔의 전신)은 이라크를 영국의 위임 통치령으로 선포했다. 물론 영국은 이 세 지역의 거주민들이 종파적, 민족적 정체성보다는 '국가'라는 새로운 패러다임을 앞세워서 함께 융합하는 중동의 새로운 멜팅폿이 되길 바랐을 것이다. 여러 인종, 문화, 민족의 융합에 성공한 뉴욕처럼 말이다. 그러나 1000년이 넘게 이어져 온 수니-시아 간 갈등은 그들의 예상보다 골이 깊었다. 독립 국가를 꿈꾸었던 쿠르드인은 이를 묵살한 영국에 분노를 품었다. 메소포타미아 지역에서 살아가던 수니-시아-쿠르드는 멜팅폿 안에서 하나가 되기는커녕 인위적으로 조성된 '이라크'라는 하나의 정치 체제 안에서 더 큰 파이를 차지하기 위해 상호 견제의 긴장감을 한순간도 늦추지 않았다. 일부 학자들은 강한 중동을 원치 않았던 영국이 오히려 이러한 분열을 원했을 것이라고 말하기도 한다.

한편 제1차 세계대전 당시 영국이 오스만제국을 무너뜨리는 데 일조한 아랍인이 있었으니 바로 메카의 태수 후세인 빈 알리다. 당시 영국은 아라비아반도의 헤자즈 지역을 통치하던 하심 가문의 지도자 후세인을 설득해 아랍 반란군을 조직했다. 오스만제국이 무너지면 아랍 통일 왕국을 세워 주겠다는 영국의 거짓 약속에 후세인이 넘어갔다. 영국은 아랍 반란군의 도움으로 오스만제국이 지배하던 시리아의 다마스쿠스를 점령했고, 하심 가문의 군사적 협조에 대한 보상으로 후세인의 삼남이자 아랍 반란군을 지휘했던 파이살 1세를 이라크의 왕(재위

파이살 1세
이라크
초대 국왕.

1921~1933)으로 앉혔다. 영국은 친영국 성향의 파이살 1세가 이라 크 왕이 된다면 이 지역에 대한 식민 지배가 훨씬 용이해지라 계 산했다. 그러나 수니파인 파이살 1세는 시아파와 쿠르드를 쉽게 자기편으로 끌어들이지 못했다. 특히 파이살 1세는 징병제를 통 한 강성한 이라크 군대 조성을 추진했으나 중앙 권력에서 소외 된 시아파와 쿠르드족은 이를 따르지 않았다. 오히려 시아파와 쿠르드족은 파이살 1세를 위시한 수니파 아랍인들이 이라크에 서 과도한 힘을 가지게 될 것을 우려했다. 지난 4세기 동안 오

스만제국이 이라크의 수니파 부족에게만 정치적 힘을 실어 줬던 뼈아픈 역사를 반복하고 싶지 않았던 것이다. 결국 물과 기름처럼 결코 섞일 수 없는 종파와 민족들로 구성된 모자이크 국가 이라크는 정치적 갈등을 해결하지 못한 채 언제 터질지 모르는 시한폭탄을 안고 살아갈 수밖에 없게 되었다.

1979년, 사담 후세인이 이라크 정권을 잡았다. 수니파 중심의 '바트당Ba'ath party'을 통해 일당 독재 체제로 나라를 다스렸던 그는 이라크 국민 사이에서 강하고 무서운 지도자로 이미지를 굳혔다. 반항했다가는 언제 목이 날아갈지 모르는 세상이 되었다. 사담 후세인이 밀어붙였던 수니파 중심의 독재적 공포 정치 하에서 시아파와 쿠르드인들은 숨죽여 지낼 수밖에 없었다. 이러한 이유로 외부에서 바라본 당시 이라크는 꽤 정돈되고 통합을 이룬 국가처럼 보였다. 그러나 종파와 민족 간 갈등의 시한폭탄은 여전히 째깍째깍 소리를 내며 때를 기다리고 있었다.

2003년, 미국이 이라크를 침공하면서 사담 후세인 정권은 무너졌다. 그리고 수십 년간 삭혀 왔던 시아-수니 간의 갈등, 시한폭탄이 폭발해 버렸다. 그동안 사담 후세인 정권하에 억눌렸던 시아파가 미국의 지원을 받아 정권을 잡았다. 반면 사담 후세인의 죽음과 함께 정치계에서 축출된 수니파 세력이 정치적인 배제에 불만을 품고 과격한 반정부 활동을 벌이기 시작했다. 나아가 수니파는 알카에다, IS 등 수니파 테러 세력과 규합해 정부에 대항했다. 한편 이미 오스만제국 시절부터 이라크 내 영향력 확대를 꾀하던 이란은 사담 후세인이 사라지자 꿈틀대기 시작했다. 그리고 지난 수년간 이란은 시아파 종주국임을 자처하며 이라크의 시아파 민병대에 군사적인 지원을 하고 있다. 이를 통해 이란은 이라크 내 정치적 영향력을 키우며 '큰형님' 역할을 하고 싶어 하는 듯하다.

안타깝게도 모든 피해는 고스란히 시민의 몫으로 남았다. 2003년부터 약 17년간 테러로 인해 목숨을 잃은 사망자만 20만 명이 넘는다. 특히 2013년 말 시리아에서 IS Islamic State(이슬람 국가)라는 악독한 수니파 테러 집단이 등장했다. 시리아 정부에 대항해 싸우던 이들은 2013년 말부터 국경을 넘어 이라크까지 세력을 넓혔다. IS는 이라크 내 시아-수니 간 갈등을 이용해 시아파 이라크 정부에 반감을 품은 수니파 세력을 규합하여 이라크 지역을 하나씩 점령해 나갔다. 다행히 미국이 주도한 연합군의 도움으로 수년간의 전투 끝에 2017년 12월, 이라크 정부는 IS와의 전쟁에서 승리를 선포했다. 그러나 이로 인해 수년간 발생한 경제적, 인적 피해는 누가 보상해 줄 것인가? 나의 쿠르드계 이라크인 친구 카마란은 이렇게 말했다.

"미스터 손, 2003년 사담 후세인이 무너진 이후 선량한 우리 이라크 국민은 사담 후세인 때보다 못한 정부는 더 이상 없을 것이라고 확신했었어. 미국이 이라크 땅에 공정하고 자유로운 민주주의 체제를 심어 줄 것이라 굳게 믿었거든. 수니-시아-쿠르드 간 균형 잡힌 정부가 들어설 줄 알았던 거지. 우리의 생각이 틀렸어. 미국은 수년간 이라크에서의 분쟁을 목도하고 나서 이곳을 포기하고 떠나 버렸어. 이라크 정치인들은 자신의 권력을 더 확대하기 위해 오히려 종파 간 분열을 조장했고, 그 때문에 수니–시아는 서로를 겨냥해 테러를 자행했지. 국민의 꿈이 짓밟혔어. 그냥… 원숭이 같은 놈들이야. 자기 것만 챙기느라 정신없는 파렴치한 같으니…"

2003년 이후, 이라크는 무의미한 종파 갈등으로 인해 퇴보만을 거듭했다. 그리고 나라를 이끌어 가야 할 정부의 리더들은 수년간 서로 더 큰 파이를 차지하기 위한 '파워게임'에 빠져 국민의 민생은 뒷전이 됐다. 2019년 10월 국민은 정부의 오래된 부정부패와 무능함에 폭발해 대규모의 반정부 시위를 감행했다. 100명이 사망하고 4000명 이상의 부상자가 발생한, 참혹한 시위였다.

2012년 6월, 폭탄 테러가 일어난 그날 점심 식사를 하기 위해 대사관 직원들이 식당에 모였다. 역시 대화 주제는 아침에 터진 폭탄 테러였다. 1년 이상 대사관에서 근무한 주방장이 나에게 대수롭지 않다는 듯 이야기를 했다.

"손 대리님, 내가 재미있는 이야기를 하나 해 줄까요? 우리 경호원 다섯 명 중 김 경사님 아시죠? 작년에 여기 처음 오셨을 때가 생각나요. 주말에 관저 내 수영장에서 저랑 외교부 행정원 몇 명, 그리고 경호원들과 수영을 하고 있었거든요. 그때 오늘 아침처럼 똑같이 이 근처에서 폭탄이 터졌죠. 폭탄 소리와 함께 수영장과 대사관 건물이 진동했어요. 우리는 이미 적응해서 아무렇지 않게 계속 수영을 하고 있었는데 새로 부임한 김 경사님이 안 보이는 거예요. 글쎄 혼자 수영장에서 튀어 나가서 건물 벽에 양손을 쫙 벌리고 딱 붙어 있더라고요. 원래 폭탄이 터지면 그렇게 하라고 배웠나 봐요. 하하하."

당시에는 같이 웃고 말았지만, 지금 와서 생각하니 결코 웃어 넘길 주제가 아니었다. 수많은 사람의 목숨과 미래가 달린 사안이 아닌가. 80년 전 영국의 식민 장관 처칠은 본인의 손으로 직접 이라크라는 신생 국가를 만들었다. 그러나 그는 이라크 국민의 미래를 멀리 내다보고 진지하게 고민하지 않았다. 수 세기 동안 그 지역을 지배해 온 종파 간 갈등, 독립을 꿈꾸던 쿠르드족의 염원 따위는 고려조차 하지 않았다. 1920년, 영국은 이라크라는 국가를 만들어 주고는 1932년 이라크 국민의 분열을 방치한 채 이라크 땅을 떠났다. 그때의 결정이 지금 이라크를 어떻게 만들었는가….

지금도 뉴스를 볼 때마다 생각한다. 이라크의 아픈 현실은 끝이 보이지 않는다는 것을. 영국의 철학자 마이클 오크숏Michael Oakeshott의 말을 빌려 이라크의 상황을 표현하자면, 이라크는 출발점도 없고 예정된 목적지도 없이 '수평을 유지하면서 마냥 떠 있는 것'이 유일한 목표가 될 수밖에 없는 끝없는 항해를 하고 있다. 이라크 국민은 어딘가에 빨리 정박하기를 바라고 있지만, 그 시기가 언제가 될지 아무도 예견할 수 없다.

바벨탑의 흔적과
아브라함이 살던 집

آثار برج بابل وبيت النبي إبراهيم

2012년 12월 말, 주이라크 대사님의 출장이 잡혀 나를 비롯한 외교부 직원들이 수행하게 되었다. 목적지는 이라크 남부에 위치한 나자프주와 디카르주Dhi Qar였다. 그런데 출발 당일 아침에 문제가 발생했다. 이라크 현지인 경호원 한 명이 못 가겠다며 통보해 온 것이다. 궁금한 마음에 한국인 경호팀장에게 물어봤다.

"무슨 문제가 있나요?

"무서워서 못 가겠대. 우리가 가는 지역이 위험하긴 해. 바그다드도 아닌 낯선 곳이니까 더 가기 싫은 거지."

현지인 경호원이 거부할 정도라니…. 갑자기 온갖 부정적인 상상이 내 머릿속을 채우기 시작했다. 그래도 누군가는 일해야 하지 않는가. 경호팀은 그 직원을 빼고 신속히 다른 인력을 투입해 계획한 시각에 출발했다. 나는 복잡해진 마음을 정리할 틈도 없이 경호원이 건네주는 방탄조끼를 입고 대사님이 오시기 전 빠르게 차에 올라탔다. 선두의 경호 차량이 짧은 사이렌을 울리며 출발을 알렸다. 바그다드에서 남쪽을 향해 세 시간쯤 달리자 나자프주에 도착했다. 우리는 현지 주정부 직원의 안내에 따라 공식 일정을 시작했다.

첫 번째 일정은 어느 허름한 건물에 머물고 있는 한 시아파 종교 지도자를 만나는 것이었다. 평소처럼 얼굴에 미소를 띠고 대사님과 종교 지도자를 번갈아 보며 통역을 했다. 하지만 그러면서도 혹시 건물 안에 테러리스트가 있는 건 아닌지 내내 불안한 마음이 가시질 않았다. 얼굴에는 여유로운 미소가 가득했지만, 마음속으로는 '제발 빨리 끝내시죠!'라는 간절한 외침만 되뇔 뿐이었다.

종교 지도자와의 면담 후 주정부 직원은 우리를 데리고 낯선 동네의 거리를 걷기 시작했다. 우리를 힐끗 쳐다보는 동네 사람들의 눈빛이 두려웠다. 여기서 테러리스트라도 맞닥뜨리면, 쥐도 새도 모르게 사라질 수 있다는 공포감이 엄습했다. 한참 걷다 보니 이맘 알리모스크Imam Ali Mosque에 도착했다. 2006년에 한 테러범이 이 모스크 앞에서 경찰의 수색을 받던 중 폭탄을 터뜨려 30명이 사망했다는 뉴스를 본 게 기억났다. 그러자 그 일이 나에게도 일어날 수 있다는 불안감과 두려움 때문에 집중을 할 수가 없었다. 주정부 직원을 따라 우리는 사원 내부로 들어갔다. 그는 4대 칼리파 알리가 안장된 곳을 보여 주겠다며 우리를 안내했다. 수많은 사람이 황금빛의 큼직한 육면체 무덤을 둘러싸고 어루만지며 알리를 추모하고 있었다. 그곳에서 나는 사진을 한 장도 찍지 못했다. 혹시나 신성 모독으로 몰려 봉변을 당할까 봐 조심스러웠다. 다행히 모스크 방문이 끝나고 주지사 면담, 쿠파대학교 방문, 기자회견 등 나자프주에서의 일정을 모두 마칠 때까지 아무 일도 일어나지 않았다. 다음 목적지인 디카르주로 가기 위해 차에 몸을 싣자 저절로 안도의 한숨이 새어 나왔다.

디카르주에서의 일정은 첫날부터 빡빡했다. 정신없이 대사님의 일정에 따라 이곳저곳을 다니다 보니 시간은 금세 흘러갔다. 마지막 일정인 디카르대학교에서 면담을 마치자 시계는 오후 4시 반을 가리키고 있었다.

우리는 다시 차에 몸을 싣고 한참을 달렸다. 호텔로 돌아가는가 싶었는데, 선두 차량이 우리를 이끌고 황량한 사막지대로 향했다. 창밖으로 생각지도 못한 장면이 연출되었다. 멀리 붉은빛을 띤 건축물이 자그마하게 보이더니 차량이 속도를 내며 가까이 갈수록 건축물의 윤곽이 선명해졌다. 마침내 눈앞에 드러난 거대한 모습을 보자 출장 내내 나를 사로잡았던 두려운 감정이 한 방에 사라졌다. 우리가 도착한 곳은 역사서에서나 보던 지구라트Ziggurat였다. 고대 메소포타미아 문명의 중심 도시 '우르Ur'가 내 눈앞에 펼쳐져 있었다.

우르를 비롯한 이라크의 고대 도시들은 티그리스강과 유프라테스강의 주변부에 건설되었다. 특히 두 강 사이의 지역은 대단히 비옥하여 인간의 정착과 도시 건설에 안성맞춤이었다. 이 두 강은 북에서 남쪽으로 흐르다가 이라크 남부 바스라주에 위치한 알쿠르나Al-Qurnah 지역에서 서로 합류하여 아라비아해로 빠져나간다. 구약 성경의 창세기 2장을 보면 에덴동산에서 네 개의 강이 갈라져 나왔다고 기록하고 있는데, 그중 두 개의 강이 바로 티그리스강과 유프라테스강이다. 학계의 여러 연구에 따르면 두 강이 모여 아라비아해로 빠져나가는 바로 그 지점이 에덴동산이었을 거라고 한다. 실제로 알쿠르나 지역에 가면 '아담의 나무'라는 것이 있다. 작은 콘크리트 광장 위에 죽은 나무가 하나 덩그러니 남아 있는데, 이 지역의 사람들은 그 나무가 아담과 하와가 선악과를 따먹은 나무The Tree of Knowledge라고 믿는다.

> 강 하나가 에덴으로부터 나와서 동산을 적시고 거기로부터 갈라져 네 줄기 강의 원류가 됐습니다. -[창세기 2:10]

> 세 번째 강의 이름은 티그리스인데 아시리아 동쪽을 끼고 흐르고 넷째 강은 유프라테스입니다. -[창세기 2:14]

고대 그리스인들은 두 강 사이의 비옥한 이 지역을 '메소포타미아Mesopotamia'라고 불렀는데, 메소meso는 '사이' 혹은 '가운데', 포타미아potamia는 '강'이란 뜻으로, 합치면 '강 사이의 땅'이 된다. 최초로 이 지역을 발견하여 정착하기 시작한 사람들은 수메르인으로, 이들은 메소포타미아 지역에 인구 1만 명 규모의 도시 국가를 여러 개 건설했다. 우리가 방문했던 지구라트와 그 주변은 수메르인이 건설한 여러 고대 도시 가운데 하나인 우르의 잔해였다. 우뚝 서 있는 지구라트 주변에서는 다른 건축물도, 사람의 그림자도 발견할 수 없었다. 현재 지구라트는 전면 64미터, 측면 45미터, 그리고 높이 30미터 지점까지 남아 있는데, 가까이서 보니 옅은 갈색 벽돌들이 촘촘히 박혀 있었다. 내부는 햇볕에 말린 진흙 벽돌, 외부는 불에 구워 역청을 바른 벽돌로 만들어졌다고 한다. 아카드어(고대 메소포타미아 지방에서 아시리아인과 바빌로니아인들이 주로 쓰던 언어)로 '높이 짓다zaqaru'란 뜻의 지

구라트는 원래 산의 형세와 비슷했다. 상층부로 갈수록 점점 뾰족해지는 계단식으로 3단층을 이루며 맨 위에는 신을 모시는 성소가 있었다고 한다. 아쉽게도 지금은 1단까지밖에 남아 있지 않았다. 차곡차곡 벽돌로 쌓은 층계를 따라 올라갔다. 정상은 붉은빛의 흙으로 투박하게

메소포타미아 지역과 에덴동산으로 추정되는 곳.

현재 우르
지구라트의 모습.
1단만 남아 있어
인공 산의 모습을
확인할 순 없다.
ⓒHardnfast

덮여 있었다. 사방을 둘러보니 광대한 사막 평원이 한눈에 들어왔다.

내가 본 지구라트는 고대 메소포타미아 각지에 건설된 여러 신전 중 하나였다. 우르의 지구라트는 기원전 21세기경 우르 남무Nammu 왕이 건설했는데, 이곳에서 수메르인은 고대 수메르 신화에 나오는 달의 신 '난나Nanna'를 섬겼다. 이라크와 이란에서 지금까지 발견된 지구라트는 25개가량 되는데, 흥미로운 것은 중세 시대와 르네상스 이후 이라크를 드나들었던 많은 유럽인이 이곳에서 본 지구라트들을 성경에 나온 '바벨탑'으로 생각했다는 사실이다.

> 그들이 서로 말했습니다. "자, 이제 우리가 벽돌을 만들어 단단하게 굽자." 그들은 돌 대신 벽돌을, 진흙 대신 역청을 사용했습니다. 그리고 그들이 말했습니다. "자, 우리가 우리를 위해 성을 쌓고 하늘까지 닿는 탑을 쌓자. 우리를 위해 이름을 내고 온 지면에 흩어지지 않게 하자. ─[창세기 11:3~4]

구약 성경에 따르면 높은 탑을 지어 하늘까지 닿으려는 인간의 오만함을 바라본 하나님이 하나였던 인간의 언어를 다양하게 만들었다고 한다. 원활한 언어 소통이 불가능해지자 인간들은 더 이상 바벨탑을 짓지 못하게 됐고, 이후 언어 소통이 가능한 사람들끼리 종족을 이루어 흩어져 살게 되었다. 그런데 바벨탑 이야기는 성경에만 나오는 것이 아니다. 기원전 400년경 그리스 역사가 헤로도토스는 《역사》에서 바빌론의 한 신전에 대해 이렇게 묘사한다.

> "높이와 너비가 모두 1스타디온(177.6미터)인 견고한 탑이 세워졌는데, 그 위에 또 탑이 세워지고, 그 위에 또 탑이 세워지는 식으로 8층 탑이 세워져 있다. 바깥에 있는 나선형 계단을 통해 전 층의 탑에 오를 수 있다."

많은 사람이 헤로도토스가 말한 이 거대한 신전이 바로 '바벨탑'이라고 믿었고 이러한 역사적 기록들은 중세 시대와 르네상스 이후 유럽인들의 예술적 상상력을 자극했다. 이를 가장 잘 보여 주는 작품이 북유럽 르네상스의 대표적 화가 피터르 브뤼헐Pieter Brueghel(1525~1569)의 〈바벨탑Tower of Babel〉이다.

1899년, 독일의 고고학자 로베르트 콜데바이Robert Koldewey는 약 15년간 이라크의 바빌론 유적지 발굴 작업을 진행했다. 현존하는 지구라트 잔해들을 하나씩 모두 조사해 역사 속에 존재했던 진짜 바벨탑을 찾으려 했던 듯하다. 그러던 중 콜데바이는 에테메난키Etemenanki라고 불리는 거대 지구라트 터를 하나 발굴한다. 이를 보고 많은 사람이 바벨탑이 아닐까 기대했지만, 그곳에서 출토된 점토판 하나가 그 기대를 무너뜨렸다.

16세기 네덜란드
풍속 화가
피터르 브뤼헐이
1563년에 완성한
〈바벨탑〉.

그 점토판에는 신바빌로니아 왕국의 제1대 왕인 나보폴라사르
Nabopolassar(재위 기원전 625~605)가 쓴 것으로 추정되는 글이 쐐
기문자로 새겨져 있었다. 콜데바이는 자신의 책《바빌론에서의
발굴 조사The excavations at Babylon》에서 그 점토판의 내용을 다
음과 같이 밝히고 있다.

> "내 이전에 존재하던 바벨탑은 약하여지고 결국 폐허가 되어 버렸
> 다. 이제 마르두크Marduk(바빌론의 주신主神)가 명령하시길, 어두운
> 지하세계 위에 다시 그 터를 단단히 다지라고 하신다. 새로운 탑의
> 정상이 하늘을 찌를 수 있도록…"

같은 터에서 또 다른 원통형 점토판cylinder-inscription도 발견
되었는데, 이것은 나보폴라사르의 아들이자 신바빌로니아 왕국
의 제2대 왕인 네부카드네자르 2세NebuchadnezzarⅡ(재위 기원전
604~562) 시대의 것으로 밝혀졌다.

"나는 하늘과 어깨를 겨루는 에테메난키의 탑 끝을 올리는 그 일에 나의 손을 얹었다."

결론적으로 이들이 발견한 곳, 바빌론이라고 믿고 싶었던 에테메난키 지구라트는 성경 속 바벨탑이 아니었다. 신바빌로니아 왕국의 제1대 왕 나보폴라사르가 계획하고 제2대 왕 네부카드네자르 2세에 의해 완성된 바벨탑이었던 것이다. 혹자들은 그러면 혹시 제1대 왕 나보폴라사르가 점토판에서 이야기했던 이미 폐허가 되어 버린 '내 이전에 존재하던 바벨탑'이 성경 속 바벨탑은 아니었을까? 하고 의문을 던졌다. 즉, 오래전에 이미 무너진 성경 속 바벨탑의 잔해 위에 나보폴라사르가 새로운 바벨탑 에테메난키 지구라트를 지었다는 추측이다. 그러나 이에 대한 해답은 누구도 찾아내지 못했고 여전히 미스터리로 남아 있다.

그럼 헤로도토스가 보았다고 쓴 바벨탑은 대체 무엇일까? 성경 속 바벨탑은 이미 신바빌로니아 왕국 이전에 무너졌기 때문에 몇몇 학자들은 헤로도토스가 보고 기록한 것은 바로 에테메난키 지구라트였을 것이라고 분석한다. 그러나 아쉽게도 이 또한 여전히 명확한 답을 찾지 못했다. 헤로도토스가 《역사》에 기록한 바벨탑 크기의 수치와 층수가 각종 점토판에 기록된 에테메난키 지구라트의 것과 일치하지 않기 때문이다. 바빌로니아 연구의 세계적인 석학이자 《길가메시 서사시》의 번역가 앤드루 조지Andrew R. George도 그동안 헤로도토스의 바벨탑과 에테메난키 지구라트를 동일시하려는 수많은 시도가 있었으나 결국 헤로도토스가 한 증언의 정확성이 떨어져 받아들이기 어렵다고 고백

했다. 혹시 헤로도토스가 수치를 잘못 계산한 게 아닐까? 혹은 그가 본 것이 당시 메소포타미아 지역에 존재했던 또 다른 지구라트는 아니었을까? 수많은 고고학자가 이러한 역사의 비밀들을 풀어내기 위해 여러 자료를 끼워 맞추고 추측을 던지고 있지만, 그 답은 오직 헤로도토스만이 알고 있다.

그날 지구라트에서 시간을 보낸 뒤, 우리 일행은 다시 차를 탔다. 출발한 지 5분도 채 되지 않았는데 선두 차량이 멈추는 바람에 뒤따르던 차량 행렬도 모두 차를 세웠다. 우리 차를 운전하던 이라크인 경호원이 뒤쪽으로 고개를 돌리더니 말했다.

"내리세요. 이곳은 아브라함이 살던 곳입니다."

"아브라함? 성경 속의 아브라함이요?"

"예, 맞습니다. 아브라함은 코란에도 나오죠. 우리 무슬림에게 아주 중요한 선지자이기도 합니다."

아브라함은 하나님의 부름을 받아 가나안 땅으로 가기 전까지 고향 우르에서 살았다. 지금 우리가 발을 디디고 있는 이곳에서 말이다.

주께서는 여호와 하나님이십니다. 주께서 아브람을 선택해 갈대아 우르에서 끌어내시고 아브라함이라는 이름을 주셨습니다.

– [느헤미야 9:7]

차에서 내리자 멀리 성채가 보였다. 가까이 다가가 보니 지붕 없이 위가 뻥 뚫린 벽돌 성채가 꽤 넓은 지면을 차지하고 있었다. 성채 안에는 여러 개의 주거 공간이 벽돌벽으로 분리되어 있었고, 그 공간 사이에 아치형 통로가 있어 서로 연결돼 있었다.

우리는 미로 같은 그곳을 한참 돌아다니다가 디딤돌을 밟고 벽돌벽 위로 올라가 보았다. 벽이 꽤 두꺼워 서서 움직이기에 충분했다. 앞을 바라보니 저 멀리 황량한 사막 끝 지평선에서 붉은 해가 떨어지는 것이 보였다. 적막한 사막에 홀로 남은 아브라함 생가에 올라서서 석양과 함께 솔솔 불어오는 차가운 바람을 온몸으로 맞자 신비로운 기운이 감돌았다. 짧은 시간이었지만 뜻밖으로 방문한 도시 우르에서 우리는 고대 이라크의 유적을 만지고 과거의 영광을 떠올리며 잠시나마 즐거운 상상 여행을 했다.

디카르주에서의 마지막 날, 주정부 직원이 우리를 한 늪지대로 안내했다. 유네스코 문화유산이기도 한 체바예시Al-Chibayish 늪지대였다. 허름한 차림의 현지 주민들이 마슈프Mashoof라는 길쭉하고 좁다란 나무배를 끌고 와서는 늪지대를 보여 주겠다며 이를 드러내고 천진난만하게 웃었다. 방탄조끼를 입고 기관총을 소지한 경호원들을 포함해 그 배에 일행 모두가 올라탔다. 배가 워낙 좁아 네다섯 명이 한 줄로 앉았는데, 바로 내 뒤에 경호단장님이 자리를 잡아 마음이 좀 놓였다. 좁은 습지에 차오른

마슈프에 경호원들과 일렬로 앉아 가는 모습. 테러 때문에 지친 마음이 누그러졌다.

물 위로 배가 움직이기 시작했다. 양쪽 육지에는 대추야자 나무가 가득했으나 10분 정도 더 깊이 들어가자 위로 쭉 뻗은 기다란 갈대들이 무성하게 밭을 이루고 있었다. 가끔가다 덩치 큰 물소가 갈대를 뜯어 먹고 있기에 노를 젓던 현지인에게 물어봤다.

"저 소는 야생 소인가요?"

"아닙니다. 우리가 키우는 물소죠. 저 물소의 젖을 팔아서 먹고삽니다. 그게 우리의 삶이죠. 수천 년 동안 내려온 우리의 전통이기도 하고요."

그가 나를 보며 씩 웃자 오랜 세월 고생으로 생긴 주름이 더욱 깊게 파였다. 그 얼굴을 보니 묘하게도 며칠간 테러의 위협에 지친 마음이 누그러졌다. 이런 이라크의 늪지대들은 유프라테스 강과 티그리스강이 바다에 가까워지는 남부 지역에 위치한다. 늪지대는 보통 두 강의 유속이 느려짐에 따라 형성되는 충적평야에 있는데, 두 강의 지류에서 흘러나온 물이 늪지대를 덮어 이곳에 사는 사람들의 생명줄이 되어 준다. 고대 수메르인부터 현대 이라크 아랍인들까지 이 지역 일대의 사람들은 수천 년간 이 늪지대를 중심으로 삶을 이어갔다. 이곳에서는 퍼즐을 맞출 필요가 없었다. 과거의 모습 그대로 현재를 살아가고 있는 그들 자체가 살아 있는 역사였으니까.

2012년 12월, 그때 보고 듣고 만져 봤던 고대 이라크의 흔적이 잊히지 않는다. 출장을 다녀와서도 한동안은 여운이 가시질 않았다. 이라크가 이렇게 아름다운 곳이었다니. 에덴동산이 있었던 천국 같던 곳, 인간의 생명줄이 되어 주었던 유프라테스강과 티그리스강이 흐르는 곳, 아브라함이 태어난 역사적인 곳, 수메르인이 세계 최초 문명의 꽃을 피운 곳, 고도의 기술로 조성된 아름다운 도시와 건축물이 펼쳐졌던 곳, 그리고 살아 있는 역사를 보여 주며 수천 년간 사람들의 벗이 되어 준 이라크의 늪지대가 있는 곳. 이 모든 것이 이라크 남부에 살아 숨 쉬고 있는 고대 메소포타미아 문명의 흔적들이다.

수천 년이 지난 지금, 안타깝게도 아름답고 축복받았던 이 땅에서 그 후손들은 정치, 종파, 경제 문제로 힘겹게 살고 있다. 역사 속 한때의 번영은 얼마나 헛된 것인가.

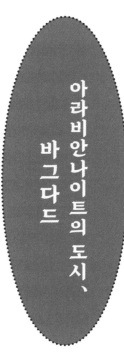

아라비안나이트의 도시,
바그다드

بغداد، مدينة "ألف ليلة وليلة"

"음악 좋네요."

스물네 살의 이라크인 청소부 하야가 사무실 청소를 해 주며 말을 건넸다.

"셰에라자드란 곡인데 옛 바그다드의 아름다움을 느낄 수 있어요."

"옛 바그다드? 언제 적 이야기인지…"

"언제더라… 1000년 전쯤?"

하야는 피식 웃고 청소를 다 마쳤다며 사무실을 나갔다.

2012년 주이라크 한국대사관에서 근무할 때, 매일 아침 클래식 음악을 들으며 하루를 시작했다. 테러, 극심한 경제 불황 등 이라크의 암울한 환경과 그 때문에 삭막해진 나의 마음을 달래는 시간이었다. 감성을 자극하는 음악을 들으며 상상의 나래를 펼치는 것은 나에게 중요한 일과였다. 특히 〈셰에라자드Scheherazade〉라는 곡을 들을 때면 잠시 현실을 잊어버리고 찬란한 이슬람 문명이 꽃피던 중세의 바그다드를 머릿속에 그렸다. 그러고 나면 일도 술술 풀리곤 했다. 러시아인 니콜라이 림스키 코르사코프(1844~1908)가 작곡한 〈셰에라자드〉는 아랍의 고전 '천일야화'중 일부 이야기를 음악으로 만든 것이다. 림스키 코르사코프는 젊은 시절 러시아 해군 장교

림스키 코르사코프, 그는 동양에 갖고 있던 지대한 관심으로 〈셰에라자드〉를 작곡했다.

로 활동하며 여러 지역을 경험했고, 이를 통해 오리엔탈 지역의 이국적이고 신비한 분위기에 매료되었다. 아랍에 대한 개인적인 호기심과 천일야화라는 문학 작품이 만나 탄생한 〈셰에라자드〉의 제4악장 '바그다드의 축제Festival in Bagdad'를 듣고 있노라면, 바그다드 땅에 묻혀 있던 과거의 영광이 다시 세상으로 올라와 내 사무실을 가득 채우는 듯했다.

아라비안나이트에 등장하는 바그다드

천일야화는 우리에게는 18세기에 영어로 번역된 《아라비안나이트Arabian Nights》로 더욱 친숙하다. 세계의 설화 문학 사상 가장 큰 반향을 일으킨 작품이기도 하다. 읽어 보지는 않았더라도 전 세계 사람 대부분이 적어도 '아라비안나이트'란 말을 들어 봤을 것이다. 러시아 작가 미하일 일리인Mikhail Ilyin은 그의 저서 《인간의 역사》에서 이렇게 말하기도 했다.

> "혹시 천일야화를 읽지 않은 사람이 있을까? 또 칼리파의 궁전에 대해 들어 보지 않은 사람이 있을까?"

나도 20대가 되어서야 서점에서 《아라비안나이트》를 사다 봤던 기억이 있다. 여덟 살짜리 나의 딸도 바그다드란 도시가 〈알리바바와 40인의 도적〉의 배경이란 것을 잘 알고 있다. 천일야화에는 샤리아Shahryar라는 페르시아 왕이 등장한다. 왕비의 부정을 목격한 그는 큰 배신감을 느끼고 모든 여성을 불신하게 되어 급기야 여성 혐오증에 빠지고 만다. 분노에 찬 그는 매일 새처녀를 맞이하고 이튿날 죽이는 끔찍한 일을 반복한다. 그러던 어느 날 이를 보다 못한 재상의 딸 셰에라자드가 자진하여 왕의 침실로 들어가게 된다. 그는 죽음에서 벗어나기 위해 매일 밤 왕에게 재미있는 이야기들을 들려준다. 왕은 그의 입에서 끊임없이 흘러나오는 이야기들에서 헤어나오지 못한다. 그래서 셰에라자드를 죽이기는커녕 오히려 매일 밤 간절히 그만을 기다리게 된다. 왕은 셰에라자드가 들려주는 이야기를 1001일 동안 듣고 나서 여성 혐오증과 그것에서 비롯된 악벽을 고치고 그와 혼인하기에 이른다.

천일야화는 하나의 이야기 안에 셰에라자드가 들려주는 여러 가지 이야기가 들어 있는 액자식 구성이다. 고대 페르시아(이란), 아랍, 인도, 그리스, 이집트 등 여러 지역을 거쳐 이야기가 전해지면서 변형과 추가 작업이 이어졌다. 15세기가 돼서야 완성된 이 작품은 작자 미상으로 남아 있다. 천일야화는 가공의 세계와 실재의 세계, 역사 속 실존 인물과 가공의 인물이 뒤섞인 특이한 구성을 보여 준다. 실존 인물 중 천일야화에서 가장 자주 등장하는 사람은 단연 이슬람 아바스 왕조 제5대 칼리파 하룬 알라시드Harun Al-Rashid(재위 786~809)다. 이에 따라 천일야화에는 그가 통치했던 도시 바그다드가 배경이 되는 이야기가 다수 등장한다.

중세의 뉴욕, 바그다드

하룬 알라시드가 다스렸던 아바스 왕조(원어는 앗다울라 알압바씨야 Ad-dawlah Al-abbasiyah)는 어떠한 제국이었을까? 이슬람의 선지자

중세 아바스 제국의 영역 (750~1258).

무함마드에게는 네 살 많은 삼촌이 하나 있었는데 그의 이름은 알아바스 이븐 압드 알무딸립Al-Abbas ibn Abd al-Muttalib이다. 이 알아바스의 후손들이 세운 왕조가 바로 아바스왕조다. 750년, 아바스 가문을 이어 온 자손들은 이라크 중부 '쿠파' 지역을 점령하고 이 지역을 중심으로 아바스 왕조(750~1258)를 세웠다. 이후 이들은 광대한 이슬람제국을 약 500년간 다스리게 된다.

아바스 왕조 초기의 수도는 다수의 시아 주민들이 살고 있는 쿠파 지역이었다. 그러나 제2대 칼리파 알만수르Al-Mansur는 시아 무슬림이 많은 쿠파 지역을 벗어나고 싶었다. 아바스 가문은 왕조를 수립할 당시 시아 무슬림의 도움을 받았지만, 왕조 수립 후에는 소수의 시아파를 멀리하고 다수인 수니파 유력 부족들을 가까이했다. 아바스 왕조에 대한 시아파의 적대감이 언제 폭발할지 아무도 예측할 수 없는 상황이었다. 게다가 쿠파는 아바스 왕조의 지지 세력이 다수 살고 있는 페르시아(현 이란)와도 거리가 멀었다. 이러한 상황을 감지한 알만수르는 수도 이전을 발빠르게 준비했고, 새로운 수도를 물색하던 중 티그리스강 유역의 작은 마을을 눈여겨보게 되었다. 알만수르는 이 마을에 살던 네스토리우스 교파의 수도승들로부터 이곳은 모기로 인한 전염병이 없고, 온화한 겨울과 시원한 여름밤을 즐길 수 있다는 말을 듣게 된다. 그뿐 아니라 이 지역은 물이 풍부하여 주기적으로 곡물 수확이 가능하고 이집트, 시리아와 이어지는 카라반 육상 무역로가 존재했으며 티그리스강을 따라 남부로 내려가면 아라비아만을 통해서 중국 등 대제국들과 해상 무역이 가능한 지역이었다. 알만수르는 이곳을 잘 개발하면 제국 최고의 전략적 도시로 키울 수 있을 것이라 확신하며 천도를 추진했는데, 그곳이 바로 바그다드다. 그는 중동 각지의 기술자, 측량기사, 구조공학자 등을 포함해 약 10만 명의 인력을 끌어모아 수년에 걸쳐 새로운 도시를 건설했다. 그는 이 도시를 '평화의 도시'(아랍어로 메디나트 앗-쌀람Madinat-as-Salam이다)라고 불렀고 이를 아바스 왕조의 주화에도 새겨 넣었다.

766년, 지름 약 3.2킬로미터에 달하는 원형의 요새 도시 바그다드가 완성됐다. 도시를 둘러싼 성곽만 해도 외벽, 중간벽, 내벽 삼중으로 구성되어 높이가 34미터나 되었다. 바그다드의 원형 도시는 물이 가득 찬 해자가 외벽 바깥쪽을 둘러싸고 있어 일반인의 성곽 접근이 어려웠다. 네 개의 묵직한 거대 철문을 통해서만 드나들 수 있었는데, 철문의 높이가 워낙 높아서 사람이 말을 타고 깃발을 든 채로 드나들 수 있었다고 전해진다. 각각의 문은 시리아, 바스라, 쿠파, 호라산 문이라고 명명되었는데, 문을 통해 나간 방향으로 계속 가면 도달할 수 있는 지역의 이름을 붙인 것이었다. 문의 무게도 상당해 장정 여러 명이 힘을 합쳐야 문을 여닫을 수 있었다. 이 사방으로 뚫린 네 개의 문을 통해 바그다드는 전 세계 사람들과 교류하며 '세계화'를 실현했다.

도시의 중앙에는 칼리파의 왕궁이, 그 옆에는 대사원The Great Mosque이 있었다. 원형 도시 내에는 주거 공간과 관청도 여러 개 있어 칼리파와 관료를 포함해 약 4000명의 병사가 거주했다. 한편 막대한 세금이 모이는 바그다드에는 상인, 직공 등 서민이 성 외곽에 모여들어 시장과 거주지를 조성함에 따라 활기찬 상업 지구가 생겨났다. 이 지역 일대에 6만 개의 모스크와 약 3만 개의 함맘(공중 목욕탕)이 있었다고 하니 그 규모가 얼마나 거대했는지 추측할 수 있다. 바그다드는 이슬람, 기독교, 힌두교, 조로아스터교 등 종교를 막론하고 전 세계인을 환영했기에 멀리 인도와 스페인에서도 사람들이 찾아와 살기 시작했다. 바그다드는 원형 도시에만 머물지 않고 계속 확장되어 마침내 인구 150만 명의 바닷길과 비단길로 연결되는 유라시아의 경제 중심지가 되었다. 바그다드의 찬란함은 당시 좁고 지저분한 도로가 미로처럼 형성되어 있던 런던이나 파리와는 비교할 수 없을 정도였다. 산업혁명 이전 세계의 최대 도시였던 바그다드는 한마디로 '중세의 뉴욕'이었다.

하룬 알라시드와 아라비안나이트

알만수르가 바그다드라는 하드웨어를 갖춰 놓자 그 이후의 칼리파들은 소프트웨어를 채워 넣기 시작했다. 특히 바그다드의 번영은 아바스 왕조 5대 칼리파 하룬 알라시드 시대에 최고조에 달하여 동로마제국의 콘스탄티노플을 뛰어넘는 세계 최대의 도시가 되었다. 하룬 알라시드는 정치적, 경제적인 업적도 이뤘지만, 무엇보다 학문과 예술을 장려하여 문학, 철학, 시, 수학, 천문학, 의학 등을 발전시켰다. 특히 인도와 페르시아를 거쳐 바그다드로 넘어 온 설화 모음집에 큰 관심을 보였던 그는 본인이 등장하는 이야기들을 추가하여 이 작품들을 아랍어로 번역했다. 이것이 훗날 천일야화의 초안이 된다. 물론 본인의 권력을 만천하에 보여 주려는 정치적 야심이 배경에 있는 행보였지만, 칼이 아닌 문학을 통해 그것을 이루었다는 점이 인상적이다. 오늘날 많은 이슬람 역사가가 그를 '문화 군주'라 일컫는 이유가 여기에 있다.

역사적 사실을 염두에 두고 천일야화를 읽으면 단순한 문학 작품을 넘어서 당시 시대적 배경을 엿볼 수 있는 사료가 된다. 바그다드 궁전의 화려함에 대한 묘사는 특히 매혹적이다. 거대한 돔은 금색의 새 조각으로 모양을 낸 설화석고雪禍石膏 기둥이 받치고 있고 기둥들 사이에는 각종 보석과 크리스털로 만들어진 꽃병들이 놓여 있다. 궁전에는 이전 칼리파들의 삶과 이슬람 역사의 드라마틱한 사건들이 벽화로 그려져 있다. 〈오마르 빈 알 누우만 왕과 그 아들의 이야기〉를 보면 바그다드 궁전에는 1년간 360개의 방에 360명의 궁녀를 살게 하고, 각 궁녀가 한 해에 한 번씩만 왕을 상대했다고 씌어 있다. 당시 칼리파의 권력은 하늘을 찔렀고, 칼리파는 다른 이들은 절대 할 수 없는 기이한 방식을 통해 삶의 즐거움을 찾았던 듯하다.

천일야화는 국제 무역 도시로서 바그다드의 면모도 잘 보여 준다. 우리에게 익숙한 천일야화 스토리 중 〈신드바드의 모험〉

이 대표적이다. 이 이야기의 배경 역시 하룬 알라시드 시대인데, 신드바드는 바그다드 남부를 통해 바스라 항구까지 나아가 인도양, 벵골만, 세일론 섬Ceylon 등을 일곱 번에 걸쳐 항해하며 막대한 부를 얻는다. 아바스 왕조 아랍 무역상의 위상을 추측할 수 있는 대목이다. 실제로 당시 이라크 상인들은 '다우선'이라는 범선을 이용해 남부 바스라 항구를 통한 바닷길을 이용했고 이들의 활발한 해상 무역 덕분에 이슬람제국의 인도양 항로가 융성했다. 지금도 바스라는 이라크 제3도시이자 최대 항구 도시다.

그러나 시간이 흐르면 왕조도 사람처럼 노쇠하기 마련이고 젊은 시절의 영광도 어느새 사라지고 만다. 아바스 왕조도 그런 상황을 맞닥뜨리게 됐다. 특히 9세기 중엽부터 칼리파가 페르시아, 튀르크 민족 등 타지 출신의 가신들에게 도움을 받아 왕조를 지탱하면서 제국의 힘은 더욱 쇠약해졌다. 지방 정권이 출현하고 튀르크인 용병들이 정치에 개입하면서 제국은 분열하기 시작했다. 그리고 13세기 즈음 아바스 왕조의 기나긴 운명에 마침표를 찍는 사건이 발생했다. 동쪽 몽골제국의 창끝이 이슬람 세계를 겨눈 것이다. 칭기즈칸의 손자인 훌라구Hulagu Khan는 10만

1258년 바그다드를 점령한 몽골군.

대군을 이끌고 페르시아를 단번에 쓸어 버린 후 바그다드로 진격했다. 이미 아바스 왕조는 오랜 세월 문명의 혜택을 누리며 야만의 속성을 잃었고, 풍요로움과 안락함으로 약해질 대로 약해져 있었다. 중앙아시아 초원 지대에서 수십 개의 부족과 전투, 사냥, 약탈, 납치를 일삼으며 근력을 키워 온 몽골족을 이길 수가 없었다. 1258년 1월, 몽골군은 바그다드에서 칼리파군을 물리치고 40일간 약탈, 방화, 살육을 저지르며 바그다드를 쑥대밭으로 만들었다. 이후 이슬람 세계의 중심축은 카이로와 이스탄불로 옮겨 갔다. 바그다드는 옛 영광의 빛을 잃은 채 하나의 평범한 도시로 남게 됐다.

2011년 4월 29일, 바그다드에서 귀한 손님이 한국에 왔다. 이라크 총리 누리 알말리키Nouri al Maliki와 고위급 인사들이 제주도를 방문한 것이다. 나는 석유공사 사장님의 환영사 초안 작성 업무를 맡게 됐다. 이라크 인사들로부터 과거 바그다드의 영광스러운 시대에 대한 노스탤지어를 끌어내면서 미래 지향적인 내용이 담긴 연설문을 쓰고 싶었다.

"저는 바그다드 하면 《아라비안나이트》를 떠올립니다. 《아라비안나이트》를 통해 한국인에게 바그다드는 지식의 수도요, 풍요로운 문학의 중심지요, 노래와 예술이 넘쳐흐르는 세계 속의 아름다운 도시로 기억되고 있습니다. 오늘 이 자리에서 저는 누리 카밀 알말리키 총리님의 영도력과 이라크 국민의 염원과 노력이 함께하면 메소포타미아 문명이 영원히 번영할 것이라고 굳게 믿습니다."

251

이만하면 잘 적었다 싶었다. 이라크 인사들의 반응도 좋아서 약간 우쭐한 마음마저 들었다. 그로부터 1년 후, 나는 주이라크 대사관에 파견을 나가게 됐다. 그곳에서 맞이한 현실은 예상한 것보다 훨씬 가혹했다. 어느 여름날 대사관 청소부 하야가 세 살짜리 딸 이야기를 하며 내게 하소연했다.

"어제 우리 딸이 한숨도 못 잤어요. 나도 피곤하지만, 아이가 너무 가여워요."

"어디 아픈 건가요?"

"아니요, 우리 동네에 폭탄 테러가 나서 전기가 끊겼어요. 에어컨 가동이 안 되는 바람에 잠을 설친 거지요."

이라크는 여름날이면 한낮 온도가 50도까지 치솟는다. 그런 날씨에 에어컨도 없이 잠을 청하려니 어린아이가 얼마나 힘들었겠는가. 그로부터 8년이 지났지만, 오늘의 이라크는 크게 변한 게 없다. 여전히 이라크인들은 각종 테러와 경제 위기로 인해 혹독한 삶을 이어 가고 있다. 지금은 10대가 되었을 하야의 딸을 생각하면 마음이 따끔하다. 문득 이런 생각이 들기도 한다. 청소부 하야의 눈에 〈셰에라자드〉를 들으며, 옛 바그다드의 아름다움을 칭송하는 내 모습이 어떻게 비쳤을까? 현실은 보지 않고 사치스러운 감정에 취한 이방인으로 보이지는 않았을까? 무거운 마음이 들면서도 바그다드를 생각하면 천일야화 땅, 신비한 이야기로 가득 찬 도시가 떠오른다. 부디 과거의 번영이 그 땅에 다시 찾아오기를…. 그것을 바랄 뿐이다.

사담 후세인、 그는 나쁜 놈인가 좋은 놈인가

صدام حسين، سيئ أم جيد؟

1991년 어느 봄날로 기억한다. 초등학교 5학년이었던 나는 토요일 오전 수업을 마치자마자 친구들과 서둘러 우리 집으로 향했다. 친구들과 거실에 앉아 TV 채널을 AFKNAmerican Forces Korean Network에 고정했다. 주한 미군과 재한 미국인을 대상으로 하는 방송 AFKN은 당시에 미국 문화를 접할 수 있는 거의 유일한 통로였다. 그날은 전국의 남학생들이 열광했던 미국 프로레슬링 WWF(현재는 WWE), 특히 모두가 손꼽아 기다렸던 '헐크 호건'과 '서전트 슬로터'의 대결을 방영하는 날이었다. 서전트 슬로터라는 캐릭터는 매우 독특했다. 이라크 군복을 입고 험상궂은 얼굴로 이라크 국기를 휘날리며 링 위에 올라선 그는 이라크가 쿠웨이트를 침공했던 1990년 가을 WWF의 사장이 급조한 캐릭터였다. 90년대에 WWF 레슬링을 보았던 미국의 어린이들, 아니 나를 포함한 전 세계의 어린이들은 당시 최고의 선수 헐크 호건의 적이라는 이유만으로 서전트 슬로터를 나쁜 놈, 악마라고 생각했다. 게다가 서전트 슬로터라는 캐릭터가 사담 후세인과 너무나도 흡사했기에 우리는 국제 뉴스에 사담 후세인만 나오면 우리의 원수라며 손가락질을 했다. 그 경기에서 헐크 호건은 서전트 슬로터를 상대로 싸워 승리하고 링 위에서 성조기를 흔들었다. 우리는 아무런 정치적 배경도 모른 채 미국이 이라크를 이겼다고 소리치며 호들갑을 떨었다. 이 경기가 성사되었던 1991년 2월 28일은 미국이 주도한 다국적군이 쿠웨이트에서 이라크군을 축출한 지 약 두 달이 지났을 때였다. 서전트 슬로터를 이용한 '은밀한' 정치적 세뇌 때문이었을까? 나는 어른이 되기까지 오랫동안 사담 후세인을 나쁜 놈이라 생각했다. 그러나 약 30년

이 지난 지금, 나에게 다시 묻고자 한다. "사담 후세인은 정말 나쁜 놈이었나?"

1979년 사담 후세인이 대통령으로 취임했다. 1920년 이후 무려 스무 번이나 쿠데타가 일어난 이라크에는 바람 잘 날이 없었다. 이 사실을 잘 알고 있던 사담 후세인은 누구도 자신에게 기어오르지 못하도록 확실한 본보기를 보여 주고자 했다. 집권을 시작한 후 그가 단행한 피의 숙청으로 무려 500명 이상의 정적이 무참히 살해됐는데, 그중에는 그와 가장 가까운 친구들도 있었다. 이런 그의 행보를 보면 아랍 속담이 하나 떠오른다.

"네 주변의 적은 한 번만 조심해도 되지만, 너의 친구는 천 번을 조심하라. 배신하는 친구는 너를 해할 수 있는 것이 무엇인지 더 많이 알고 있기 때문이다."

그는 수니파 중심의 바트당 일당 체제로 정부를 구성하고 이라크 내부의 기강을 잡아 갔다. 그의 이름만 들어도 두려움과 공포심에 질려 그 누구도 쿠데타란 말을 감히 입 밖으로 꺼내지 못하던 시절이었다. 이후 사담 후세인은 이라크를 중동에서 가장 강한 나라, '아랍의 대국'으로 만들려는 꿈을 꾸기 시작했다. 고대 메소포

후세인은 집권 시절, 이라크 화폐 디나르에 모두 자기 초상화를 넣게 했다. 이른바 '사담 디나르'는 정권 붕괴 이후 신권으로 모두 교체됐다.

타미아 신바빌로니아제국의 군주였던 네부카드네자르 2세를 자신의 롤모델로 삼았다. 고대 바빌로니아의 부흥 시대를 이끌었던 네부카드네자르 2세는 예루살렘을 점령한 뒤 유대인을 바빌론으로 끌고 갔던 '바빌론 유수'의 장본인이었다. 사담 후세인은 아랍 대국 건설을 위한 첫 번째 목표물을 탐색했다. 그리고 이라크의 오른편에 붙어 있는 페르시아 민족 국가 '이란'을 주목했다. 1979년 이란에서 이슬람 혁명이 일어나자 후세인은 때가 됐다고 생각했다. 사실 혁명 이전의 이란은 친미 노선의 팔라비 왕조가 다스리던 온건한 성향의 국가였다. 서울특별시가 이란의 수도 테헤란시와 자매결연을 맺고 4000미터에 이르는 강남의 도로를 '테헤란로'로 명명한 것도 바로 이 팔라비 왕조 시절의 일이다(1977년). 그러나 1979년, 시아파 최고 지도자 아야톨라 루홀라 호메이니Ayatollah Ruhollah Khomeini의 주도로 팔라비 왕조가 무너지고 시아파 중심의 이슬람 공화국이 이란에 들어서게 되었다. 이 일로 이라크뿐 아니라 사우디아라비아 등 주변 아랍 국가들은 자국 내의 시아파 세력이 이란의 혁명을 답습해 반정부 봉기를 일으킬까 봐 불안해했다. 사담 후세인은 자신이 모든 아랍인을 대표해 페르시아제국의 후예인 이란을 응징하고, 이라크가 지역의 패권을 쥐고 있다는 것을 확실히 보여 주고자 했다.

1980년 9월, 이라크는 이란을 침공했다. 사담 후세인은 이 전쟁을 636년 아랍인으로 구성된 이슬람군이 페르시아를 물리친 '카디시야 전투Battle of al-Qadisiyyah'에 빗대 '제2의 카디시야 전쟁'이라 명명했다. 그리고 본인을 카디시야 전투의 아랍인 영웅

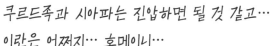

쿠르드족과 시아파는 진압하면 될 것 같고…
이란은 어쩌지… 호메이니…
전쟁…!

1979년
사담 후세인

사드 이븐 아비 와카스Sa'd ibn Abi Waqqas 장군과 동일시했다. 사
담 후세인은 이란과 전쟁을 치르는 동시에 이라크 내부 통합을
다지기 위해서 국민이 국가의 결정에 순종하게 하는 강압적인
정책을 펼쳤다. 불순종하는 국민은 종파나 민족 구분 없이 냉혹
하게 짓밟았다. 특히 시아 종주국인 이란과 같은 종파인 이라크
내 시아파 국민을 경계하며 탄압했다. 그들을 언제라도 이란과

손을 잡고 자신의 뒤통수를 칠 수 있는 잠재적인 내부 반란 세력
으로 간주했고, 이라크-이란 전쟁 중에는 블랙리스트에 오른 시
아파 이라크인 30만 명을 강제로 추방하기도 했다. 시아파 이라
크인은 그를 어떻게 기억할까? 시아파 가정에서 자란 이라크인
친구 팔라흐에게 물었다.

"팔라흐, 사담 후세인은 너에게 어떤 존재였어?"

"네가 악몽을 다시 끄집어내는구나! 사담은 범죄자란 단어로
도 표현할 수 없는 존재야. 철과 불로 국민을 다스렸지. 자신에게
충성하는 수니파 사람들만 이용했다고. 시아파 국민이 인구의
60퍼센트 이상을 차지하는데도 불구하고 숨죽여 지낼 수밖에
없었어. 잘못 입을 열었다가는 감옥으로 끌려가 고문실로 직행
했으니까. 전쟁에 미친 사담 정책에 반대한 사람들은 쥐도 새도
모르게 사라져 버렸지. 사담을 좋은 놈이라고 하는 사람들? 대부
분이 그 시절 풍요로운 생활을 누렸던 수니 사람이야. 수많은 사
람이 사담 후세인에게 선물로 받은 6만 달러짜리 롤렉스 금시계
를 차고 다녔어. 우리 아버지는 내게 자전거 하나 사 주지 못했
는데 말이야. 어렸을 적에 우리 아버지는 나와 길을 걷다가도 롤
렉스 시계를 찬 사람들만 보면 다른 길로 피해 다니셨어. 저런
사람들은 수니파 사람들이 분명한데, 혹시라도 저들과 오해가
생기면 해코지를 당할 수 있으니 피하는 게 상책이라고 하시면
서. 그땐 다 그렇게 살았어."

사담 후세인은 계속해서 국가 내부의 잡음을 공포 정치로 해
결했고, 미국의 지원에 힘입어 이란과의 전쟁을 강행해 나갔다.

반미 성향이 짙은 새로운 이란 정부를 두고 촉각을 곤두세운 미국이 이라크를 지원해 줬던 것이다. 그러나 이란의 호메이니는 물러서지 않았다. 생각보다 전쟁은 장기화되었고 이라크의 경제는 악화 일로를 걸었다. 8년간의 지긋지긋한 전쟁은 1988년 7월 18일 유엔이 주선한 휴전안을 호메이니가 받아들이고 나서야 종지부를 찍을 수 있었다. 사담 후세인의 페르시아 민족 길들이기는 수많은 희생자만 남긴 채 실패로 끝났다.

1988년, 종전한 이라크의 경제 상황은 참혹했다. 1980년 약 300억 달러에 이르던 현금 보유고는 이란과의 8년 전쟁으로 모두 사라졌고, 1000억 달러 이상의 빚만 남아 있었다. 그러나 후세인은 당당했다. 자신을 걸프 아랍 국가들을 보호하기 위해 페르시아 민족, 이란과 맞서 싸운 투사로 생각했다. 아랍 국가에 빚을 갚기는커녕 아랍 세계가 이라크를 더 많이 지원해야 하며, 그것이 아랍 국가들의 도리라고 주장했다. 1990년 6월 말, 사담 후세인은 이라크의 고위 관리 사둔 하마디Sadun Hammadi를 불러서는 걸프 아랍 국가들을 설득해 100억 달러를 모아 오라고 지시했다. 지시에 따라 하마디는 비행기에 몸을 싣고 걸프 아랍 국가들을 순방하기 시작했고, 이라크 남동부에 접경해 있는 소국 쿠웨이트에서 5억 달러를 제시했다는 소식을 전했다. 하찮은 액수에 분노한 사담 후세인은 이참에 호시탐탐 노려 왔던 쿠웨이트를 아예 점령해야겠다고 마음먹는다. 두 국가 간의 관계가 악화하자 1990년 7월 31일, 사우디아라비아의 주선으로 제다에서 이라크-쿠웨이트 간 회담이 열렸다. 하지만 이라크는 이라크-쿠웨이트 간 분쟁 영토의 일부, 그리고 국경선에 있는 루마일라

이란

루마일라
유전

이라크

쿠웨이트

쿠웨이트 땅은 1920년 이전엔
바스라주의 한 부분이었소!
그리고 지금 쿠웨이트는
루마일라 유전을 통해 이라크의 오일을
야금야금 가져가고 있소!

Rumaila 유전의 석유 채굴권 양도와 함께 100억 달러를 내놓으라며 으름장을 놓았다. 막무가내로 무리한 요구를 하는 사담 후세인에게 쿠웨이트는 단호하게 거절 의사를 밝혔고, 이에 기다렸다는 듯이 후세인은 전쟁을 감행했다. 개전일은 회의 바로 다음 날인 8월 1일이었다.

1990년 8월 1일 새벽 2시, 이라크군은 국경을 넘어 쿠웨이트를 침공했다. 이란-이라크의 8년 전쟁(1980~1988) 때 미국이 이라크를 지원해 줬으므로 당연히 쿠웨이트 침공에 개입하지 않으리라는 계산에서 추진한 일이었다. 단 여섯 시간 만에 수도를 점령한 사담 후세인은 20세기의 신바빌로니아제국을 건설하리라는 포부를 가졌지만, 그것은 헛된 꿈이었다. 사담 후세인이 중동의 네부카드네자르 2세가 되는 그림을 미국이 원하지 않았기 때문이다. 냉전이 종식되고 세계 최강국으로 부상한 미국이 그린 것은 중동 국가 중 어느 한 나라도 튀지 않고 힘의 균형을 유지하는 모습이었다. 또한 수니파 종주국 사우디아라비아도 이라크의 쿠웨이트 침공을 못마땅하게 생각했다. 만약 사담 후세인이 쿠웨이트 땅을 점령하는 데 성공한다면 아라비아반도까지 남하해 사우디 땅을 넘볼 위험성이 있었다. 결국 미국은 사우디와 협력해 사담의 꿈틀대는 야욕을 잠재우기로 결정한다. 미국은 다국적군을 구성하고 사우디아라비아의 북부 지역을 군사 근거지로 삼아 이라크를 공격했다. 마침내 1991년 2월 28일, 다국적군은 쿠웨이트에서 이라크군을 축출했고 사담 후세인이 꿨던 아랍 대국의 꿈은 현실에서 멀어져 버렸다.

전쟁에서의 패배 후, 사담 후세인의 힘은 쇠약해졌다. 이때를 기회 삼아 수년간 억눌렸던 시아파와 북부에 사는 쿠르드족이 반정부 반란을 일으켰다. 사담 후세인은 이들을 무자비하게 진압하며 여전히 한 국가의 수장으로서 건재함을 증명했다. 그러나 이전처럼 국제 사회에서 멋대로 주먹을 휘두를 수 있는 처지는 아니었다. 미국은 중동에서 이란을 견제할 세력이 계속 필요했기 때문에 사담 후세인을 제거하지는 않았지만, 블랙리스트에 오른 그는 각종 제재에 시달렸다. 1991년 미국 주도하에 유엔은 이라크의 쿠르드족과 시아파를 보호한다는 명분으로 이라크 남부와 북부에 비행 금지 구역을 설정하는 등 경제, 외교, 군사적인 제재를 가했다. 이라크에 은닉된 대량살상무기를 찾아내기 위해서 유엔무기사찰단UNSCOM의 이라크 사찰이 시작된 것도 바로 이때였다. 미국과 유엔의 압박으로 인해 사담 후세인은 대외적으로 기를 펴지 못한 채 1990년대를 흘려보낸다.

2001년 9월 11일 오전 8시 46분, 뉴욕의 세계무역센터 건물에 항공기가 충돌했다. 미국의 심장부인 뉴욕에 발생한 테러, 미국 역사상 최악의 안보 재앙이었다. 조지 W. 부시 미국 대통령은 아프가니스탄의 탈레반 정권이 9·11테러를 저지른 이슬람 원리주의 무장 세력 알카에다를 숨겨 주고 있다고 주장했다. 그러고는 탈레반 정권을 응징할 것이라며 '테러와의 전쟁war on terror'을 선포하고, 알카에다 축출을 위해 아프가니스탄 침공을 결정했다. 그런데 이상한 것은 부시 대통령이 이 사건과 이라크를 연관 지어 이라크 침공의 명분을 찾으려고 애를 썼다는 것이다. 그의 오른팔이었던 국방장관 럼즈펠드도 이라크는 그 자체로 위협이며, 테러리스트들에게 대량살상무기를 줬을지도 모른다며 어설픈 추측성 발언으로 맞장구를 쳤다. 미국 정보기관들이 사담 후세인 정권의 대량살상무기 개발 시도가 이미 좌절되어 그럴 역량이 없다는 증거를 제시하자, 미국 행정부는 '중동 개조론'을 들고 나왔다. 중동에서 가장 억압적인 이라크의 사담 후세인 정권을 교체하고 친서방적인 민주화 정권을 수립한다면, 중동 지역 전체가 친서방 민주화를 이룰 것이라는 밝은 미래의 청사진이었다.

2002년 1월 29일, 부시는 의회 연두교서 연설을 통해 이라크, 이란, 북한을 '악의 축Axis of Evil'이라고 언급했다. 그리고 이들에 대한 예방 전쟁의 필요성을 강조했다. 사실 이란과 북한은 들러리일 뿐, 이라크 전쟁을 위한 명분 쌓기였다. 사담 후세인은 미국의 침공을 막기 위해서 미국 회사들에 이라크 자원에 대한 이권을 제공하고, 미국의 직접 사찰을 허용하겠다며 화해의 손길

2002년
부시 대통령

을 내밀었다. 그러나 이미 마음을 굳힌 미국은 이를 받아들이지 않았다. 전 세계 800개 도시에서 1000만 명이 참가한 반전 시위에도 불구하고 미국은 안보리의 결의도 받지 않은 채 2003년 3월 19일 새벽 5시 30분 이라크 침공을 감행했다.

불과 개전 20일 만에 미군과 연합군은 바그다드를 점령했고, 후세인 정권은 허무하게 무너졌다. 2003년 12월 14일 저녁 8시, 고향 티크리트 아두아 마을의 한 농가의 참호에서 체포된 후세인이 바그다드로 압송됐다. 1982년 자신을 암살하려 했다는 구실로 두자일 마을 시아파 주민 148명을 학살한 혐의로 기소된 후세인은 2006년 법정에 서서 이라크인 재판관에게 마지막 발언을 했다.

"판사 양반, 나는 사형 선고 따위 두렵지 않소. 나는 35년 동안 당신
들을 위해 일해 왔소. 나는 나 자신이 아닌, 바로 당신들을 변호하기
위해 이곳에 있는 것이오. 나는 당신이 우리의 진짜 적들을 향한 창

과 칼이 되기를 바라오. 사담 후세인이란 존재는, 나 자신조차도 변
호하기에 너무나 위대한 사람이었소."

사형 선고를 받은 후세인은 2006년 12월 30일 교수대에서
생을 마감했다. 사담 후세인의 독재 정치가 끝나고 이라크 국
민은 새로운 시대가 도래하리라 기대했다. 30년간 사담에게 억
압받았던 시아파 세력이 미국의 도움으로 정권을 잡았다. 그간
사담 후세인에게 충성했던 수니파 바트당의 군 간부와 관료들
은 실업자 신세로 전락했다. 그리고 과거와 정반대 상황이 펼쳐
졌다. 새로운 정부에 반감을 품은 수니파 중심의 반정부 운동
이 시작된 것이다. 수니파는 갈수록 과격해졌고 알카에다 등 무
장 세력과 결탁해 수많은 테러를 저질렀다. 그러나 시아파 중심
의 이라크 신정부는 사담 후세인처럼 테러 집단을 제압할 능력,
아니 그들의 공격으로부터 방어할 능력조차 없었다. 결국 정부
의 무능 아래 각종 테러 조직이 이라크 내에 근거지를 마련했다.
2015년에는 시리아에서 반정부 활동을 하던 테러 조직 IS가 이
라크에 침투해 이라크 수니파 세력을 규합하고 세력을 키웠다.
미국이 주도하는 동맹군과 이라크군은 IS 퇴치 작업을 시작했
는데, 이때 시아파 민병대(하시드 샤비)도 이라크 정부를 도와 IS
퇴치에 큰 공을 세웠다. 문제는 이 시아파 민병대가 시아파 종주
국인 이란 혁명수비대의 특수부대 쿠드스군의 조종을 받는다는
사실이었다. 다시 말해 민병대는 이란의 영향력 아래 있는 전투
세력이었다. 이런 상황에 2018년 이라크 총선에서 시아파 민병
대 출신으로 구성된 정파가 두 번째로 많은 의석을 차지함에 따

라 이란이 이라크 정치에 막강한 영향력을 행사하게 됐다. 사담 후세인 정권이 무너지고 18년이 흐른 지금, 이라크는 무능한 시아 정부와 부정부패, 여전한 수니파-시아파 간의 갈등, 이라크 내 이란의 영향력 확대, 끊이지 않는 북부 쿠르드족의 독립 요구, 그리고 이들로 인한 각종 테러와 경제 악화 등으로 이라크 국민은 골머리를 앓고 있다.

50대 중반의 쿠르드족 친구 카마란과 최근에 이야기를 나누었다. "카마란, 사담 후세인은 나쁜 사람이었을까요?"

"아⋯ 사담⋯. 그가 우리 쿠르드족에게 저지른 학살은 잊을 수 없지. 쿠르드족이 독립하겠다고 그의 심기를 건드렸을 때 그가 어떠한 만행을 저질렀는지 알지? 1987년, 쿠르드족이 거주하는 할랍자 지역을 화학 무기로 초토화시켰어. 쿠르드족 5000명이 사망했고 약 80만 명이 사우디와 요르단 국경으로 대거 이주하거나 국외로 추방됐지. 잔인한 인간이야. 국민이 자신의 통제권 안으로 들어오지 않으면 살인도 서슴지 않는."

"그래서 지금의 이라크가 더 좋다는 건가요?"

"글쎄⋯. 2003년 이후 신정부가 들어섰는데 권력자들은 다 똑같더라고. 여러 정파와 종파로 나뉘어 서로 더 큰 힘을 갖기 위해 싸우기 바빴지. 그렇게 나라는 수년간의 정치 싸움으로 분열되었고 국민은 방치된 채로 18년이 흘렀어. 그래도 사담이 이들보다 나은 게 하나 있어. 적어도 이라크를 하나의 국가로 만들려고는 했거든. 아주 강한 국가로⋯. 그러기 위해 젊은이들을 교육시켰고 수많은 의사와 박사를 배출했지. 사담 시절, 기술만 갖

265

고 있으면 전국 각지에 세워진 어느 공장에서든지 일을 할 수 있었어. 물론 그의 말을 잘 듣는다면 말이야. 말을 안 들으면 목이 날아가지만 말만 잘 들으면 굳이 국민에게 총을 겨누지 않았으니까. 이것이 여전히 많은 사람이 그가 좋은 지도자였다며 그리워하는 이유야. 지금의 위정자들처럼 자신들의 이익을 위해 국가를 분열시키고 파괴하지는 않았지. 뭐라고 해야 하나…. 사담도 나쁜 놈이었으나 그가 죽은 후 이라크를 통치한 정치인들이 워낙 무능하고 악랄한 데다 비겁했기 때문에 사담이 상대적으로 좋은 놈으로 비치는 것이지.”

산을 바라볼 때 각자가 바라보는 각도에 따라 산의 모습은 다르게 보인다. 누구도 그 산의 전체를 객관적으로 볼 수 없다. 역사도 그러하다. 사담 후세인의 집권 기간, 30년간의 이라크 역사를 한눈에 다 볼 수 있는 사람은 없다. 그래서 누구도 섣불리 사담 후세인을 판단할 수 없는 것이다. 물론 그의 야심을 위해 수많은 사람이 목숨을 잃었다는 것은 부정할 수 없는 사실이다. 하지만 지금 이라크에서 끊이지 않는 종파 간 분쟁, 우후죽순 일어나는 테러와 외세의 개입, 이로 인해 희생되는 더 많은 이라크인을 바라보고 있노라면, 독재 시대의 종식 이후 이라크에 도래한 새로운 시대에 깊은 회의감이 든다. 아랍에미리트에서 만난 친구 아흐마드는 사담 후세인의 사형일에 자신의 아버지는 아랍 민족의 상징이 형장의 이슬로 사라졌다며 눈물을 흘렸다고 말했다.

아랍 역사는 우리가 알 수 없는 미묘한 민족적 요소들이 있어 더욱 판단하기가 어렵다. 사담 후세인, 그는 정말 나쁜 놈이었을까? 질문의 답이 궁금해 샤르자대학교 역사학과 나집Najeeb bin kheira 교수님과 오랜 시간 이야기를 나누었지만, 교수님은 자신도 판단하기 어려운 문제라며 신중하게 결론을 내렸다.

"아직은 그 누구도 판단할 수는 없는 사람이야. 각자의 시각에서 본인의 의견만 있을 뿐이지"

폴리매스 학자들의 나라

بلد العلماء الموسوعيين

2012년 어느 날, 바그다드 시내 만수르Mansour 지역을 지나고 있었다. 업무상 미팅을 위해 나선 참이었다. 차 밖으로 약 4미터는 될 법한 건축물과 그 위에 청동으로 된 커다란 사람 얼굴이 떡하니 놓여 있는 게 보였다. 누구인지 궁금해 잠깐 차를 세우고 싶었지만, 테러의 표적이 될까 봐 그럴 수가 없었다. 앞자리에 앉아 주변을 살피고 있던 이라크인 경호원 팔라흐에게 물어보는 걸로 만족해야 했다.

"팔라흐, 저 동상은 누구의 것이지?"

"아부 자파르 알만수르의 동상이야. 우리가 밟고 있는 이 도시 바그다드를 처음으로 세운 분."

"원형 도시 바그다드를 건설한 사람이군."

"오! 맞아. 이슬람 황금기의 출발선을 끊은 사람이지."

"잠깐 내려서 보면 안 되겠지?"

"절대 안 되지."

아부 자파르 알만수르Abu Ja'far al-Mansur(재위 754~775)는 아바스 왕조의 2대 칼리파다. 그의 동상은 1976년 사담 후세인이 세운 것인데, 철권통치로 나라를 다스린 독재자였던 그가 도시 한복판에 동상을 세운 건 아마도 자신을 알만수르와 동일시하고 이를 국민에게 세뇌하고자 했던 것으로 보인다. 2003년, 미국의 침공으로 사담 후세인 정권이 무너졌을 때 알만수르 동상 또한 폭탄 테러로 그와 운명을 같이했다. 2006년 사담 후세인은 사망했지만, 이라크 국민은 알만수르 동상만큼은 다시 살려내고 싶어 했다. 동상이 무너졌을 때 이라크 국회의원 알자나비Al-Janabi

는 이렇게 말했다.

"이는 우리 이라크 역사와 문화에 대한 공격입니다. 알만수르 동상은 미국의 자유의 여신상과 같이 우리에게 큰 상징성이 있습니다. 파괴되더라도 다시 지을 것입니다."

결국 2008년 이라크 신정부는 알만수르의 동상을 복원해 같은 자리에 세웠다. 사담 후세인이 닮고자 했으나 끝내 이루지 못한 범접할 수 없는 인물, 신정부가 과거 이라크의 영광을 간직하기 위해 부활시킨 위대한 인물, 알만수르. 도대체 그는 어떤 사람이었을까?

세계 학문을 받아들인 제국의 통치자

661년~750년은 우마이야 왕조가 이슬람 세계를 다스린 시기다. 이들이 철저하게 아랍인 중심 정책을 시행한 탓에 페르시아인(이란인)을 포함한 비아랍인들은 100년간 이슬람 세계에서 괄시를 당할 수밖에 없었다. 아랍 및 무슬림은 코란을 중심에 두고 타문화의 서적과 과학 업적을 멸시했으므로, 이슬람 세계의 학문은 아랍어와 이슬람 종교법에 관한 지식 외에 다른 학문으로 확대되지 못했다.

750년 아바스 가문이 우마이야 왕조를 무너뜨리고 새로운 이슬람의 지배자로 등극했다. 아바스 왕조 1대 칼리파 앗사파흐As-Saffah(재위 750~754)는 왕조 수립을 도왔던 페르시아인, 유대인, 네스토리우스 기독교인 등 비아랍인들을 정부 요직에 앉혔다. 이슬람 세계의 민족적, 문화적 스펙트럼이 확대되는 계기가 된

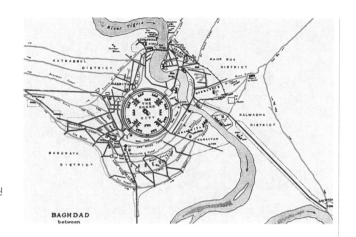

1883년 제작된
초기 바그다드
복원도.

시기였다. 이후 알만수르가 2대 칼리파가 되면서 이슬람 세계에
는 본격적인 변혁의 바람이 불기 시작했다. 서유럽 기독교 세계
가 문을 걸어 잠그자 갈 데가 없어진 세속 그리스 및 헬레니즘
학문이 이슬람 세계의 문을 두드렸다. 알만수르는 주저 없이 그
문을 활짝 열었다. 학문의 발전을 위해서라면 민족과 종교도 따
지지 않았던 그는 비잔틴 황제에게 사람을 보내 수학 연구 자료
들을 요청하기도 했다. 이슬람 선지자 무함마드가 했던 "학문은
멀리 중국에까지 가서라도 구할지어다"라는 말을 알만수르는
몸소 실천했다. 비잔틴 황제가 보낸 유클리드의 책과 물리학에
관한 연구 자료를 보고 알만수르는 유클리드 기하학의 '원에 대
한 정의'를 적용하여 아바스제국의 수도 바그다드를 완벽한 원
형 도시로 만들었다. 좋은 머리를 타고난 데다 학문에 대한 열정
이 넘쳤던 알만수르는 학문을 실생활에 적용할 줄 아는 실용주
의자였다.

알만수르는 그리스 학문을 포함해 페르시아의 종교(조로아스

터교)와 사상, 인도와 유대 민족의 설화 등 타민족의 사상과 문화를 받아들여 아랍어로 번역하는 방대한 사업을 시작했다. 이는 아바스 왕조 아래 존재하는 다양한 민족을 포용하려는 정책의 일환이기도 했다. 당시 알만수르가 번역 지시를 했던 서적들의 제목만 봐도 당시 이슬람제국의 학문적 수준을 엿볼 수 있다. 아리스토텔레스의《논리학》과 다양한 주제에 관해 집필한 서적들, 프톨레마이오스의 천문학 이론서《알마게스트Almagest》, 게라사의 니코마코스Nicomachus of Gerasa의《산술Arithmetic》, 유클리드의 기하학 서적, 우화 모음집《칼리아 와딤나Kalia wa-Dimna》, 천문 안내서《신드힌드Sindhind》, 그 외 고전 그리스어, 비잔틴 그리스어, 팔라비어(중기 페르시아어), 신페르시아어, 시리아어로 기록된 수많은 고전이 번역됐다. 번역 운동은 200년 넘게 지속되었고 그 덕분에 파키스탄에서 에스파냐에 이르는 광대한 지역에서는 아랍어가 학문을 배우기 위해 필수적으로 배워야 하는 만국 공통어가 됐다. 아마도 현대의 '영어'와 비슷한 위상을 지니지 않았을까 싶다. 실제로 당시 학문 탐구를 위해 중동의 여러 지역을 여행했던 학자들은 아랍어만 할 줄 알면 어디를 가든 원활한 연구 활동이 가능했다고 하니까 말이다.

　박사 과정에서 나와 같이 공부하는 친구 아스마는 메신저 앱을 통해서 아랍 사극 영상을 자주 공유한다. 중세 시대에 학문을 배우기 위해 이슬람 지역에 당도한 유럽 학생들이 아랍인들에게 아랍어를 가르쳐 달라고 부탁하는 장면이다. 영상 바로 아래에 아스마는 이렇게 글을 남긴다. "친구들이여, 아랍어의 위대함을 잊지 맙시다!"

학문을 사랑한 지도자가 제국을 다스리던 시기에 수많은 천재 학자들이 배출됐다. 과거에는 아무리 재능이 뛰어난 학자일지라도 왕실, 종교 조직, 대학, 부유한 상인 등의 후원이 없으면 실력을 발휘하기가 어려웠다. 알만수르는 눈앞의 국가적 이익보다는 장기적인 비전을 가지고 학자들이 잠재된 능력을 한껏 펼칠 수 있도록 제국 내 면학 분위기를 조성했다. 한 국가의 지도자가 정책을 추진할 때, 가장 어려운 것은 이전에 아무도 시도하지 않았던 것을 처음으로 시행하는 것이다. 당장 성과를 확인할 수 없기 때문이다. 짧게는 수십 년, 길게는 수백 년 후 후손들이 그 정책의 방향이 옳았다고 평가할 때에야 그 지도자는 비로소 칭송받게 된다. 1000년이 넘게 지난 오늘날 알만수르의 시도는 수많은 학자에게 높은 평가를 받고 있다.

"변치 않는 신념과 신중한 결단력으로 목표했던 바를 추구했던 천재 정치가." –중세 역사가 휴 케네디Hugh Kennedy

알만수르의 씨앗, 알마으문의 열매

알만수르가 학문의 씨를 뿌렸다면 열매를 거둔 것은 7대 칼리파 알마으문Al-Ma'mun(재위 813~833)이다. 당시 이슬람 학파 중에 그리스적 이성주의를 내세운 무으타질라Mu'tazila파가 있었는데 알마으문은 자신과 지향하는 바가 같다고 보고 무으타질라파의 교의를 공인했다. 무으타질라파는 이성의 눈으로 사물을 바라볼 때 의문이 생기며 그러한 의문에 답하는 과정 중에 지식에 도달할 수 있다고 보았던, 과학적 사고가 뛰어난 집단이었다. 알마으

바그다드 전문
번역 기관 '지혜의 집'
도서관의 학생들
(야흐야 알 와시티
Yahya ibn Mahmud al-
Wasiti 작품).

문 시대 이슬람 학문 발전의 밑바탕에는 바로 이 무으타질라파
의 철학이 깔려 있었다.

알마으문은 합리주의에 입각하여 학자들이 더욱 자유롭게 연
구할 수 있도록 무대를 마련해 주었다. 페르시아의 학술 기관 준
디샤푸르Jundishapur를 본떠서 바그다드에 베이트 알히크마Bait
Al-Hikmah라는 왕립 학술원을 건립했다. 우리말로 번역하면 '지
혜의 집'이다. 이곳은 번역원이면서 도서관, 대학교, 천문대 등
다양한 역할을 담당했다. 왕이 만들어 준 무대에서 다재다능한
천재 학자들은 경제적 장애물 없이 마음껏 실력을 발휘했다. 유
럽의 르네상스 시기에는 레오나르도 다빈치, 미켈란젤로처럼 다
재다능한 천재를 호모 우니베르살리스homo universalis(만능인)라
고 불렀고, 17세기부터는 이런 사람을 폴리매스Polymath라고 불
렀는데, 이슬람 세계에서는 학자라면 으레 폴리매스가 되어야
한다는 인식이 강했다. 중세 시대 바그다드에는 전 세계적으로
뛰어난 폴리매스 학자들이 넘쳐났다. 서구 중심적인 시각에서

글을 쓰던 영국 철학자 버트런드 러셀Bertrand Russell도 그의 책 《서양 철학사》에서 초기 이슬람 학자들이 대체로 백과사전적 지식을 겸비했다는 사실을 인정했다. 현재 내가 다니고 있는 샤르자대학교의 한 인문학 강의실에는 '아랍의 천재 학자들'이라고 씌어 있는 커다란 포스터가 붙어 있다. 중세 시대 학자들의 초상화와 이름이 프린트된 그 포스터를 보며 젊은 아랍 인문학도들이 공부에 매진한다. 그들이 1000년 전에 존재했던 아랍 학자들을 롤모델로 삼는 이유는 무엇일까? 아마도 지난 수백 년간 이슬람 세계에서 그러한 천재 학자들이 배출되지 못했기 때문일 것이다. 환경이 받쳐 주지 않으면, 천재의 잠재력은 영원히 잠잘 수밖에 없다.

포스터에 그려진 학자 중에 이븐 알하이삼Ibn al-Haytham(965~1040)이 첫 번째로 눈에 띈다. 실험을 통한 과학적 방법론을 최초로 정립한 과학자 중 한 명인데, 그가 탐구했던 분야는 물리학, 생물학, 천문학, 수학, 광학, 해부학, 공학, 의학, 심리학까지 매우 방대했다. 우리에게도 잘 알려진 이븐 시나Ibn Sina(980~1037)는 의사이자 천문학자인 동시에 사상가였는데, 오늘날 아랍에미리트 최대 약국 브랜드 중 하나인 빈시나BinSina도 그의 이름에서 따왔다(아랍어로 '이븐ibn'과 '빈bin'은 동일어로 사용됨). 아랍의 역사학자 이븐 칼둔(1332~1406)은 나와 함께 공부하는 아랍 역사학도들 대부분이 이상형으로 삼는 천재다. 그는 철학, 역사, 신학, 경제, 정치, 사회학, 자연과학과 지리학까지 두루 섭렵하고 이를 통합해 사회과학이라는 학문을 정립했는데, 영국의 역사가 아놀드 J. 토인비는 자신을 일컬어 이븐 칼둔의 제자라 칭하기도 했다. 마지막으로 알콰리즈미al Khwarizmi(780~850)는 수학, 천문학, 지리학에 정통했던 페르시아인(이란인) 학자로 오늘날 대수학을 뜻하는 영어 단어 'Algebra'는 그의 책에서, 알고리즘 Algorithm이란 말은 그의 이름에서 따왔다고 전해진다.

7대 칼리파 알마으문은 별의 움직임을 보고 자신과 왕조의 운명을 점치는 점성술에 관심이 많았다. 그의 개인적 호기심은 천문대 설치와 천문학 연구로 이어졌다. 그를 이은 후대의 칼리파들도 별의 움직임과 천체의 운동을 정확히 측정하기 위해 바그다드뿐 아니라 이슬람제국 곳곳에 천문대를 세우고 천체 관측 기구 개발에 돈을 아끼지 않았다. 이슬람의 과학 기술은 원나라(1271~1368)에 전해져 중국의 새로운 과학 발전에도 큰 공헌을 하였다. 그리고 조선의 세종은 중국에서 들여 온 과학 기구들을 보완하고 발전시켜 다양한 천문 관측 기구를 제작했다. 중세 시대 바그다드에 살던 왕들의 호기심이 과학의 발전을 이루고, 그것이 7000킬로미터라는 지리적 거리를 뛰어넘어 한반도까지 전파된 것이다. 내 지도 교수인 마스우드 박사는 이를 가리켜 "바그다드를 중심으로 한 중세 시대의 세계화"라고 말하곤 한다. 장영실이 물시계 자격루를 발명한 건 1434년 조선 시대의 일이다. 그러나 이슬람 세계에서는 이미 8세기 아바스 시대에 소리 나는 물시계가 고안되었다. 802년 아바스 왕조 5대 칼리파 하룬 알라시드가 프랑크제국의 황제 샤를마뉴Charlemagne(재위 768~814)에게 보낸 선물 중에 청동으로 만들어진 물시계도 포함되어 있었다. 프랑크 카롤링거 왕조의 역사가 아인하르트

Einhard(775~840)가 쓴 궁중 기록에 따르면 12시가 되면 이 물시계에 있는 열두 개의 문에서 기사가 등장했다고 한다.

역사는 돌고 돈다

11세기 이후 유럽은 세속 학문을 향해 걸어 잠갔던 문을 조금씩 열기 시작했다. 중세의 암흑기를 벗어나 고대 그리스의 지식을 부활시키려는 움직임이었다. 그러나 이미 유럽은 상당수의 그리스 원본을 유실한 상태였으므로 무슬림이 수백 년간 아랍어로 써 내려간 학술서에 의지할 수밖에 없었다. 이탈리아, 프랑스, 영국 등지에서 유럽 번역가들이 이슬람–기독교의 문화가 공존하던 알안달루스Al-Andalus와 이탈리아의 시칠리아로 몰려왔다. 특히 이들은 당시 이베리아반도(현재의 스페인)를 지배했던 이슬람 소국 알안달루스의 수도 코르도바Cordoba와 문화 중심지 톨레도Toledo에 장기간 머물며 아랍어를 공부하고 방대한 아랍어 학술서들을 라틴어로 번역하기 시작했다. 이들은 아랍인들이 정리해 놓은 그리스의 지식과 이슬람의 독자적인 학문 수준에 탄복했다. 당시 유럽에서는 로마 숫자(ⅠⅡⅢⅣⅤ…)를 사용했는데,《알고리즘에 대한 입문서Liber Isagogarum Alchorismi》라는 대수학 책을 아랍어에서 라틴어로 번역하면서 아라비아 숫자와 '0'의 개념이 자연스럽게 유럽으로 들어왔다. 아랍인들은 관용의 정신으로 유럽 학자들을 환영하고 라틴어 번역 활동을 헌신적으로 도왔다. 아마 그들은 그 순간이 이슬람 세계에서 유럽으로 세계 문명의 중심이 넘어가는 과도기라는 것을 전혀 눈치

채지 못했을 것이다. 이슬람 문명 아래서 발달한 다채로운 학문이 유럽에 전수되었고 이를 발판으로 르네상스가 본격적으로 꽃을 피웠다. 특히 무슬림 의학자들은 페르시아나 그리스로마의 의학 서적을 고스란히 받아들여 번역 작업을 거치고 의술을 임상에 도입하면서 독자적인 이슬람식 의학을 발전시켰다. 그리고 이것이 훗날 다시 번역되어 유럽으로 건너가면서 유럽의 의학 발전에 중요한 밑거름이 되었다. 대표적으로 이븐 시나의 명저《의학 전범Al-Qanun fi't-Tibb》은 12세기에 라틴어로 번역된 후 16세기까지 유럽 각지에서 의학 교과서로 사용되었다. 이외에도 알이드리씨al-Idrisi(1100~1165)의 저서《천애 횡단 갈망자의 산책 Nuzhatu'l Mushtāq fi Ikhtirāqi'l Afāq》이 17세기에 라틴어로 번역되어 유럽 대학들에서 지리학 교재로 채택되기도 했다. 이렇게 이슬람 학문을 전수받은 유럽인들은 과학 기술 혁명을 통해 세계 문명을 선도하기 시작했다.

이슬람 세계는 유럽에 '문명'이라는 배턴을 건넨 후 퇴보의 길을 걸었다. 그러나 아직도 아랍인들은 이슬람 문명이 현대 유럽 사회에 기여했다는 것에 큰 자부심을 가지고 있다. 모로코의 이슬람 철학 평론가 무함마드 압델 자브리Mohammed Abed al-Jabri는 그의 아랍어 저서《아랍 이성의 생성Takween al-a'ql al-a'rabi》에서 다음과 같이 자신의 견해를 밝혔다.

"서구의 동양학자들은 아랍인이 그리스 문명과 현대 유럽 문명 사이에서 일시적인 중간자 역할을 했을 뿐이라고 말한다. 그러나 실제로 우리는 단순한 전달을 넘어, 이전에 존재했던 고대 문명의 재생산 작업을 통해 아랍·이슬람 문명을 이룩해냈다. 이와 같이 현대의 유럽 문명도 바로 아랍·이슬람 문명을 재생산한 결과라고 보는 것이 옳을 것이다.”

바그다드를 중심으로 한 이슬람 문명의 황금기가 막을 내리고 수백 년이 흘렀다. 지금 바그다드란 도시는 어떻게 되었는가? 2019년 미국 컨설팅 기업 머서Mercer에서 발표한 ‘세계 도시 삶의 질 평가’ 결과를 보면, 바그다드는 조사 대상인 231개 도시 중에서 231위를 차지했다. 뉴스에서 ‘바그다드’를 검색하면 대부분이 테러, 반정부 시위, 경제 악화 등 부정적인 관련어들만 쏟아져 나온다. 현재 한국 외교부에서는 치안상의 이유로 이라크 여행을 금지하고 있어 이제 바그다드는 가고 싶어도 갈 수 없는 그리운 도시가 되어 버렸다. 40여 년 전에 세워진 알만수르 동상은 오늘도 여전히 바그다드를 지키고 있다. 자신이 뿌려 놓은 씨앗의 열매를 맛보지도 못하고 있는 후손들을 바라보는 그의 마음은 과연 어떨지…. 그만한 곤욕도 없지 않을까? 그러나 오늘날 바그다드 시민에게는 알만수르의 동상이 꼭 필요하다. 그 동상이라도 바라보아야 희망적인 미래를 꿈꿀 수 있을 테니까. 나도 그리운 바그다드 땅에 언젠가 제2의 알만수르가 탄생하길 바란다. 그리고 그렇게 될 것이다. 역사는 돌고 도니까….

الإمارات العربية المتحدة

다섯 번째 일기

아랍에미리트연합

UNITED ARAB EMIRATES

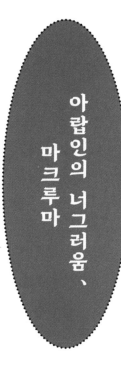

아랍인의 너그러움,
마크루마

الكرم العربي الأصيل

행정 절차도 바꿀 수 있는 인간관계

"모든 과정이 아랍어로 이루어지고, 논문도 아랍어로 작성해야 하는데 잘 해낼 수 있겠어요?"

"예. 자신 있습니다."

2016년 5월 23일, 샤르자대학교에서 면접을 보는 중이었다. 9월 학기부터 역사·이슬람문명학과 석사 과정에 입학하기 위한 마지막 관문이었다. 면접을 무사히 마치고 며칠 후 학과장인 누르 알딘Nur al-Din 교수를 찾아갔다. 그는 나에게 면접을 통과했으니 걱정하지 말라며 안심시켜 주었다. 설레는 마음으로 합격만을 기다렸다. 그러나 석 달 후 발표된 최종 합격자 명단에는 내 이름이 없었다. 청천벽력 같았다. 다음 날 아침 눈을 뜨자마자 채비를 하고 곧바로 학과장실을 찾아갔다. 학과장인 누르 알딘 교수는 행정상 착오가 있는 것 같으니 입학처에 가 보라고 했다. 입학처로 가자 행정 직원이 나를 부처장실로 안내했다. 부처장은 초점 없는 눈빛으로 내 이야기를 들어 주었는데, 할 일들이 많아 귀찮다는 듯 건성으로 듣는 느낌이었다. 그가 책상 위에 어지럽게 널려 있는 서류를 뒤지며 내가 접수한 원서를 찾는 시늉을 하자 눈치 빠른 비서가 접수 원서를 부처장에게 가져다주었다. 부처장은 원서를 한참 들여다보더니 고개를 들고 나를 빤히 쳐다보았다. 그러고는 퉁명스럽게 말을 툭 내뱉었다.

"다시 신청해 봐요. 그럼 이번 학기는 안 되고, 다음 학기부터 다닐 수 있을 거요."

"이유라도 알고 싶습니다. 왜 안 된 거죠?"

"이미 모든 행정 절차가 끝났어요. 한 학기 늦어져도 큰 문제가 될 건 없지 않나요?'"

무책임한 발언에 화가 났다. 그는 이미 완료된 행정 절차는 돌이킬 수 없다는 이야기만 되풀이했다. 그의 방을 나온 뒤, 복도에서 한참을 멍하니 서 있었다. 억울하기도 하고 세워 놓은 공부 계획이 무산될 것을 생각하니 눈앞이 캄캄하기도 했다. 그때 내 머릿속에 이런 생각이 스쳤다. '더 높은 사람을 찾아가 보자. 아랍에서 불가능이란 없어.' 나는 무작정 총장실로 향했다. 총장실에 들어서니 전통 의상을 입은 총장 비서실장이 앉아 있고 몇몇 교수가 총장을 만나기 위해 대기하고 있었다. 아랍어로 인사를 건네자 비서실장은 나에게 큰 관심을 보였다. 나는 자초지종을 설명한 후 총장을 만나게 해 달라고 부탁했다. 그는 곰곰이 생각하더니 말문을 열었다.

"당신이 나에게 보여 준 그 의지를 담아 아랍어로 서신을 쓰세요. 수신자는 총장님이오. 그리고 서신 맨 아래 역사·이슬람문명학과 학과장의 서명도 받아오세요. 그럼 내가 방법을 생각해 보리다."

비서실장의 말에서 진심으로 도와주려 한다는 확신을 얻었다. 그가 '서신'을 요구했기 때문이다. 아랍인과 일을 해 보면 안다. 그들은 온갖 화려한 화법으로 상대방의 기대치를 높여 놓고 실행에 옮기지 않는 경우가 허다하다. 도움이 필요하면 언제든지 연락하라고 해 놓고 아예 전화를 받지 않는 경우도 부지기수다. 그래서 아랍인과 구두 계약을 했을 경우, 일이 성사되었다고 기뻐하는 건 금물이다. 서로 오갔던 말들은 이미 공중으로 날아가 버렸기 때문이다. 그만큼 아랍에서는 '문서'가 중요하다. 거기에 정부의 도장이나 서명까지 들어간다면 실로 그 문서의 힘은 막강해진다.

다음 날 누르 알딘 교수를 찾아갔다. 서명을 마친 그가 나의 어깨를 치며 무언의 응원을 해 주었다. 곧장 총장 비서실장에게 가서 작성한 서신을 전달하자 그는 아무 말도 하지 않고 유심히 검토했다. 그러고는 나에게 잠깐 앉아서 기다리라고 했다. 상황이 어떻게 흘러가는지도 모르고 마냥 기다리려니, 정말 1분이 일 년 같았다. 두 시간쯤 흐르자 비서실장이 나를 다시 불렀다.

"지금 입학처장에게 가 보세요."

"잘 해결된 건가요?"

"우선 입학처로 가 보세요. 그럼 알게 될 거요."

나는 더 묻지 않고 그저 감사하다는 말만 되풀이하고는 총장 비서실을 나왔다. 빠른 걸음으로 가는데도 그날따라 입학처로 가는 길이 무척 멀게 느껴졌다. 입학처장실 앞에 도착하자 때마침 사무실에서 나오는 입학처장과 마주쳤다. 그가 먼저 내게 말을 건넸다.

"혹시 당신이 한국에서 온 학생인가요?"

무함마드 파르잘라
샤르자대학교 총장
비서실장과 함께.

"예. 맞습니다."

"방금 총장님 비서실장에게 들었어요. 이슬람 역사를 깊이 잘 공부해 보세요. 입학 축하해요. 과정은 쓰지만 결실은 달콤할 겁니다."

"저 합격한 것인가요?"

"다 잘 처리되었소. 열심히 공부하세요."

이렇게 중간에서 연결해 주는 사람을 아랍어로 '와씨따Wasita' 라고 한다. 물론 사람 사는 곳이면 어디든 와씨따가 있지만 특히 아랍 지역에는 이런 문화가 강하게 남아 있다. 물론 돈을 목적으로 하는 경우도 많지만, 총장 비서실장처럼 선한 마음으로 대가를 바라지 않고 도와주는 이들도 많다. 아랍인과 진심으로 소통하고 마음의 감동까지 느낀다면, 의외로 일은 일사천리로 진행된다. 내가 사는 두바이에서도 아랍인과의 갈등 때문에 어려움에 처한 한인들이 종종 나에게 도움을 요청하곤 하는데, 그것은 내가 돈이 많아서도 혹은 높은 자리에 앉아 있어서도 아니다. 단지 아랍인과 소통하며 문제 해결의 실마리를 찾아 주기 때문이리라.

박사를 시작하게 해 준 샤르자 통치자

2016년 9월부터 2018년 12월까지 아랍에미리트연합에 거주하며 샤르자대학교에서 석사 과정을 공부했다. 잠시 일을 중단하고 학업에만 몰두해야 했기에 어쩔 수 없이 아내가 두바이의 한 회사에 취업을 했다. 아내가 학비뿐 아니라 가족의 생활비도 지원해 줘서 고마운 마음이 들면서도 옆에서 오랜 기간 마음고생하는 모습을 보니 마음이 무거웠다. 석사를 시작하고 2년 반이지난 2018년 12월, 드디어 모든 과정을 마치고 논문 작성만을 남겨 둔 시점이었다. 그날 나는 몇 개월간 마음속에 품었지만, 입 밖으로 내뱉지 못했던 또 다른 목표를 아내에게 털어놓았다.

"여보, 이왕이면 박사까지 해 보고 싶어."

아내는 묵묵부답이었다. 석사 과정 정도야 아랍 지역에서의 흔치 않은 경험과 지적 욕구를 해소한 값으로 정당화할 수 있었다. 그러나 박사 과정은 달랐다. 석사보다 학비가 비쌀뿐더러 과정도 더 길기 때문에 포기해야 할 것도, 희생해야 할 것도 많았다. 한참을 아무 말도 하지 않던 아내가 어디에서 학비 지원을 받을 수 있다면, 생각해 보겠다고 대답했다. 다음 날부터 학교의 담당자들을 찾아다니며 장학금을 알아봤지만, 외국인을 위한 장학금 지원 제도는 학칙 어디에도 존재하지 않았다. 어느 날 밤혼자 책상에 앉아 깊은 고민에 빠졌다. 여기서 포기할 것인가? 몇 시간이 지나고 내 머릿속에 생각 하나가 스쳤다. '포기할 수없어. 그래, 샤르자 통치자를 찾아가 보자!'

아랍에미리트는 일곱 토후국으로 구성된 연방국가다. 각 토후국에는 통치자Ruler가 존재하는데 한마디로 해당 토후국의 '왕'이라고 생각하면 된다. 아부다비, 두바이 다음으로 큰, 제3의 토후국 샤르자의 통치자는 셰이크 술탄 빈 모하메드 알까시미 Sultan bin Mohammed Al Qasimi다(셰이크는 아랍권 지배 계급 남성 이름에 붙는 칭호로 수장, 최고 통수권자라는 뜻이다). 한낱 외국인 학생에 지나지 않는 내가 그를 직접 찾아가 설득하여 학비를 받아

287

내겠다니, 내가 생각해냈지만 실로 엉뚱한 발상이 아닐 수 없었다. 그러면서도 아주 말이 안 되는 건 아니라고 생각했다. 셰이크 술탄은 한 토후국의 통치자인 동시에 역사학자이자 언어학자이기도 했다. 인문학을 사랑하는 그는 샤르자를 중동의 아랍·이슬람 문화 중심지로 만들겠다는 비전을 품고 있었다. 또한 셰이크 술탄은 관대한 마음을 가졌으며, 국민과의 소통 능력이 뛰어난 지도자라고 정평이 나 있었다. 만약 만날 수만 있다면 내 이야기를 귀담아들어 주지 않을까? 믿음은 확신이 되었고, 나는 그 믿음을 붙잡고 밤새 기도하며 서신을 작성했다. 정성껏 서신을 완성했지만, 내 앞엔 또 다른 문제가 남아 있었다. '통치자에게 서신을 어떻게 전달할 것인가?' 그나마 일말의 기대를 품었던 샤르자 왕실에서 일하는 지인에게서 실망스러운 답변이 돌아왔다.

"내가 도와준다고 해도 통치자 손에 서신이 쥐어지진 않을 거야. 통치자에게 가기 전에 보좌관이나 비서들이 걸러 내겠지. 쉽지 않을 것 같아."

그러나 포기할 수 없었다. 나는 샤르자대학교의 총장실로 향했다. 통치자 셰이크 술탄은 샤르자대학교의 건립자이자 이사장이기도 하니 총장은 평소에도 셰이크 술탄과 자주 연락할 것이 아닌가? 그러니 내가 총장에게 부탁하면 내 서신을 통치자에게 전달해 줄 수도 있겠다는 기대를 품었다. 그러나 나의 기대는 예상치 못하게 총장 비서실장 선에서 무너지고 말았다.

"서신? 개인적으로 통치자에게 서신을 전달한다고요? 불가능합니다. 총장님도 그런 일은 못 도와줘요. 누구를 찾아가더라도 불가능할 것 같은데…. 미안합니다."

총장실을 나와 힘없이 터벅터벅 걸었다. 가슴이 먹먹했다. 하지만 이대로 집에 갈 수는 없었다. 어떠한 실마리라도 찾고 가야겠다는 생각뿐이었다. 답답한 마음을 넋두리할 사람을 찾아 평소에 친하게 지내던 나집 교수의 연구실을 찾아갔다. 내 이야기를 한참 듣던 나집 교수가 생각지 못했던 돌파구를 얘기했다.

"내 생각인데…. 샤르자 아랍어 학술원장 무함마드 사피 박사를 찾아가 보는 건 어떨까? 그분이 샤르자 왕실과 가까운 것으로 알고 있어. 밑져야 본전인데 찾아가 봐."

지푸라기라도 잡는 심정으로 아랍어 학술원을 찾아갔다. 학술원장 비서가 다음 날 아침 10시에 다시 찾아오라며 면담 약속을 잡아 주었다. 이튿날 무함마드 사피Muhammad Safi 박사를 만난 나는 그동안 있었던 모든 일을 설명하고 서신을 전달했다. 서신을 펼쳐 본 그는 진지한 얼굴로 읽어 내려갔다. 곧 고개를 들더니 말문을 열었다.

"좋습니다. 내가 도와주겠어요. 그전에 먼저 당신이 나를 도와줄 일이 있어요. 혹시 한국의 대학 중에서 아랍어과 규모가 가장 큰 곳을 연결해 줄 수 있나요? 우리 학술원에서 협력 사업을 하고 싶었는데 그동안 마땅한 연결고리를 찾지 못하고 있었어요. 때마침 당신이 나를 찾아오다니 참 신기하군요."

"그럼요! 지금 당장 연락해 보죠."

절묘한 인연이었다. 집에 돌아오자마자 나는 모교인 한국외국어대학교 아랍어과 교수님들께 연락했다. 예상치도 못했던 일

이었다. 무함마드 사피 박사는 협력의 첫걸음으로 한국외국어대
학교의 교수님들을 샤르자로 초청하겠다고 했다. 일은 일사천리
로 진행되었다. 한 달 정도가 지나고 샤르자 아랍어 학술원은 한
국외대 동양어대학장, 통번역대학원 교수 두 명, 학부 교수 두
명, 그리고 나까지 여섯 명을 샤르자로 초청했다. 그리고 드디어
그렇게도 만나고 싶었던 셰이크 술탄 통치자를 교수님들과 함께
만났다. 이후 석 달 동안 학술 협력 방안에 대해서 양측 간에 구
체적인 논의가 오갔는데, 나는 그 사이에서 조금이라도 도움이
되기 위해 바쁘게 움직였다. 그해 5월 초에는 무함마드 사피 박
사가 한국을 직접 방문했고 한국외대 아랍어과와 샤르자 아랍어
학술원 간 협력 각서가 체결되었다. 일은 마무리되어 가고 있는
데 정작 내 장학금 문제에 대해서는 누구도 말을 꺼내지 않았다.
시간은 흘러 6월이 되었고, 나는 논문 심사를 통과해 석사 졸업
장을 받아 들었다. 그때 무함마드 사피 박사가 드디어 이야기를
꺼냈다.

　"이제야 내가 당신을 도와줄 때가 된 것 같군요. 이번 협력
각서 일로 통치자님께 박사 장학금을 지원해 봅시다. 한국외대

가운데가 셰이크
술탄 통치자, 오른쪽
에서 세 번째가
무함마드 사피 박사다.

교수님한테 통치자 앞으로 서신을 써서 나에게 보내라고 말씀드리세요. 그다음은 내가 알아서 하겠습니다.”

내 말을 듣자마자 한국 교수님은 서신을 곧바로 작성해 보내줬고 다음 날 나는 무함마드 사피 박사에게 그것을 전달했다. 하지만 또다시 기다림이 계속됐다. 말 그대로 감감무소식이었다. 8월 중순이 넘어가자 ‘아, 이대로 끝인가…’ 불안감이 찾아왔다. 9월 새 학기를 코앞에 두고도 소식이 없는 걸 보고 아내가 먼저 체념했다. 거의 포기 쪽으로 마음을 굳히고 있을 즈음인 8월 22일, 한 통의 전화가 왔다. 무함마드 사피 박사였다. 떨리는 마음으로 전화를 받자 그의 격앙된 목소리가 들려왔다.

“드디어 오늘 아침 통치자님이 승인해 주었네! 축하하네! 어서 샤르자로 오게!”

아랍 국가에서 나의 학문 여정은 결코 녹록지 않았다. 그래도 굵직한 전환점에서 톡톡한 역할을 한 것은 단연 사람과의 관계였다. 일이 잘 풀리지 않을 때 많은 사람이 ‘왜?’라는 질문을 되뇌며 원인을 분석하려 한다. 그러나 아랍 세계에서는 논리적으로 이해할 수 없는, 가끔은 법을 뛰어넘는 무엇인가가 있다. 그리고 통치자에서부터 경찰에 이르기까지 이러한 일을 행할 특권을 지닌 사람들이 분명 존재한다. 나의 진심이 전해지면, 이들은 종종 내 사정을 헤아려 주고 예외적으로 우대해 준다. 이러한 선처를 아랍어로 ‘마크루마Makrumah’라고 하는데, 어려운 사정에 처하거나 간절한 바람이 있는 사람을 돕고자 하는 아랍인 특유의 관대함에서 나오는 일종의 선물이다. 물론 아랍 국가에서 대부분의 일은 법의 테두리 안에서 이루어지지만, 일이 잘 풀리지 않을 때는 푸념만 늘어놓아선 안 된다. 어디선가 나의 말에 귀 기울여 줄 '마크루마'를 지닌 아랍인을 만날 수 있을지 누가 아는가? 사람과의 관계가 기적을 만들어 내는 곳, 이곳이 바로 아랍 세계다.

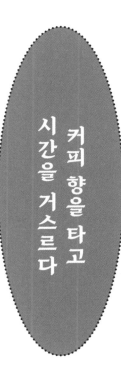

커피 향을 타고
시간을 거스르다

سفر عبر الزمن راكبًا رائحة القهوة

◆

"파이살, 뭐해?"

"일하지. 한번 봐야지. 어디서 볼까?"

"내가 네 회사 앞으로 갈까?"

"아니야, 오지 마. 여기 커피숍 별로야. 내가 시간을 내 볼게. 로커피Raw Coffee로 가자."

에미리트인 친구 파이살은 나와의 약속 장소를 항상 '로커피'로 잡는다. 본인 회사에서 20분이나 운전을 해서 와야 하는데도 이곳만을 고집한다. 신선한 원두를 로스팅한 후 그 자리에서 갈아 주는 커피의 향과 맛을 잊지 못해서다. 아침 일찍 로커피에 가면 한쪽에서는 직원들이 커피 원두를 볶으며 로스팅 작업을 하느라 바쁘고, 다른 한쪽에서는 하얀 전통복 칸두라kandurah를 입은 아랍인들이 자리를 잡고 진한 에스프레소를 홀짝이며 아침의 여유를 즐긴다. 이들은 시큼하면서 진한, 커피 본연의 맛과 향기가 묻어나는 에스프레소를 좋아한다.

두바이에도 스타벅스, 카페 네로Café Nero, 코스타Costa 등 유명한 커피 프랜차이즈들이 곳곳에 자리를 잡고 있으나 그곳에서 아랍 전통복을 입은 사람들을 찾아보기는 쉽지 않다. 반면 규모는 작지만 로스팅한 지 3주도 안 된 신선한 원두를 엄선하여 직접 갈아 만든 에스프레소, 이것 하나에 승부를 건 커피숍에는 현지인들이 붐빈다. 브랜드는 중요하지 않다. 아무리 허름하고 규모가 작아도 원두의 맛과 바리스타의 실력만 출중하다면 단골이 된다. 아침 시간에 보면 수많은 자동차가 이런 커피숍 앞에 주차했다가 떠나는 모습을 발견할 수 있다. 전화로 미리 주문

이게
더 신선하군…

Starbucks

한 사람들이 커피숍 앞에 차를 대면 직원이 작은 일회용 컵에 담긴 커피를 급히 들고 나온다. 창문이 열리면 아랍 남성들이 하는 '슈막(머리에 두르는 스카프)'이 얼핏 보인다. 커피의 향과 맛에 민감한 사람들이다.

이들의 유별난 커피 사랑은 수백 년간 커피와 함께해 왔던 그들의 역사에 대한 방증이다. 그 시작은 6세기로 거슬러 올라가는데, 6세기 아프리카 에티오피아에는 악숨 왕국Kingdom of Aksum(기원전 80년에 세워져 기원후 825년에 멸망한 것으로 추정)이 존재했다. 지금이야 그저 가난한 아프리카 대륙의 한 국가일 뿐이지만 고대 악숨 왕국 시절 이곳은 주변 지역을 호령하며 막강한 힘을 발휘했다. 6세기에 악숨 왕국은 홍해 건너편에 있는 아라비아반도의 예멘까지 식민 통치를 하고 있었다. 당시 에티오피아는 커피의 원종이 자라던 시원지였는데, 식민 통치 기간 중

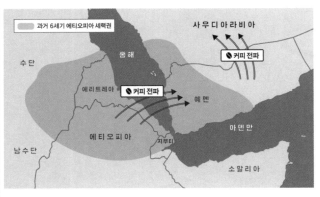

과거 6세기
에티오피아
세력권.

에티오피아의 커피가 자연스럽게 홍해를 건너 예멘으로 전파되었다. 커피 재배에 적합한 토질과 기후를 지니고 있던 예멘은 얼마 지나지 않아 이 지역 일대에서 최고급 커피를 생산하는 산지로 떠올랐고, 이후 예멘을 통해 아라비아반도 전역에 커피가 전파되었다. 'Coffee'의 어원이 아랍어인 까흐와Qahwa인 것을 생각하면 커피의 근원지가 어디인지 쉽게 추측할 수 있다.

커피가 아라비아반도에 퍼지고 얼마 지나지 않아 아랍인들은 커피가 신체에 미치는 영향을 알게 되었다. 특히 이슬람 신비주의 수피Sufism의 수도승들은 이를 일반적인 음료 이상으로 여기며 열렬히 환영했다. 이들이 왜 환영했는지를 알려면, 일단 수피가 무엇인지부터 살펴봐야 한다. 8세기 말, 이라크 지역의 쿠파 마을에서 수피라는 이슬람 신비주의 사상이 등장했다. 정통 이슬람교가 세속적 종교 형태에 머물러 있자, 이에 만족하지 못한 일부 이슬람 신학자들이 인간의 내면적 변화를 촉구하며 신비주의 교리를 만들었다. 이들은 하얀 망토를 몸에 두르고 황야에서 종교적 고행을 했다. 신에게 다가가기 위해 밤새도록 기도하고 몸을 빙글빙글 돌리는 행위를 하기도 했다. 그러나 이들의 고행에 가장 큰 장애물은 잠과 식욕이었다. 그래서 잠을 깨우며 정신을 맑게 해 주는 동시에 식욕도 없애 주는 커피가 이들에게 없어서는 안 될 영적 매개체가 되었다. 그들은 커피를 벗 삼아 "깨어 있으라, 잠들지 마라, 졸음을 떨쳐 내라"를 연신 외쳐대며 자신의 몸과 마음을 다스렸다. 이 신비의 검은 음료를 통해 신에게 더 가까이 갈 수 있다고 믿었다. 1558년 카이로의 무슬림 작가 압둘 까디르 알자지리Abd al-Qadir al-Jaziri의 책《커피의 정당성을 위한 최고의 방어Umdat al safwa fi hill al-qahwa》를 보면 당시 수피들이 어떻게 커피를 애용했는지 상세하게 알 수 있다.

> "이 사람들은 까흐와(커피)를 일요일 밤과 금요일 밤에 마셨다. 붉은 흙으로 만든 병에 담긴 까흐와를 작고 긴 그릇으로 퍼 올려 오른쪽에 앉아 있는 사람부터 순서대로 돌렸다. 그러는 동안에 다른 사람들은 평소처럼 기도했다. 흔히 들리는 기도 소리는 '알라 외에 신은 없다. 진정한 왕이여, 그 힘은 완전할지니라'였다. 속세의 사람들도, 사원에서 일하는 사람들도 함께 마셨다. 우리도 함께 마셨는데 커피는 듣던 대로 졸음을 몰아내고 잠드는 것을 막아 준다는 사실을 알게 되었다."

현대에도 수많은 사람이 잠을 깨기 위해 커피를 마신다. 그 이유는 다양하나 아무래도 학문 연구와 지식 연마를 위해 고군분투하는 학생들이나 연구원들에게는 커피를 마셔야 하는 충분한 이유가 있을 것이다. 이슬람 중세 시대에 아부 하미드 무함마드 알가잘리Abu Hamid Muhammad Al-Ghazali(1058~1111)라는 학자가 있었다. 그는 30대 초반에 철학, 법학, 논리학, 신학에 관한

오늘은
밤을 지새 보자!

알가잘리

기초 학술서를 저술한 천재 학자였다. 그러나 지성주의에 만족하지 못한 그는 명성과 지위를 버리고 39세의 나이에 수피의 길로 들어섰다. 첫 은신처인 다마스쿠스의 우마이야 사원에서 그는 매일 아침 사원의 미나렛(이슬람 사원의 뾰족탑)에 올라가 뒷문을 닫고 기도와 묵상, 집필로 하루를 보냈다. 그는 이슬람 정통주의 신학에 수피 신학의 관점들을 접목시키는 위대한 작업을 수행했고 40권에 달하는 기념비적인 걸작《종교학의 회생Ihya Ulum Ad-din》을 집필했다.

　나는 그의 비범함 뒤에 커피라는 신비의 음료가 한몫하지 않았을까 생각한다. 당시 커피는 수피 수도승들의 수행 음료였으니 수피로 돌아선 알가잘리도 종교적, 학문적 고행을 할 때 졸음을 참고 맑은 정신을 유지하기 위해서 커피를 즐기지 않았을까? 그의 기념비적인 걸작도 커피 덕분에 나온 게 아닐까?

수피들 사이에서 커피는 급속히 퍼져 나갔다. 16세기 초, 이 슬람 성지 메카에서는 커피를 마시며 예배를 드리는 수피들의 모습을 쉽게 찾아볼 수 있었다. 메카를 찾아서 우연히 신비의 검은 음료를 맛보게 된 무슬림 순례객들을 통해 커피는 아라비아 반도를 벗어나 홍해를 건너 이집트로, 아라비아해를 건너 이란 으로, 사막을 가로질러 터키 등 중동 지역 전체로 전파됐다. 하지만 커피가 확산되자 이것의 음용 자체를 금지하려는 세력의 목소리도 커지기 시작했다. 이들은 커피가 와인과 비슷하게 도취 작용을 일으킬 뿐 아니라 석탄 섭취를 금지하는 코란의 내용과도 상치된다고 주장했다. 볶은 커피콩을 석탄과 동일시했던 것이다. 당시 사용되던 아랍어 '까흐와'가 커피와 와인을 가리키는 동일어로 사용되었기에 이 또한 커피 탄압자들에게 힘을 실어 주었다. 메카의 총독이었던 카이르 베이Kair Bey는 대표적인 커피 탄압자였는데, 그는 메카의 길거리에서 커피콩을 볶고 판매한 자, 심지어 커피를 마신 자에게도 채찍질을 하며 커피 자체를 죄악시했다. 이러한 탄압의 흐름은 17세기 오스만제국의 13대 술탄 아흐마드 1세Ahmed I(재위 1603~1617)에 이르러서 끊어지게 된다. 이슬람의 종교 권위자들이 모여 '커피콩은 석탄이라고 불릴 만큼의 강도로 구워진 게 아니다'라는 의견을 모은 덕분에 오랫동안 커피 애호가들을 괴롭혔던 커피 분쟁은 끝이 났다.

종교적, 정치적 굴레에서 탈피한 커피는 자유를 찾았다. 이후 커피는 대중에게 널리 퍼져 나갔는데, 그 중심에는 '까흐베하네' 가 있었다. 오스만제국의 수도 이스탄불을 시작으로 까흐베하네라는 커피 하우스가 확산되기 시작한 것이다. 무슬림들은 삽

삼오오 까흐베하네에 모였고 커피 중심의 '살롱 문화'가 발달했
다. 오스만제국의 11대 술탄 셀림 2세(재위 1566~1574) 치세 때
는 이스탄불 내에만 커피 하우스가 600여 곳이 넘었다고 한다.
물론 커피를 신성한 음료라며 영적 의미를 부여했던 수피들은
이러한 문화적 변화를 달갑게 받아들이지 않았다. 신비의 검은
음료가 그저 수다를 떨며 노닥거리는 데 필요한 유흥의 매개체
로 전락했다는 것에 크게 실망했다. 그러나 그들이라고 시대적
흐름을 거스를 수는 없는 노릇이었다. 커피의 무대는 수피나 신
도들만의 제한된 예배 공간에서 길가에 늘어선 대중을 위한 커
피 하우스로 확장되었다. 각종 아름다운 벽화로 치장된 커피 하
우스 안에서 사람들은 의자와 양탄자 위에 걸터앉아 커피를 마
시며 한가로이 시간을 보냈다. 카이로, 다마스쿠스, 바그다드 등
중동의 웬만한 대도시에는 커피 하우스가 속속 들어섰고, 종교와
정계 인사뿐 아니라 학자, 문
인 등 다양한 계층의 사람들
이 모이는 사교의 장, 정보를
공유하는 문화 공간이 되었
다. 때마침 인문주의에 큰 관
심을 쏟던 유럽인들은 동방
여행을 즐기게 되었고 우연히
경험한 까흐베하네 문화에 푹
빠져들었다. 그리고 까흐베
하네에서 맛본 신비의 음료,
커피에 매료되었다. 이후 17

오스만제국의 까흐베하네 모습.

세기를 지나면서 유럽에도 커피와 커피 하우스가 확산되기 시작했다.

　지금 살고 있는 아랍에미리트에서는 커피 하나로 시간 여행이 가능하다. 바리스타가 신선한 원두를 갈아 압축 추출하면 에스프레소의 진한 향미 하나로 유럽 커피 하우스의 분위기가 물씬 풍긴다. 가끔은 기분 전환을 위해 바리스타에게 터키 커피를 주문하기도 한다. 그럼 바리스타는 곱게 간 검은 커피 가루와 소량의 물을 자그마한 주전자에 부어 넣는다. 작은 특수 버너의 시퍼런 불 위에 주전자를 얹어 오랫동안 달군 후, 자그마한 잔에 커피를 붓는데 진하다 못해 찐득해 보이기까지 한다. 가루까지 씹히는 농후한 터키 커피를 마시면 이스탄불의 까흐베하네가 떠오른다. 아랍에미리트를 비롯한 걸프 아랍 지역에서는 지금도 아랍 커피를 만드는 장인들이 있다. 그들은 사막의 모래 위에 걸터앉아 숯에 불을 지핀다. 투박하게 생긴 거무튀튀한 둥근 철판 위에 커피콩을 적당하게 붓고 숯불로 달구며 로스팅을 한다. 어느 정도 로스팅된 커피콩을 돌이나 쇠로 만든 절구에 쏟아 절굿공이로 빻는다. 가루가 된 커피를 카다멈, 사프란 같은 다양한 향신료, 그리고 물과 함께 커피 주전자에 붓는다. 주전자를 숯불 위에 얹어 놓고 그들은 때를 기다린다. 이런 아랍 커피는 보통 걸프 아랍 지역의 관공서나 사무실, 또는 개인 가정에 초대받았을 때 마실 수 있는데, 아랍 커피는 유네스코의 무형문화유산으로 등재되어 있기도 하니 한번 마셔 보기를 권한다.

　내 친구 알리 선생이 일하는 술탄 알까시미 걸프 연구소의 집

전통 방식의
아랍 커피에서는
향신료 향기가
진하게 묻어난다.
ⓒ남태영

무실을 방문하면, 소파에 앉기가 무섭게 직원이 곧바로 아랍 커피부터 잔에 따라 준다.

"알리 선생님, 아랍 커피는 당신들에게 어떤 의미를 지니고 있죠?"

"조상들로부터 물려받은 유산이지. 우리 아랍 조상들은 사막 지역에서 힘겹게 살아갔지만, 저녁 시간에는 이 커피를 마시며 둘러앉아 도란도란 이야기꽃을 피웠지. 아라비아반도 국가들이 그 아랍 커피의 전통을 이어가고 있는 것이고."

"중세 시대 메카에서 아랍인들이 먹던 커피 맛이 바로 이 맛이 아닐까요?"

"맞아, 맞아. 참 재미있지? 커피 하나로 시간 여행이 가능하다니 말이야…"

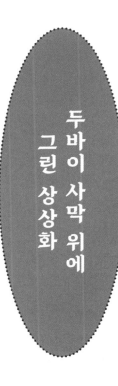

두바이 사막 위에
그린 상상화

اللوحة الخيالية على صحراء دبي

중동의 맨해튼 두바이

"1971년 두바이는 그저 사막의 모래일 뿐이었죠. 지금은 다양한 민족의 문화가 융합된 세계적인 도시가 되었습니다."

"매년 도전하고 발전하는 곳이죠. 여기저기 새로운 빌딩이 하나둘씩 올라가는 것을 보세요."

"우리는 이곳 두바이가 자랑스럽습니다. 우리의 과거와 선조가 자랑스럽고, 현대에 이러한 기적을 이룬 통치자들이 자랑스럽습니다."

두바이 아메리칸대학교American University in Dubai를 방문했다가 우연히 아랍에미리트 대학생들과 이야기를 나누게 되었다. 그들은 입을 모아 오늘날의 두바이에 대한 칭송을 늘어놓았다. 두바이를 둘러보고 있으면, 그들이 그렇게 얘기할 만도 하다는 생각이 든다.

100년 전만 해도 아랍에미리트의 선조들은 작은 어촌 마을이나 사막 오아시스 주변에 모여 부족 단위로 살아갔다. 국토 면적의 '99퍼센트'가 사막 지대인 아랍에미리트에서는 대추야자 농사, 진주 잡이, 소규모 어업 외에는 할 수 있는 산업이 없었다. 그러던 1950년 아부다비에서 처음으로 '검은 황금' 석유가 발견되었다. 1971년 아부다비, 두바이 등 일곱 토후국이 모여 국가를 세웠고 이후 50년 만에 세계적인 석유 부국으로 변모했다. 특히 21세기 중동의 허브로 불리는 도시 두바이는 화려한 건축물들을 통해 지난 50년간의 기적을 형상화하여 보여 준다. 차를 타고 두바이 도심 속을 달리면 개성이 넘치는 각양각색의 건축물들을 볼 수 있는데, 뉴욕의 맨해튼이 떠오를 만큼 화려하다. 옆의 건물들이나 주변 지역과 외관적인 통일성을 이루지 않아 오히려 더 유쾌하고 역동적인 느낌이다. 세계에서 가장 높은 빌딩, 부르즈칼리파Burj Khalifa도 이러한 자유로운 아이디어의 산물이다. 바로 옆에는 세계 최대 쇼핑몰인 두바이몰이 있고 그 앞에서는 최대 150미터까지 치솟는 분수 쇼를 볼 수 있다. 이 세 가지가 창출하는 경제적 시너지 효과는 실로 엄청나다. 높이가 825미터에 달하는 부르즈칼리파의 외벽에는 거대한 LED 스크린이 설치되어 있다. 중요한 이벤트가 있을 때마다 건물 외벽 스크린을 통해 영상과 메시지를 보여 준다. 2018년 6월, 월드컵에서 한국이 독일을 2:0으로 물리치는 역사적인 순간을 나는 이 LED 스크린을 통해 봤다. 2020년에는 한국과 아랍에미리트의 수교 40주년을 기념하여 휘날리는 태극기의 모습이 외벽을 가득 채웠다. 2020년 12월 30일에는 방탄소년단의 멤버 뷔의 생일 축하 영상이 3분간 방영되어 케이팝의 위상이 어느 정도인지 실감했다.

건물 모양이
모두 달라서 더욱
화려해 보이는
두바이의 밤.

아랍어와 건축물의 조화

두바이 시티워크City Walk지역에는 아랍어의 멋과 현대 건축미를 융합한 예술 작품이 있다. 인공 열대우림 식물관, 그린플래닛 The Green Planet이다. 기하학적 미가 돋보이는 구조물 전면에 튀니지·프랑스계 문자 예술가 엘씨드El-Seed가 힘 있는 필체로 아랍어를 그려 넣었다. 곡선으로 표현된 아랍어 글자들이 서로 얽힌 듯하면서도 균형미가 있어 엘씨드만의 예술 감각이 돋보인다. 특히 해 질 녘이 되면 벽면이 은색 빛을 발광하는데 이로 인한 빛의 산란 때문에 글자들이 떠올라 춤을 추는 것처럼 보인다. 벽면에 새겨진 아랍어는 두바이 통치자 셰이크 무함마드 빈 라시드 알막툼Sheikh Mohammed bin Rashid Al Maktoum이 지은 〈긍정의 에너지〉라는 아랍 시다. 거리를 지나치는 수많은 사람이 벽면에 새겨진 시를 보고 밝은 미래를 꿈꿨으면 하는 통치자의 바람이 담긴 게 아닐까.

긍정의 에너지는
우리 안에 잠재되어
우리의 관심을 요구한다.
당신 안에는 의지란 것이 있다.

이것이 당신의 영혼에 힘을 주고
당신의 목소리에 큰 울림을 줄 것이다.

아랍인들은 시를 사랑하는 민족이다. 예부터 아라비아반도의 광활한 사막을 유랑하던 아랍인들은 우주, 자연, 그리고 인생

(위)
아랍어가 산란하는
그린플래닛의 벽면.

(아래)
유려한 곡선의
두바이 미래 박물관.
ⓒ남태영

에 대해 깊이 묵상하고 이를 시로 승화시키는 능력이 뛰어났다. 칠흑같이 어두운 밤, 수많은 별과 모닥불을 벗 삼아 앉아서 시를 통해 감성을 공유하는 것, 1000년 넘게 아랍 유목민들이 간직해 온 멋이다. 셰이크 무함마드는 아랍 유목민의 피를 물려받아 자신의 감성을 시로 표현하는 능력이 뛰어나다. 두바이의 고속도로 셰이크 자이드 로드Sheikh Zayed Road를 달리다 보면 측면에 커다란 타원형 모양의 거대한 건물이 보인다. 셰이크 무함마드가 진두지휘하는 두바이 미래재단의 야심 찬 작품, 미래박물관Museum of The Future이다. 2020년에 완공된 이 건축물의 일부는 3D 프린팅 기술을 이용해 지어졌는데, 아름다운 곡선미가 인상적이다. 건물의 외벽을 보면 멋스러운 아랍어 캘리그라피가

은빛의 스테인리스 스틸 표면을 감싸고 있다. 이 글 또한 셰이크 무함마드의 작품이다.

> 우리는 백 년을 살 수는 없지만, 백 년간 지속될 무엇인가를 창조해 낼 수는 있다.
> 미래는 그것을 상상하고 디자인하고 실행하는 자에게 있다.
> 미래는 기다릴 대상이 아니다.
> 미래란 오늘 우리가 디자인하고 만들어 내는 것이다.
> 삶의 쇄신, 그리고 문명과 인류의 발전
> 이를 이룰 수 있는 비결은 한마디로 '혁신'이다.

전통이 형상화된 건축물

오늘날 아랍에미리트 국민은 과거에 선조들이 겪었던 힘겨운 삶과 희생을 기억하며 살아간다. 각 토후국의 통치자들도 국민을 향해 "옛 선조의 고난과 역경이 있었기 때문에 지금의 우리가 존재할 수 있는 것"이라며 부단히 역사를 상기시킨다. 그러나 정작 이들에게는 선조들을 기억할 만한 유형 문화재가 거의 남아 있지 않다. 실제로 에미리트인들이 조상으로부터 물려받은 것은 '고난의 삶을 통한 인내와 끈기'라는 정서적 유산뿐이다. 어떻게 하면 과거를 잊지 않고 살아갈 것인가? 이를 위해 두바이의 통치자 셰이크 무함마드가 혁신적인 아이디어를 냈다. 무형의 자산을 형상화해 현대 건축물에 반영하는 것이다.

첫 번째 상징물은 다우선이었다. 과거 아랍에미리트 지역에서는 수많은 사람이 바닷속 진주를 찾다가 목숨을 잃었다. 돛으로 바람을 이용하는 아랍 범선인 다우선은 부족과 가족을 먹여 살리기 위해 죽음도 마다하지 않았던 선조들의 희생정신을 그대로 나타내 주는 상징물이다. 두바이 하면 떠올리는 대표적인 건축물인 부르즈 알아랍Burj Al-Arab은 세계에서 유일한 7성급 초호화 호텔이다. 총 15억 달러가 투입되어 1999년에 완공된 부르즈 알아랍은 페르시아만

다우선의 돛을 형상화한 부르즈 알 아랍.

해안으로부터 280미터 떨어진 인공 섬 위에 위치해 있다. 건축가 톰 라이트Tom Write는 아랍 전통 범선인 다우선의 모습을 본떠 이 건물을 설계했다. 겉으로 보기엔 첨단 기술적인 세련미를 과시하고 있지만 역사를 알고 바라보면 아랍에미리트 선조들이 지녔던 희생정신과 과거에 대한 노스탤지어의 메시지를 읽을 수 있다.

두 번째로 건설한 상징물은 선조들에게 일용할 양식이 되어 준 대추야자 나무다. 2001년 6월, 두바이 앞바다 해저면에 엄청난 양의 암석과 모래가 쏟아졌다. 해안을 간척해 총면적 560만 제곱미터에 달하는 인공 섬, 팜주메이라Palm Jumeirah를 조성하기 위해서였다. 건축에 사용된 암석과 모래로 높이 2미터 두께 0.5미터의 벽을 쌓으면 지구를 세 바퀴나 돌 수 있을 정도라고 한다.

(좌) 상공에서 바라본 팜주메이라의 모습. ⓒ남태영 (우) 사막의 대추야자 나무.

마침내 완성된 팜주메이라를 상공에서 내려다본 사진을 보고 전 세계 사람들은 감탄했다. 마치 대추야자 나무가 바다 위에 떠 있는 듯한 팜주메이라를 보면 과거 아랍에미리트의 정체성과 오늘날 아랍에미리트의 발전을 한눈에 느낄 수 있다. 옛날 대추야자 나무 농사를 통해 선조들이 뿌린 피와 땀의 씨앗이 21세기 매머드급 인공 섬 팜주메이라를 통해 그 결실을 맺지 않았는가.

팜주메이라의 가지에 해당하는 해변에는 고급 주택이 즐비하고, 둥근 초승달 부분에는 초호화 호텔과 다양한 세계 문화가 공존하는 휴양 시설이 있다. 섬의 끝자락에는 더포인테The Pointe 라는 고급 엔터테인먼트 거리가 있다. 얼마 전 나는 더포인테를 찾았다. 코로나19에도 불구하고 주차장은 꽉 차 있었고, 많은 사람이 해변에 줄지어 있는 고급 식당이나 커피숍에 앉아 차를 마시며 여유를 즐기고 있었다. 저녁 무렵 해변을 거닐고 있는데 갑자기 어디선가 마이클 잭슨의 〈빌리진〉이 들려왔다. 몸이 울릴 만큼 웅장한 사운드였다. 3000개의 화려한 LED 조명과 함께 1만 4000제곱미터의 넓은 바다 공간에서 수많은 물줄기가 지상으로 올라와 노래에 맞춰 춤을 췄다. 2020년 10월, 개장과 동시에 세계 최대 규모 분수 기네스 기록을 세운 팜 분수The Palm Fountain였다. 그 뒤로 거대한 크기의 호텔 아틀란티스 더 팜 Atlantis The Palm이 눈에 들어왔다. 바닷속에 가라앉았던 전설 속의 아틀란티스 대륙이 다시 땅 위로 솟아오른다면 이런 모습이 아닐까?

연말에는 어릴 적 좋아했던 미국의 전설적인 록그룹 키스KISS 가 칠순의 나이로 두바이를 찾았다. 2020년 12월 31일 밤, 아틀란티스 더 팜의 앞마당인 로열비치The Royal Beach에서 무관중 공연을 하기 위해서였다. 두바이 정부와의 협력하에 약 1000만 달러(약 110억 원)를 들여 수백 명의 스텝이 5개월간 준비한 공연이었다. 공연 당일, 키스의 열렬한 팬들은 팜 아틀란티스 호텔 주변으로 모여들었고 모든 호텔 투숙객이 발코니로 나와 화려한 쇼를 즐겼다. 나를 포함한 전 세계의 키스 팬들도 같은 시간 집 안에서 컴퓨터, 스마트폰, TV 등을 통해 50개 이상의 카메라로 촬영한 360도 앵글의 공연을 실시간으로 즐겼다. 이날 공연의 마무리는 100만 불이나 들인 불꽃놀이를 배경으로 한 〈Rock'n roll all nite〉라는 곡이었다. 전 세계 팬들이 보는 가운데 호텔 앞에 설치된 거대한 전광판에는 이런 글자가 수놓아졌다. "KISS loves you Dubai(키스는 두바이를 사랑합니다)."

과거-현재-미래가 소통하는 모뉴먼트

2013년 두바이 시내 한복판에 사각형의 건축물이 지어지기 시작했다. 2017년 구시가지와 신시가지 경계선에 모습을 드러낸

두바이 프레임을
통해 두 얼굴의
두바이를 감상할
수 있다. ⓒ남태영

것은 세로 150미터, 가로 105미터의 두바이 프레임Dubai Frame이
라는 '대형 액자'였다. 두바이 프레임은 사람이 직접 액자 안으
로 들어가 엘리베이터를 타고 정상으로 올라가면 통유리로 된
전망대가 나오는 획기적인 예술 작품이다. 전망대에서 북쪽을
바라보면 두바이의 옛 모습을 간직한 구시가지가 보인다. 몸을
180도 돌려 남쪽을 바라보면 초현대식 건물들이 즐비하게 서 있
는 신시가지가 눈에 들어온다. 하나의 액자로 두 가지 그림을 감
상할 수 있다.

두바이 정부는 남쪽 액자 속에 더 나은 미래 도시 풍경을 담
기 위해서 그림을 채워 나가고 있다. 그 계획의 일환으로 최남단
에 위치한 도시 제벨 알리Jebel Ali에서는 2021년 10월에 개최 예
정인 엑스포 준비가 한창이다. 영국인 건축가 아시프 칸Asif Khan
이 이슬람 전통 건축 양식인 마슈라비야Mashrabiya(아랍 전통 양식
의 격자무늬 목조 창살)에서 영감을 받아 초경량 탄소섬유로 지은
21미터 높이의 대형 격자형 문이 특히 볼거리다. 하늘에 그림을
그린 듯한 이 문의 초현실적 이미지에 걸맞게 엑스포 현장의 건
축물의 대부분은 미래 지향적인 분위기를 풍긴다. 이것들이 10월

엑스포에 방문한 사람들에게 풍부한 영감을 제공해 줄 것이다.

반면 북쪽 두바이의 옛 모습은 앞으로도 고이 간직될 예정이다. 100년 전 선조들의 삶의 향기를 머금고 있는 민속 마을 바스타키아Bastakiya의 미로 같은 골목, 1799년에 건설되어 두바이 통치자의 궁전으로 사용되었던 알파히디 요새Al Fahedi fort와 그 지하에서 볼 수 있는 역사 전시장, 바닷물이 유입되어 형성된 운하 두바이 크릭Dubai Creek과 그 위를 떠다니며 인도, 아프리카와의 교역에서 큰 역할을 했던 다우선과 작은 배 아브라Abra, 두바이 크릭을 끼고 형성된 데이라Deira 지역의 금 시장Gold Souk과 향료 시장Spice Souk까지…. 두바이 통치자 셰이크 무함마드는 이런 과거의 유산과 전통이야말로 아랍에미리트의 정체성을 완성시켜 주며 두바이 미래 비전의 밑거름이 되는 정신적 유산이라고 믿고 있다. 이것이 그가 도시 한복판에 두바이 프레임을 세운 이유가 아닐까? 한 국가의 정체성과 비전은 과거, 현재, 미래의 끊임없는 대화를 통해 발현되는 것이니까.

두바이 알파히디
역사 지구에 있는
바스타키아의 전경.

아랍의 시간, 카이로스

الزمن العربي، وقت كايروس

"오늘 수업은 마그립 예배 전에 끝내자."

샤르자대학교 수업 중 나집 교수가 저녁에 일이 있는지, 학생들에게 양해를 구했다. 평소처럼 아랍 학생들은 각자의 표현으로 수긍 의사를 밝혔다. 교수에게 오케이 사인 하나 보내는 데한 5분 정도는 교실이 시끄러워진다. 아랍인의 특성이다. 행동보다는 말이 더 많은 사람들, 일의 추진보다는 논의를 더 좋아하는 사람들.

"그러세요, 교수님!"

"어디 가시나요?"

"저희도 수업 일찍 끝나면 예배나 보고 가야겠네요."

"너도 예배 보고 갈 거야? 나도 같이 보고 가야겠네!"

그사이 나만 혼자 조용히 스마트폰을 꺼내 인터넷으로 일몰 시간을 확인한다. 무슬림은 하루 다섯 번 예배를 보는데 이중 일몰 후의 것을 마그립Maghrib 예배라고 한다. 마그립은 아랍어로 '해 질 녘'이란 뜻이다. 샤르자대학교의 석박사 과정 공식 수업 시간은 오후 4시~6시 30분이다. 그러나 중간에 애매하게 마그립 예배 시간이 겹치면 교수는 두 가지 방법 중 하나를 택한다. 쉬지 않고 6시 반까지 수업을 진행한 뒤 수업 후 예배를 보도록 학생들에게 양해를 구하거나 아니면 일몰에 수업을 중단하고 다 같이 교내 예배당에서 예배를 본 후 다시 수업을 시작하는 것. 후자의 경우, 6시 반을 훌쩍 넘겨 수업을 마치는 날도 많다. 이런 일이 있을 때마다 느끼는 건 일정을 정하는 아랍인의 방식이 한국인과 사뭇 다르다는 점이다. 이들은 시간을 정해 놓고 시계의 숫자에 자신의 일정을 구속하지 않는다. 대신 일상에서

우리의 시계와 예배 시간을 알리는 이슬람의 시계.

큰 의미를 부여하고 있는 예배를 기준으로 앞뒤의 스케줄을 조정한다.

이제 시간의 기준을 월과 년 단위로 확장해 보자. 무슬림은 이슬람력의 아홉 번째 달인 라마단에는 한 달간 금식(일출 후~일몰 전)을 한다. 그런데 이 라마단 월은 매년 조금씩 앞당겨진다. 예를 들어 2013년에는 라마단 기간이 7~8월 한여름이었는데, 2020년은 4~5월 봄이었다. 왜 그럴까? 현대 이슬람 사회에서는 우리가 쓰는 그레고리력을 사용하기도 하지만 라마단, 성지 순례, 이슬람 축제일 등은 '이슬람력'을 기준으로 설정한다. 이슬람력은 태음력을 기반으로 하는데, 즉 한 달의 기준을 달이 지구 주위를 도는 공전 주기로 삼는다. 무슬림들은 삭(초승달)에서 다음 삭까지의 소요 일수를 한 달로 치며, 이는 약 29.53일이 된다. 그래서 이슬람력에서는 1년을 354일 또는 355일로 보며, 우리가 사용하는 그레고리력보다 1년에 10~11일이 적다.

이슬람 이전에도 고대 아라비아반도의 많은 부족이 태음력을 사용했다. 과거 육안으로 날짜의 흐름을 계산하는 가장 쉬운 방법은 달을 관찰하는 것이었다. 단 일부 지역에서는 한 해의 계절

주기를 똑같이 맞추기 위해서 3년마다 한 달을 더하는 태음태양lunisolar력을 사용했고, 3년 중 한 해는 13개월로 쳤다. 그러나 7세기, 이슬람이 전 아라비아반도에 급속도로 확산되면서 2대 칼리파 우마르 이븐 알카타브는 거대한 이슬람제국을 효율적으로 다스리기 위해 통일된 날짜 계산법이 필요하다고 생각했다. 그리고 이슬람 선지자 무함마드가 박해를 피해 메카에서 야스립으로 이주했던 622년을 원년으로 삼아 태음력을 기반으로 이슬람력을 창안했다. 특히 무슬림들은 알라가 정해 준 우주의 섭리, 그에 따른 달의 주기를 매우 중요하게 여겼기 때문에 계절을 고려하여 인위적으로 날짜를 조정하는 태양력 체계를 완전히 배제했다.

> 그들이 그대에게 초승달에 관해 질문할 때 그것은 인간과 순례를 위한 시간이라 말하여라…. - [코란 2:189]

> 성스러운 월月을 연장함은 불신을 추가함이니 이로 인하여 불신자들이 잘못 인도되니라. - [코란 9:37]

> 알라는 그분의 책에서 열두 달을 일 년으로 하사. - [코란 9:36]

이로 인해 아랍에서 대학 생활을 하다 보면, 어쩔 수 없이 몇 년에 두세 번씩 학기 중에 꼭 라마단 기간이 겹친다. 이때 대학들은 학사 일정을 조정해서 최대한 라마단 기간을 피해 간다. 내가 다니는 샤르자대학교는 일반적으로 봄 학기가 5월 말경에 모두 끝나지만 2020년에는 4월 30일로 조정하여 마쳤다. 4월 23일에 시작하는 라마단을 최대한 피하기 위해서다. 이런 배려를 해주는데도 몇몇 학생은 교수와 추가 협상을 시도한다.

"교수님, 4월 30일에 수업을 마친다 쳐요. 그럼 마지막 일주일은 굶은 상태로 수업을 받아야 하나요?"

"교수님도 힘들고 우리도 힘든데 일주일 당겨서 끝내시죠. 알라가 교수님을 축복하시기를…."

대체로 이 협상의 승자는 학생들이다. 다수의 아랍 학생들이 입을 모아 10분 동안 떠들어대면 교수가 그 기에 눌려 손을 들고 만다.

아랍인들은 시계나 달력에 새겨진 객관적 숫자에 민감한 민족이 아니다. 이런 시간 개념 차이로 인해 아랍인에 대해 불평하는 한국인들을 종종 보곤 한다. '빨리빨리'란 말이 입에 밴 한국인들로서는 시간에 무디고 느긋한 아랍인들과 사업을 추진할 때 답답함을 느낄 수밖에 없다. 프로젝트 마감일이 코앞에 닥쳐도 아랍인들은 이슬람 공휴일이나 주말에는 사무실에 나오지 않는다. 아랍인이 약속 시간에 30분 이상 늦는 건 '일반'적인 일이고, 아무런 통보 없이 약속 장소에 나오지 않는 경우도 허다하다. 당한 입장에서는 매우 불쾌하겠지만, 그만큼 아랍인이 그 약속에 큰 의미를 부여하지 않았다는 뜻이기도 하다. 그렇다고 상처받을 필요는 없다. 나를 필요로 하는 또 다른 아랍인이 어딘가에 있을 테니.

물론 좋은 점도 있다. 아랍인은 비교적 시간에 관대하다. 약속 시간에 늦었다고 잘 삐지지도 않는다. 약속 시간을 정하지 않고 불쑥 찾아온 손님에게도 특별한 일이 없는 이상 시간의 문을 활짝 열어 둔다. 손님이 자신의 시간을 빼앗는다고 생각하지 않

2020년 8월
알리 선생의 사무실에
불쑥 찾아간 날,
책 선물까지 받았다.

고 기꺼이 시간을 공유한다. 그들에게는 자신의 사적인 시간을
즉흥적으로 또 기꺼이 할애하는 유연성이 있다. 나 역시 미리 약
속을 잡지 않았다며 아랍인에게 문전박대를 당한 적이 한 번도
없다. 지위를 막론하고 말이다. 나의 친구이자 같은 박사 과정에
서 공부하는 알리 선생은 셰이크 술탄 통치자 걸프 연구소에서
연구소장으로 일하고 있다. 무척 바쁜 친구지만, 내가 예고 없이
사무실을 불쑥 찾더라도 그는 항상 양팔을 벌리고 나를 환영해
준다. 일은 내일 해도 된다고 말하면서.

이러한 시간 개념은 어디서 시작된 것일까? 아랍 유목민인
베두인은 수천 년간 아라비아반도의 광활한 사막에서 정처 없이
떠돌며 유목 생활을 해 온 민족이다. 오아시스에서 나오는 희소
한 수자원으로 낙타, 양, 염소 등을 방목하며 부족 단위로 세력
을 형성하며 삶을 이어갔다. 사막의 빈곤성으로 말미암은 끊이
지 않는 전쟁과 불안한 환경 속에서도 살아남은 민족이다. 이들
은 평생 두 가지 투쟁만을 하며 살았다. 혹독한 기후와의 투쟁,
그리고 오아시스를 차지하기 위한 타부족과의 처절한 전투다.
그러나 투쟁과 전투라는 특별한 사건이 없을 때는 이동과 휴식

을 반복하는 단순한 일상의 연속이었다. 그저 시간이 흘러가게 내버려 두는 것을 '섭리'라고 여겼다. 그래서일까. 아랍 유목민들은 이슬람이 계시되기 이전의 아라비아반도 역사에 큰 의미를 두지 않았고 꼼꼼히 기록하지도 않았다. 그저 흘러가는 세월일 뿐이었다. 이러한 시간 관념은 이슬람 이전 시대의 아랍 시에서도 확인할 수 있다. 이들이 사막을 누비며 읊었던 '까시다'라는 정형시, 그중에서도 라비드 이븐 라비아Labid ibn Rabiah(560~661)의 작품을 살펴보자. 이 시에서는 시간을 붙잡지도 않고 시간에 쫓기지도 않는, 그저 시간의 흐름을 자연스레 관망하는 유목민의 정서가 짙게 묻어난다. 인생의 무상함마저 느껴진다.

우리가 머물렀던 미나Mina의 그곳은 이미 황폐했고,
가울Ghawl과 리잠Rijam, 이곳도 버려진 땅이 되었네.
홍수로 인해 라얀Rayyan의 강은 그 매끄러운 바닥을 드러내었는데,
마치 돌 위에 새겨진 글자가 남은 것과 같구나.
검게 변해 버린 배설물이 고스란히 남아 있는데,
이곳에 머물렀던 사람들이 이미 떠나 버렸기 때문일 것이리라.
거룩하고 평범했던 그 오랜 세월이 이미 흘러 버렸네.

عفت الديار محلها فمقامها   بمنى تأبد غولها فرجامها
فمدافع الريان عري رسمها   خلقا كما ضمن الوحي سلامها
دمن تجرم بعد عهد أنيسها   حجج خلون حلالها وحرامها
لبيد بن ربيعة

라비드 븐 라비아의 시를 직접 필사해 봤다.

320

그렇다면 아랍인은 미래에 다가오는 시간은 어떻게 바라볼까? 이들은 미래를 예측하거나 확신하기를 꺼린다. 특정한 미래 시점에 의미 있는 사건이 생길 수도 있고 아무 의미 없이 시간이 흘러갈 수도 있는 것이다. 알라에게 모든 것을 맡기는 운명론자에 가깝다. '조심해 봤자 운명은 피할 수 없다'라는 아랍 속담이 그들의 관념을 잘 보여 준다. 그래서 이들은 미래의 일을 이야기할 때 '인샤알라Insha'allah'란 말을 빼놓지 않는다. '알라가 원하신다면…'이라는 뜻의 코란 성구다. 인간이 아무리 미래를 약속하더라도 알라의 개입으로 언제라도 그 약속은 틀어질 수 있고 의미 없는 일이 될 수 있으며 인간관계 또한 신기루처럼 사라질 수도 있는 것이다.

이러한 독특한 시간 관념은 아랍인의 DNA에 새겨져 수천 년간 이어져 내려왔고, 현대 아랍인에게도 깊이 자리 잡고 있다. 사우디아라비아, 아랍에미리트, 오만 등 아라비아반도에 있는 대부분의 아랍 국가들이 부족 중심의 유목 생활을 접고 현대 국가를 건립한 지 이제 100년이 채 되지 않았다는 사실을 떠올려 보라.

철학적 사유를 탐색했던 고대 그리스인들은 이미 이러한 주관적 시간 관념을 표현할 수 있는 개념을 만들어 냈다. 이들은 시간을 크로노스Cronos와 카이로스Kairos로 구분했다. 크로노스는 물리적으로 흘러가는, 우리에게 익숙한 '객관적 시간'을 말한다. 시계와 달력상 측정되는, 인간과는 분리된 절대적인 '양'의 개념이다. 한국인들은 대부분 크로노스의 시간을 체계적으로 사용하기 위해 부단히 노력한다. 나 또한 일곱 살 무렵부터 방학만 되면 도화지에 원을 그리고 시와 분을 빼곡히 적어 넣으며 세밀하게 하루 계획을 세웠다. 그때부터 크로노스의 시간에 맞추기 위해 자신을 끊임없이 괴롭혔다.

반면 카이로스는 특정한 의미가 부여된 '주관적 시간'이다. 어떤 사건이 발생하거나 중요한 인간관계가 형성되는 '질적' 시간이다. 우리가 걸프 아랍 지역에서 만나는 아랍인들은 이러한 주관적인 시간에 익숙하다. 이들의 시간 관념은 조상들이 그랬던 것처럼 시곗바늘에 얽매이지 않는다. 목표를 달성하기 위해 시간을 잘게 쪼개어 계획을 세우지도 않는다. 시간의 흐름에 따라 할당된 일을 할 뿐 시간이란 것에 쫓기지 않는다. 맡은 일을 끝내는 데 하루가 걸릴 수도 있고 한 달이 걸릴 수도 있다. 가끔 기분에 따라 일을 중단하기도 한다. 한국인은 사업을 수행할 때 시간을 정해 놓고 기한을 넘기지 않기 위해 바짝 긴장한다. 시간이 자신을 뒤쫓고 있음을 감지하며 일분일초라도 효율적으로 쓰기 위해 노력한다. 이런 시간 관념을 갖고 사는 한국인으로서 세월아 네월아 일을 처리하는 아랍인을 보는 것은 답답함을 넘어서 괴로운 일이다. 한번은 아부다비 외교부 관공서에 서류를 떼러 간 일이 있다. 번호표를 뽑고 앉아서 기다리는데, 아랍인 직원 서너 명이 고객은 아랑곳하지 않고 우드 향을 피우고 차를 마시면서 수다를 떨고 있는 게 보였다. 나를 비롯한 다섯 명의 고객이 바로 앞 벤치에 앉아 기다리는데도 이야기에 빠져 이쪽을 거들떠보지도 않았다. 15분 정도 한참 수다를 떨고는 드디어 직원 한 명이 자기 자리에 앉아 번호 호출기를 눌렀다. 기다리는 우리

를 의식해서가 아니라 업무 중 티타임이 그때 끝나서 일을 시작
한 것이었다. 이럴 때마다 나는 마음속으로 아랍 속담 하나를 되
뇌곤 한다. '괴로운 일이 있어도 좋은 때가 올 때까지 체념하라.'

아랍에서는 마음이 급하다고 해서 내 일을 처리해 주고 있는
아랍인을 재촉해서는 안 된다. 잘못했다간 이들의 자존심을 건드
릴 수 있고, 그럼 그에 대한 분풀이로 일을 아예 중단할 수 있기
때문이다. 재촉보다는 반복된 부탁이 유일한 해결책이다. 이메일
보다는 전화가 좋고, 전화보다는 직접 얼굴을 보는 게 낫다.

물론 일부 아랍인들은 시간에 대한 자신들의 무한한 관대함
을 인지하고 그 위험성을 설파하기도 한다. 아랍의 뉴스 매체인
알아라비야Al Arabiya의 사우디 칼럼니스트 칼리드 알세가예르Dr.
Khalid Alseghayer는 기고문을 통해 이러한 아랍인의 시간 관념이
사우디 경제에 악영향을 미친다고 주장했다. 안일한 시간 관리
가 개개인의 업무 생산성을 저하할 뿐 아니라 사우디 정부의 수

많은 공공 정책을 지연시켜 차질을 빚어낸다는 것이다. 그는 이런 시간 관념이 현대 사우디 경제 성장에 큰 장애물이 되고 있고 재정 건전성 악화로까지 이어지고 있다고 지적했다.

그러나 흥미로운 것은 이들이 언제나 시간에 느긋한 것만은 아니라는 것이다. 과거 유목민들은 타부족과의 전투를 맞닥뜨리면 180도 돌변했다. 전략적으로 공격 시기를 치밀하게 계산해서 사투를 벌여야만 생존할 수 있었기 때문이다. 그래서 아랍인들은 가족이나 본인의 '이해관계'가 걸려 있는 경우에는 칼같이 시간을 지킨다. 고객과의 약속 시간은 안 지켜도 본인의 비행기 시간을 놓치는 아랍 사람을 본 적이 없다. 본인에게 특별한 이득이 없는 경우 약속을 지키지 않던 사람들도 도움받을 일이 있으면 시간에 대해 촉각을 곤두세운다. 다른 부족과의 전투에서 승기를 선취하지 못하면 온 가족을 빼앗기고 목숨까지 잃을 수 있다는 처절함에서 비롯된 유전적 의식구조가 아닐까?

미국의 정치가이자 과학자였던 벤저민 프랭클린은 다음과 같이 시간에 관한 명언을 남겼다.

인생을 사랑하는가?
그렇다면 시간을 낭비하지 말라.
왜냐하면 시간으로 만들어지는 것이 인생이기 때문이다.

나는 한때 이 말을 붙잡고 효율적인 시간 설계를 위해 부단히 애썼다. 그러나 아랍인과 소통하는 지금 나는 그들을 만나기 위해서라면 언제나 시간의 문을 활짝 열어 둔다. 나의 시간 관념은 크로노스에서 카이로스로 바뀐 지 오래다. 그들과 만날 수 있는 질적 시간 카이로스가 주어진다면 그들을 기다리는 양적 시간 크로노스를 기꺼이 대가로 치를 준비가 되어 있다. 그들과 관계를 맺는 카이로스의 시간이 내 인생에서 기적을 만드는 기회가 되기 때문이다. 우리가 고수해 온 크로노스의 시간 관념이 반드시 정답이 아닐 수 있다. 최소한 아랍에서는 말이다.

8000년 된 진주,
그 안에 숨겨진 이야기

لؤلؤة عمرها 8000 عام،
تروي تراثا وقصصا

세상에서 가장 오래된 진주는 어디에 있을까? 몇 년 전만 해도 프랑스 루브르박물관에 가면 그것을 볼 수 있었다. 기원전 520년에 사망한 페르시아 공주의 무덤에서 발견한 수사susa(이란에 있던 고대 엘람 왕조의 수도) 목걸이가 가장 오래된 진주로 만들어진 것이었다. 그러나 2017년 고고학자들이 아랍에미리트 수도 아부다비 서쪽 마라와 섬에서 진주를 하나 발견했다. 길이 0.3센티미터밖에 안 되는 이 작은 보석은 옅은 선홍빛으로 아름다움을 선사했다. 놀랍게도 방사성 탄소 연대 측정 결과 진주가 발견된 지층은 기원전 5800~5600년에 형성된 것으로 추정됐다. 8000년이나 된 신석기 시대의 진주가 발견되면서 가장 오래된 진주가 있는 영광의 장소는 아랍에미리트의 수도 아부다비로 옮겨졌다.

아랍에미리트 사람들은 그 진주를 바라보며 단순히 외형적인 아름다움만을 감상하지 않을 것이다. 선홍빛 진주 속에는 우리의 눈에 보이지 않는 그들의 역사가 서려 있기 때문이다. 조상들의 희생과 삶의 투쟁이라는 진한 추억이 말이다.

오늘날 아랍에미리트 지역을 비롯한 아라비아반도 동쪽 아라비아만에 살던 사람들은 7000년 전부터 진주 잡이를 하며 생계를 유지했다. 특히 2000년 전, 이들이 목숨을 걸고 바닷물 깊은 곳에서 찾아낸 진주는 로마제국으로 수출되어 귀족들의 호화로운 장식품이 되었다. 이집트 여왕 클레오파트라가 군자금이 부족했던 로마의 이인자 안토니우스를 유혹하기 위해서 진주 귀걸이를 빼 와인(식초에 가까웠다)에 빠뜨린 후 녹여 마셨다는 일화는 유명하다. 아라비아만의 아랍인들이 클레오파트라의 전설적

327

인 에피소드를 만들어 내는 데 일조를 한 건 아닐까? 역사적 상상력이 피어오른다.

18세기, 수많은 아랍 부족은 아부다비 남부의 리와Liwa 오아시스 주변에 모여 살았다. 이들은 '바니야스Bani Yas'라는 하나의 부족 연합을 형성하고 대추야자 농사를 지으며 근근이 살아갔다. 그러나 여름이 되면 진주 잡이를 통해 좀 더 큰돈을 벌 수 있었다. 5~9월에는 수온이 따뜻해져 안전한 입수가 가능했기 때문에 매년 4월이 되면 이들은 아부다비 섬 연안을 향해 고난의 행군을 떠났다. 리와 오아시스에서 아부다비 섬까지 45도를 넘나드는 뙤약볕 아래서 낙타를 타고 모래바람을 뚫으며 무려 150킬로미터를 전진했다. 생존을 위해 극도의 인내가 필요했을 것이다. 두바이에 살고 있는 나도 한여름에 외출하면 뜨거운 태양 아래서 5분도 버티기가 힘들다. 한국의 무더위와는 차원이 다르다. 그들은 가는 도중에 밤을 맞이하면 사막 한가운데에 준비해 온 텐트를 치고 하룻밤을 청했다.

목적지에 도착하면 먼 길을 동행한 가족들은 거주지를 빌려 쉴 수 있었지만, 가장과 젊은 남성들은 곧장 바닷가로 나갔다.

리와 오아시스와
아부다비,
진주 잡이를 했던
바다의 위치.

해안가에서는 나코다Nakhodha라고 불리는 선장이 이들을 기다리고 있었다. 나코다는 몇 개월간 가족이 생활할 수 있는 돈을 건네주고 이들을 배에 태웠다. 훗날 갚아야 하는 돈이기에 일꾼들은 마음이 무거웠을 테지만, "진주를 많이 잡아 팔게 되면 그 돈을 갚고도 남을 것"이라는 나코다의 희망적인 말에 망설임 없이 배에 타지 않았을까 싶다. 실제로 당시에 가난한 베두인이 진주 채취 잠수부를 시작하여 몇 년 만에 선장이 되고 결국 진주 수출 상인이 되어 부자가 되었다는 신화 같은 이야기가 떠돌아다녔다.

그러나 다우선에 올라타는 순간부터 희망을 생각할 수도 없는 처절한 투쟁이 시작됐다. 이들은 집게로 코를 막고, 몸에 굵은 밧줄을 맨 뒤 물속으로 자신의 몸을 던졌다. 입수할 때 식인 상어로부터 자신을 보호하기 위해 칼을 착용하고 들어갔지만, 해파리나 가오리에게 물려 몸이 마비가 되면 방법이 없었다. 예상치 못했던 점쏠배감펭Lionfish이라는 물고기의 지느러미 독가시에 목숨을 잃기도 했다. 씨융Siyub이라고 불리는 밧줄 잡이는 무슨 일이 생기면 곧바로 밧줄을 끌어 올려야 했으므로 긴장을 늦추지 않았다. 다우선에는 보통 18명의 인원이 탔는데 이 중에는 나함Nahham이라는 뱃노래꾼도 있었다. 나함은 진주 잡이의 고난과 진주 수확의 큰 기쁨을 노래하며 옆에서 흥을 돋웠다. 리듬은 파도와 한 몸이 되어 들썩거렸고 진주 잡이들은 후렴구를 따라 부르며 에너지를 얻었다. 그러나 이러한 노래도 두려움을 완전히 없애 주지는 못했다. 입수의 고통과 죽음이 얼마나 무서웠던지 가끔 몇몇 잠수부들은 자신의 몸을 부들부들 떨며 마치

329

악령에 쐰 것처럼 거짓 행동을 하여 입수를 피했다고 한다. 그래도 대부분의 잠수부가 가족을 위해 인내심을 가지고 자신의 몸을 바닷속에 내던졌다. 이러한 작업이 4~5개월간 반복되었다고 하는데, 그사이 가족들은 바다에 나가 혹독한 하루를 보내는 가장이 아무 일 없이 살아 돌아오기만을 간절히 바라며 노심초사 기다렸을 것이다.

이렇게 몇 개월간의 사투 끝에 어렵게 채취한 진주는 선장을 통해서 투자르Tujar 또는 타와위쉬Tawawish라고 불리는 '중개상'에게 넘어갔다. 중개상은 대부분 인도인 또는 현지 아랍인이었는데, 이들은 다우선을 소유하고 있을 정도로 부유했다. 중개상은 선장 나코다에게 싼값에 진주를 사들이고 돈을 지불했다. 나코다는 이 돈을 쪼개어 지역 통치자에게 세금을 내고, 본인과 선주의 몫을 뺀 후 나머지를 진주 잡이에 동원되었던 선원들에게 나누어 주었다. 리와에서 먼 길을 온 진주 잡이들은 손에 돈을 쥔 기쁨을 잠시 맛보고는 처음 배에 탈 때 선장이 선수금으로 주었던 돈을 갚았다. 이뿐 아니라 선장은 진주를 잡지 못하는 비수기(보통 10~4월)에 쓸 생활비도 진주 잡이들에게 미리 지급했는데, 문제는 진주 잡이를 통해 번 돈을 다 합쳐도 선수금을 모두 갚기에 빠듯했다는 사실이다. 결국 이들은 빚 때문에 그다음 해에도 똑같은 선장에게 와서 일하는 경우가 많았다. 더욱 슬픈 것은 진주 잡이가 죽으면, 장례를 치르자마자 그 자식들이 아버지가 물려준 빚을 갚기 위해 똑같은 선장 밑에서 진주 잡이를 해야만 했다는 사실이다.

중개상은 선장에게 사들인 진주를 다시 인도 수출업자들에게 팔았다. 당시 진주 가격의 결정권자였던 수출업자들의 주 무대는 진주의 가장 큰 시장인 인도 뭄바이였다. 이들은 중개상에게 받은 진주를 손질하여 수출 상품으로 만든 후, 100배가 넘는 가격으로 런던, 파리, 뉴욕 등지에 수출했다. 이 인도 수출업자들은 이미 수백 년간 영국 동인도회사를 통해 인도에서 경제적 힘을 키워 나가던 자본가였다. 또한 피라미드형이었던 진주 산업의 수익 구조에서 최상위에 위치한 사람들이었다. 당시 아라비아만을 식민 지배했던 영국은 이 수출업자들의 이익을 보호해 주며 이 지역 일대의 진주 산업을 유지했다. 정작 물속에 들어가 갖은 고생을 하며 진주를 캐내던 아부다비 선조들은 이러한 수익 구조를 알 리가 없었고, 그저 선장에게 받는 돈에 만족해야만 했다.

어찌 되었든 9월이 되면 그 힘겨웠던 임무도 끝났다. 그러나 진주 잡이들은 수 개월간 반복된 입수로 인해 코와 귀의 통증을 얻었고 심한 경우 시력을 잃기도 했다. 류머티즘과 관절염은 기본이고 각종 내장기관에서 출혈 현상(객혈)이 발생하기도 했다. 그러나 그들은 신체적 통증 따위에 신경 쓰며 사치를 부릴 여유가 없었다. 그들은 다시 낙타를 타고 리와 오아시스를 향해 혹독한 행군을 시작했다. 안타깝게도 이미 병을 얻은 진주 잡이들은 행군 내내 병을 앓다가 고향 리와에 돌아가 죽음을 맞이했을 것이다. 가혹한 행군은 1761년, 바니야스 부족 연합이 아부다비 섬에서 우연히 민물 지하수를 발견하게 되면서 멈출 수 있었다. 바니야스 부족 연합은 리와 오아시스를 떠나 아부다비 섬으로 중심 거처를 옮겼다.

18~19세기에도 유럽에서 진주 수요가 증가하여 아라비아만의 진주 산업은 계속 성장했다. 제1차 세계대전이 터지기 전, 당시 아랍에미리트 인구에서 농사와 어업 등에 종사하는 20퍼센트를 제외한 나머지 80퍼센트가 진주 산업 연관 직종에 종사했을 정도였다. 그러나 20세기 초반, 진주 산업에 불청객이 멀리 일본에서 등장했다. 일본의 가난한 우동집 집안에서 태어난 미키모토 고키치Mikimoto Kokichi라는 청년이 비싼 값에 팔리는 진주를 보며 진주조개를 인공 양식해 대량 생산하는 방법을 고민하기 시작했다. 마침내 1893년, 그는 진주조개 양식에 성공했고, 양식 진주는 기존 진주보다 훨씬 저렴한 가격으로 전 세계에 급속도로 판매되기 시작했다. 이에 더해 제2차 세계대전 이후 대공황으로 인해 경기가 침체되자 인도의 진주 시장도 타격을 입

었다. 진주 잡이로 생계를 유지하던 아라비아만 연안 사람들, 그리고 아부다비 부족들은 일생일대 최대 위기를 맞이했다. 그러나 하늘이 무너져도 솟아날 구멍은 있는 법. 1959년 아부다비에서 대유전이 발견됐다. 우연치고는 너무나 절묘한 타이밍이었다. 1971년 아부다비 부족들은 혹독한 추억만을 선사했던 열사의 땅에 다른 여섯 토후국과 함께 아랍에미리트연합이라는 국가를 세웠다. 석유 수익을 종잣돈 삼아 급격한 경제 발전을 이룩한 아랍에미리트는 건국 이후 반세기 만에 중동에서 가장 활기차고 역동적인 경제 허브가 되었다. 그리고 21세기 오늘의 아랍에미리트는 이제 우주 탐사 시대를 계획하고 있다. 2020년 7월 모하마드 빈 라시드 우주센터MBRSC가 화성 탐사선 '아말(아랍어로 희망을 뜻함)'을 발사했고, 아랍에미리트는 2117년까지 화성에 도시를 건설하겠다는 장기 계획을 추진 중이다. 100년 전만 해도 목숨을 걸고 물속에 몸을 내던졌던 진주 잡이의 후손들이 지금은 우주 도시를 계획하고 있다니 그야말로 상전벽해가 아닐 수 없다.

2019년 11월 30일부터 박물관 루브르 아부다비는 '1만 년의 사치10000 Years of Luxury'라는 테마를 내걸고 특별 전시회를 열었다. 8000년 된 진주가 세상에 모습을 드러내는 첫날이었다. 나를 포함해서 전시회를 보기 위해 아부다비까지 온 수많은 사람이 멀리 보이는 큰 돔을 이정표 삼아 박물관으로 모여들었다. 박물관을 덮고 있는 거대한 회색 돔은 대추야자 나무를 모티브로 한 것으로, 알루미늄과 스테인리스강으로 제작된 7850개의 별 모양 구조물이 얼기설기 얽혀 거대한 돔을 이루었다. 구조물

(위)
구조물 틈새로 빛이
새어 나오는 박물관
루브르 아부다비의
내부 모습.

(아래)
'물 위에 떠 있는
빛과 그림자'라고
명명된 루브르
아부다비의 돔.
ⓒ남태영

틈새로 빛줄기가 통과하자 마치 커다란 대추야자 나뭇잎 사이로
비집고 들어오는 햇살처럼 보였다. 돔 아래에 잠시 앉았다. 그러
자 오래전 진주 잡이를 위해 사막을 행군하다 잠시 휴식을 취했
던 진주 잡이들이 떠올랐다. 그들도 나처럼 태양을 피하기 위해
대추야자 나무 밑에 걸터앉지 않았을까. 박물관을 감싼 거대한
돔 아래 8000년 된 진주가 고이 모셔져 있었다. 비록 0.3센티미
터짜리 작은 진주지만 8000년의 사연을 담고 있는 아부다비의
보물을 눈앞에서 보았다.

바닷가의 조개는 단단한 이물질이 들어오면 그것을 몸 밖으
로 내보내려고 안간힘을 쓴다고 한다. 그러나 내보내지 못할 경

우, 조개껍데기와 똑같은 성분의 분비물로 그 이물질을 감싸고 움직일 때마다 이 작업을 반복한다. 이물질은 혹이 되고 그것이 점점 커지면서 조개는 고통을 느끼지만, 참고 견뎌서 끝내 자기 자신보다 수천 배의 가치가 있는 진주를 만들어 낸다. 마치 아랍에미리트의 역사 같지 않은가. 조상들은 수천 년간 인고의 세월을 견뎌 왔고, 마침내 이곳은 값으로 매길 수 없는 21세기 중동의 진주가 되었다.

그들이 자이드를
아버지라 부르는 이유

لماذا هم يسمون الشيخ زايد الأب؟

아랍에미리트의 수도 아부다비 길목에 들어서면 순백색의 거대한 건물이 그 위용을 드러낸다. 아랍에미리트 최대 규모의 이슬람 사원인 '셰이크 자이드 그랜드 모스크Sheikh Zayed Grand Mosque'다. 새하얀 대리석이 깔린 약 1만 7000제곱미터의 광활한 앞마당, 그 가장자리를 둘러싸고 있는 백색 대리석 회랑, 그 회랑 위를 덮고 있는 82개의 새하얀 돔이 건축물의 예술적 미를 극대화시킨다. 가장자리에는 106미터의 미나렛 네 개가 자리 잡고 있는데 마치 바다의 등대처럼 보여서 사람들에게 길을 밝혀주는 이정표가 되어 줄 것만 같다. 하얀 칸두라를 입은 현지인들이 순백색의 회랑을 거닐기까지 하면 완벽하게 멋스러운 장면이 연출된다.

회랑을 따라 앞마당의 서쪽에 도달하면 실내 예배당이 나온다. 메카가 서쪽인 것을 고려해 건축된 것이다. 그 앞에 서면 모두 경건한 마음으로 신발을 벗고 사원 안으로 들어간다. 약 1만 명이 예배할 수 있는 웅대한 내부 공간이 펼쳐진다. 예배당 바닥에는 약 6000제곱미터의 카펫이 깔려 있는데 사람들은 그 위

셰이크 자이드
그랜드 모스크의
모습. 화려함의
극치를
맛볼 수 있다.

337

에 앉아 코란을 읽거나 휴식을 취한다. 이 카펫은 세계에서 가장 큰 것으로 이란에서 1000명 이상의 장인이 약 2년에 걸쳐 작업했다고 한다. 천장에 매달린 눈부신 샹들리에가 호화로움의 정점을 찍는다. 세계적인 크리스털 제품 기업 스와로브스키에서 제작한 것으로 샹들리에 한 개의 무게만 2.2톤이다.

앞마당 북쪽 회랑을 걷고 있는데 바깥쪽으로 별도의 백색 건물이 하나 보였다. 일반 관광객의 눈에 잘 띄지 않는 곳이라 놓치는 사람들도 많을 법한 위치였다. 건물 안에서 낭독되고 있는 코란 소리가 스피커를 통해 건물 바깥에서도 울려 퍼지고 있었다. 경건한 분위기가 주변을 물들였다. 마침 그곳을 지나가는 관리인을 붙잡고 물었다.

"이 건물은 무엇을 하는 곳인가요?"

"셰이크 자이드가 안장된 영묘입니다."

"코란 소리는 예배를 볼 때 나오는 건가요?"

"아닙니다. 셰이크 자이드께서 안장된 이곳에서는 그의 영혼을 기리기 위해 스물네 시간 코란이 낭송됩니다."

"설마… 육성인가요?"

"그럼요. 육성이죠. 사람들이 교대하며 스물네 시간 내내 육성으로 낭송합니다."

"안에 들어가 볼 수 있습니까?"

"안 됩니다. 저 건물은 사진도 찍으시면 안 돼요. 가끔 외국인 수장이 방문했을 때 묘소 참배를 위해 개방을 하긴 합니다만…"

"그렇군요. 이해가 갑니다. 셰이크 자이드의 묘소니 아무나 들어가면 안 되죠."

"자이드는 우리 아랍에미리트 국민에게 아버지 같은 분입니다. 이해해 주시기 바랍니다."

그 위대한 이름, 셰이크 자이드 빈 술탄 알나흐얀Sheikh Zayed bin Sultan Al-Nahyan, 아랍에미리트 국민을 숙연하게 만드는 이름이다. '아랍의 현자Wise man of the Arabs'라고 불리는 그는 누구일까? 어떠한 삶을 살았기에 이러한 칭송을 받는 것일까?

셰이크 자이드의 고향은 아랍에미리트연합의 수도 아부다비다. 지금이야 휘황찬란한 현대 도시의 자태를 뽐내고 있지만 셰이크 자이드가 태어난 1918년만 해도 그저 사막 광야에서 여러 가문이 모여 사는 부족 집단일 뿐이었다. 당시 아부다비의 여러 부족은 바니야스라는 부족 연합을 이루며 살았는데, 연합에 소속되는 것이 외부 공격으로부터 가문과 부족을 지키는 데 더 용이했기 때문이다. 바니야스 부족 연합은 관습상 하나의 가문이 연합을 다스렸다. 셰이크 자이드는 운 좋게도 통치 가문인 '알나흐얀' 가문에서 태어남으로써 훗날 아랍에미리트연합의 건국자이자 대통령이 되는 데 기본적인 자격을 갖추게 된다.

2018년 12월, 나는 가족들과 사막 여행을 떠났다. 두바이에서 남서쪽으로 140킬로미터 정도를 가면 아부다비가 나온다. 우리는 아부다비를 지나쳐 남쪽으로 약 220킬로미터를 더 가서 리와 사막 지대에 도착했다. 광활한 사막 지대의 한적함을 느낄 수 있는 아랍에미리트의 명소다. 해 질 녘에 붉은빛이 넘실거리는 사막에 가만히 앉아 있으면, 산들바람에 날리는 고운 모래 가루들과 함께 어디서도 경험해 보지 못한 고요함을 맛볼 수 있다.

리와 사막에
위치한
까스르 알싸랍
Qasr Al-Sarab
리조트.
ⓒXiaotong Gao

주말이 되면 현지 젊은이들이 사막 캠핑을 오거나 값비싼 버기 카(모래땅이나 고르지 못한 곳에서 달릴 수 있게 만든 자동차), 사륜구동차를 타고 사막을 질주하며 레이싱을 즐긴다. 그러나 내가 앉아 있던 그 모래, 젊은이들이 레저를 즐기던 그 땅은 과거 바니야스 부족 연합이 가혹한 날씨를 견디며 하루하루 살아가던 삶의 터전이었다. 그 중심에는 물을 공급해 주는 생명줄, 리와 오아시스가 있었다.

18세기 초 바니야스를 통치하던 사람은 알팔라흐Al Falah였다. 그가 사망하자 그의 아들들은 바니야스 통치자 자리를 차지하기 위해 권력 다툼을 벌였다. 그중 장남 알나흐얀이 모든 형제를 누르고 통치자 자리를 쟁취했다. 이후 알나흐얀의 후손들이 대대로 바니야스를 다스렸고, 리와 지역을 시작으로 아부다비 전체를 통치하게 되었다. 아랍 사람들의 여권을 보면 자신의 이름 뒤에 부친의 이름과 조부의 이름, 그리고 마지막에는 가문명이나 출신 지역이 표기되어 있다. 즉 아랍 부족 사회에서는 이름만 들어도 그가 속한 가문과 사회적 지위를 확인할 수가 있다. 오늘날에도 아랍에미리트 사람들은 이름 끝에 '알나흐얀'이란 가문명이 붙어 있는 여권을 보면 엄지를 치켜세운다.

그런데 현재 아랍에미리트의 중심지는 왜 리와 사막이 아니라 아부다비일까? 사실 리와 사막에 오아시스가 존재하기는 했지만, 생계를 위해 할 수 있는 것이라고는 대추야자 농사밖에 없었다. 그러던 1761년, 바니야스 부족 연합은 리와 오아시스에서 북쪽으로 150킬로미터 떨어져 있는 아부다비 섬에서 우연히 민물 지하수를 발견한다. 바다를 끼고 있어 어업과 진주 잡이도 가능한 아부다비 섬에서 사람이 마실 수 있는 민물까지 발견되었으니, 더 이상 리와 지역을 고집할 필요가 없었다. 그들은 오랜 세월을 보내 온 리와 터전을 과감히 버리고 아부다비 섬으로 향했다. 아부다비 섬 안에 400여 개의 갈대집을 짓고 방어 진지를 구축하는 등 몇 년에 걸쳐 새로운 보금자리를 만들었다. 그리고 바닷가 쪽에 지은 까스르 알호슨Qasr al-Hosn이라는 성채는 지금도 아부다비의 랜드마크가 되어 그 자리를 지키고 있다. 옛 통치자들이 거주하던 이곳에서는 아부다비 섬의 민물 샘Water well을 감시하기 위해 설치된 원통형 감시탑을 볼 수 있다. 탑 위에 서서 노심초사 물을 감시하던 옛 선조들이 바닷물을 담수화하고 그 물을 끌어다 사막 한가운데 있는 호텔 수영장에 쏟아붓는 후손들을 본다면 얼마나 놀랄 것인가? 상상조차 되지 않는다.

1928년 알나흐얀 가문의 샤크부트 빈 술탄Shakhbut bin Sultan(재임 1928~1966)이 새로운 통치자로 등극했다. 그는 지적인 사람이었다. 매일 BBC 뉴스를 청취하며 세계 뉴스를 접했고 외국 방문자들과 토론하기를 즐겼다. 하지만 그에게는 근대 사회의 새로운 변화를 두려워하는 소심함도 있었다. 또한 아부다비 주변 지역의 타부족들과 강한 유대 관계를 유지해야 하는 전통적인 수장 역할을 제대로 수행하지 못했다.

1962년 아부다비의 석유 수출 덕분에 재정 수입이 늘어났지만 샤크부트는 국민과 국가 발전을 위한 과감한 투자를 망설였다. 지도자로서 과감하게 베팅해야 할 타이밍을 놓치고 우왕좌왕했다. 여기저기서 그의 통치 방식에 대한 불만의 목소리가 나왔고, 어떤 부족들은 아예 카타르처럼 더 풍족해 보이는 주변 지역으로 이주하기에 이르렀다. 그때 바니야스 소속 부족들 사이에서 인정을 받으며 빛을 발하던 인물이 있었는데, 바로 샤크부트보다 열세 살 어린 동생 자이드Zayed bin Sultan(재임 1971~2004)였다. 아부다비 동부 알아인Al-Ain이라는 작은 도시의 통치자 자이드의 명망과 카리스마를 사람들은 높이 평가했다. 특히 그는 샤크부트에게 없는 강력한 리더십을 가진, 선택의 기로에서 용단을 내릴 수 있는 담대한 사내였다. 육체적으로나 정신적으로 강건함을 겸비한 자이드의 인망을 존경하는 부족들이 늘어갔다. 결국 진전이 없는 샤크부트의 답답한 행보에 불만을 품은 가족들의 지원에 힘입어 자이드는 무혈 쿠데타를 일으켰고, 1966년 8월 샤크부트가 거머쥐고 있던 통치권이 동생 자이드에게 이양되었다. 이후 자이드는 1978년 어머니 장례식장에 가기 전까지 12년 동안 형 샤크부트를 보지 못했다.

19세기~20세기에 걸쳐 영국은 걸프 아랍 지역의 수호자 역할을 자처하며 아랍의 토후국들과 보호 협약을 맺었다. 외부 세력의 침입을 막아 주는 대신 걸프 아랍에서의 정치적, 경제적 이권을 영국에게만 달라고 요구했다. 영국과의 제국주의적 협약으로 아부다비, 두바이, 샤르자를 포함한 아랍의 아홉 토후국은 영국의 승인 없이 타국과 관계를 맺을 수 없게 되었다. 그런데 1968년 돌연 영국이 군대 유지에 대한 경제적 부담을 이유로 아라비아반도에서의 철수를 발표한다. 그 후 아랍 토후국들의 독립 정부에 대한 고민이 시작됐다. 이때 아부다비 통치자 자이드가 토후국들의 연합을 통해 국가를 수립해야 한다고 제안한다. 그는 가족들의 반대 속에서도 새로운 시대가 왔고 이에 발맞춰 모든 토후국이 힘을 합쳐야 더욱 강력한 국가를 이룰 수 있다고 주장했다. 그럼에도 불구하고 두바이 등 다른 토후국들은 연방 국가 수립을 주저했다. 풍부한 원유 수익원을 독점하고 있는 아부다비가 주도권을 잡게 될 것을 우려했기 때문이다. 하지만 자이드의 계속된 설득과 3년간의 논의 끝에 아홉 토후국 중 카타

아랍에미리트
일곱 토후국의
위치.

건국 당시
일곱 토후국의
통치자들.
가운데가
셰이크 자이드다.

르와 바레인을 제외한 일곱 토후국이 연합하기로 뜻을 모은다. 아부다비, 두바이, 샤르자, 라스알카이마, 아즈만, 푸자이라, 움무 알쿠와인이 연합하여 1971년 12월 2일 새로운 국가, 아랍에미리트연합 건국을 공표하였다. 일곱 토후국 부족들은 셰이크 자이드의 리더십을 믿고 기존에 없었던 '국민 국가'라는 개념을 받아들였다. 이는 셰이크 자이드가 이룬 업적 중 가장 위대한 것으로 평가받는다.

셰이크 자이드가 통치했던 33년간 아랍에미리트는 정치, 경제, 문화 등 모든 분야에 있어서 급격한 발전을 이룩했다. 석유 수익은 교육, 보건, 주택, 산업, 농업 등 다양한 분야의 과감한 투자로 이어졌고 1971년부터 2004년까지 그의 통치 기간에 아랍에미리트의 GDP는 약 10배 성장했다. 그러나 그의 후손 아랍에미리트인들은 이러한 가시적인 성과보다는 그가 물려준 정신적 자산을 더 소중히 여긴다. 사람들은 그를 일컬어 국민이 길을 잃었을 때 마땅히 나아갈 길을 알려 준 '참된 아버지'라고 칭송한다. 그가 세상을 떠난 지 벌써 15년이 넘었지만, 아랍에미리트 국민은 여전히 그를 그리워한다. 남녀노소를 막론하고 자이드의 지혜와 정신이 담긴 서적을 사서 책장에 꽂아 두는 등 나름의 방법으로 그를 기억한다. 아랍에미리트 고위 인사들은 연설할 때 종종 자이드의 명언을 인용하는데, 그렇게 하면 자신의 말에 큰 힘이 실리고 신뢰도 얻을 수 있기 때문이다. 연설 중에 '자이드께서 말씀하셨습니다…'라는 말만 나와도 박수가 쏟아지는 모습을 볼 수 있다.

영국인 역사학자 아놀드 J. 토인비는 외부 환경의 도전에 대한 응전을 통해 문명이 발전한다고 말했다. 도전이 가혹할수록 그에 대응하는 힘도 커지며 그러한 과정을 통해 문명이 더욱 성장하고 발전한다는 것이다. 반대로 새로운 도전이 없으면 문명은 성장을 멈추고 만다. 아랍에미리트인 작가 알리 아부 알리쉬 Ali Abu Al-Rish는 셰이크 자이드가 토인비의 이론을 설명하기에 적합한 지도자라고 말한다. 사막에서의 고난을 번영의 원동력으로 역이용하여 모래가 휘날리는 사막을 푸르른 번영의 나라로 변화시킨 장본인이 자이드라는 것이다. 생전에 자이드는 종종 방송 매체에 모습을 드러내 '역사'와 '유산'의 중요성을 잊지 말라고 신신당부를 했다. 또한 아랍 유목민에게 닥쳤던 고난과 이를 이겨낸 불굴의 정신, 그 지혜를 국민에게 일깨워 주려 했다. 한 국가의 통치자가 아닌, 한 부족의 아버지로서 그가 전수하고자 했던 최고의 조언이었다.

우리의 과거와 조상을 잊지 말아야 한다. 조상들이 어떻게 살았고 무엇에 의존하며 삶을 유지해 왔는지 기억해야 한다. 사람은 과거를

345

더 많이 알수록 그들의 유산을 잘 발견할 수 있으며 조국에 더 많은 관심을 가지게 된다. 그제야 비로소 우리는 조국을 지키기 위한 철저한 준비를 행할 수 있다.

좋은 일이 싹트기까지는 인내가 필요하다. 이것을 우리에게 가르쳐 준 것은 다름 아닌 사막이었다.

새로운 세대는 이전 세대가 얼마나 험난한 삶을 살았는지 알아야 한다. 그 깨달음을 통해 우리의 할아버지, 아버지가 시작했던 행군에서 계속 전진하기 위해 필요한 인내와 강인한 투지가 생긴다.

우리가 좋은 땅에서 살아가는 현재는 험난했던 과거의 고난에 대한 승리의 결과다.

– 압둘마지드 알마즈루끼AbdulMajid Al-Mazruqi,《자이드의 가르침으로부터Min Wisaya Zayed》

아랍에미리트 국민은 지도자를 바라보는 시각 자체가 우리와 다르다. 지도자를 직접 선택하지도 않고 지도자가 제대로 국정 운영을 하는지 의심조차 하지 않는다. 내가 태어난 순간 나의 혈육인 아버지를 나의 운명으로 받아들이는 것처럼, 그들도 지도자를 바꿀 수 없는 숙명으로 받아들인다. 아랍에미리트의 일곱 토후국에는 각각 한 명의 통치자가 존재한다. 국민은 자신이 속한 토후국의 통치자를 아버지로 여기고 그의 비전과 계획에 순종하며 국가의 발전을 염원한다. 그 밑바탕에는 영원한 정신적 아버지 셰이크 자이드가 있다. 이것이 아랍에미리트 국민이 가진 강력한 애국심의 원천이다.

에필로그

2004년 예멘의 타이즈란 지역에 여행을 갔다. 호기심으로 가득한 나에게 한 예멘인이 다가와 반갑게 인사를 했다.

"어디서 오셨소?"

"한국에서 왔어요."

"아랍어를 하는군요! 반갑소. 마침 우리 동네의 한 청년의 결혼식이 열리고 있는데 손님으로 와 주시면 참 좋겠소!"

예멘 결혼식에 초대받기는 처음이었다. 물론 초대장도 없이 즉석에서 이루어진 일이었지만, 그는 나의 손을 덥석 잡더니 집 안에 있는 한 널찍한 방으로 안내했다. 아랍인들은 남자끼리도 손을 자주 잡는데, 이는 우정의 표현이다. 방 안에서는 수십 명의 남자가 카펫이 깔린 방바닥에 둘러앉아 수다를 떨고 있었다. 나는 빈자리에 앉아 막 배운 예멘 아랍어 방언을 더듬더듬 말하며 그들과 어울렸다. 잠시 후 밖에서 사람들이 신랑을 불러댔다. 밖으로 나간 신랑이 한참을 기다려도 돌아오지 않았다. 곧 야외

이슬람 학교에서 배우지 못한 이야기

347

에서 정식 결혼식이 성대하게 열릴 것이라 기대했던 나는 지루해졌다.

"도대체 신부는 언제쯤 볼 수 있는 건가요?"

"신부요? 우리는 신부를 못 봐요. 오직 신랑만이 신부를 볼 수 있죠."

"그럼 신랑은 지금 어디에 간 것이지요?"

"신부 얼굴을 보러 나갔어요. 처음 얼굴을 보는 날이니 얼마나 행복하겠어요? 신부 집에 갔다가 돌아오려면 한 시간은 넘게 걸릴 거요."

"이게 결혼식인가요?"

"그렇소. 남녀가 분리된 결혼식이라 볼 수 있지. 그럼 한국 결혼식에서는 손님들이 신부를 볼 수 있다는 얘기요?"

2016년 9월, 샤르자대학교에서 첫 석사 수업을 듣는 날이었다. 두근대는 마음으로 교실에 들어섰다. 검은 아바야를 입고 책상에 앉아 교수를 기다리는 여학생들이 보였다. 인사를 하자 몇 명은 반갑게 화답했고 몇 명은 시큰둥한 표정으로 답하지 않았다. 나는 나름 그들의 '성 분리 문화'를 존중하는 마음으로 여학생들과 최대한 멀리 떨어진 곳에 자리를 잡았다. 그런데 막상 앉아서 교실을 둘러보니 구조가 심상치 않았다. 어른 키 높이의 나무 칸막이가 교실을 반으로 가르고 있었다. 일어서서 칸막이 넘어 반대편을 보니, 그곳에 하얀 전통복을 입은 남학생들이 앉아 있었다. 아차 싶었다. 나는 얼른 가방을 챙겨서 나에게 허락된 자리로 옮겼다.

2011년 4월 이라크의 전 총리 누리 알말리키가 한국을 방문했다. 당시 내가 소속되어 있던 팀원들과 환영 만찬을 준비했다. 특히 우리는 만찬에 나올 음식에 신경을 많이 썼다. 이슬람에서는 '알라의 이름으로(비스밀라)'를 외친 후 도살한 고기를 '할랄(율법적으로 허용된 것)' 고기라고 부르는데 무슬림들은 이 할랄 고기가 아니면 육류를 입에도 대지 않는다. 만약에 식사 중 이라크 VIP가 만찬 메뉴로 나온 고기에 대해 의심을 품기라도 한다면 대형 사고가 아닐 수 없었다. 다행히 행사는 순조롭게 진행되었다. 그러나 행사가 끝나갈 즈음 VIP 자리에 앉아 있던 주한 이라크대사 알모사위가 조용히 나를 불렀다.

"음식 주문을 누가 결정한 것이지요?"

"무슨 문제가 있나요?"

"해산물 중에 바닷가재가 있어요. 시아파 무슬림들은 갑각류를 먹지 않는 경우가 많아요. 총리님을 비롯한 이라크 대표단 대부분이 시아파 무슬림인 것을 미리 고려하지 않으셨나요?'"

다행히 그날 음식으로 인한 대표단의 불만은 없었고 행사는 무사히 잘 끝났다. 그러나 나는 잠깐 있었던(나와 알모사위 대사만이 알고 있는) 진땀 나는 대화를 잊을 수 없다.

2014년 이라크에서 근무할 당시, 나는 전 직원들에게 '아슈라Ashura'라는 이라크 공휴일을 공지하는 영문 메일을 쓰고 있었다. 680년 시아파 무슬림들이 숭배하는 열두 명의 이맘 중 세 번째 이맘인 후세인이 이라크 남부 카르발라에서 수니파 무슬림에게 잔인하게 살해당했다. 아슈라는 바로 이 비극적인 사건을 기

349

리는 시아파 무슬림들의 최대 종교 행사다. 나는 공휴일 공지 때마다 사용했던 영문 서신의 틀에서 본론 부분만 아슈라 관련 내용으로 바꾸고 발송 버튼을 눌렀다. 이라크 지사에서 근무하는 전체 직원이 이메일을 받았다. 10분 정도 지나자 이라크 현지 직원 아쏘스에게서 전화가 걸려왔다.

"공휴일 공지 메일 잘 받았습니다. 근데 실수를 하셨어요."

"실수요?"

"서신 맨 끝에 'Happy Holiday!(행복한 휴일 보내세요!)'라고 씌어 있던데요?"

"예. 맞아요. 매번 공휴일 공지 때마다 쓰던 마무리 문구죠."

"아슈라가 어떤 날인지 아시죠? 이 문구를 시아파 무슬림이 봤으면 기분이 굉장히 언짢았을 겁니다."

아랍 지역에 발을 디딘 지 18년이란 세월이 지났다. 그들을 더 잘 알기 위해 많은 시간과 노력을 기울였지만 여전히 부족한 나를 발견한다. 아랍 문화가 익숙해졌다 싶으면서도, 가끔은 서툴고 실수하는 나의 모습을 여지없이 들킬 때도 있다. 언제쯤 아랍 문화를 완벽히 이해할 수 있을까? 22개의 국가로 이루어진 아랍 지역은 너무나 방대하다. 같은 아랍 민족이라도 지역마다, 국가마다, 그리고 부족과 가문마다 서로 다른 역사와 문화가 자리 잡고 있어 '아랍 세계'를 한마디로 정의 내리는 것은 여간 어려운 일이 아니다.

나는 '아랍 세계'라는 큰 그림의 퍼즐을 완성해 나가고 있다. 아직 채워 넣어야 할 부분이 더 많지만 이 그림을 모두 완성하겠다는 부담스러운 목표도 설정하지 않았다. 다만 새로운 퍼즐 조각을 발견하고 그림을 완성해 나가는 과정에서 아랍인들과 더욱 가까워지고 그들을 더욱 깊이 알게 된다는 것 자체에 큰 의미를 두고 있다. 서울로 잠시 돌아와 원고를 마무리하는 지금도 눈을 감으면 고요한 사막 풍경과 모래바람이 일렁인다. 그들의 말소리와 그들의 눈빛, 그리고 향신료 냄새가 그윽한 커피 한 잔이 벌써 그립다.

참고문헌

첫 번째 일기 : 이집트

1. 카이로에는 시샤 향기가 흐른다

《Waterpipe tobacco smoking: health effects, research needs and recommended actions for regulators(2nd edition)》, World Health Organization, 2015.

《Hikayat Naguib Mahfouz ma'a al maqahi masdar ilhamihi(영감의 원천⋯ 카페와 나기브 마푸즈의 이야기)》, Tahrir News(아랍어 이집트 뉴스), 2018. 8. 28. (https://www.tahrirnews.com/).

2. 실은 술에 관대한 나라

Lain Gately, 《Drink A cultural history of alcohol》, Gotham Books, 2008.

Omar D. Foda, 《THE PYRAMID AND THE CROWN: THE EGYPTIAN BEER INDUSTRY FROM 1897 TO 1963》, Cambridge University Press, 2015.

김능우, 〈킴리야트의 시성 아부 누와스 고찰 : 생애, 시에 나타난 일탈〉, 《아랍어와 아랍 문학》 Vol.10 No.1, 2006.

Abu Nuwas, 《Diwan Abn Nuwas(아부 누와스 시선집)》, Abu Dhabi Culture & Heritage, 2010.

3. 피라미드, 세상에서 가장 완벽한 예술품

정규영, 《살아 있는 오천 년의 문명과 신비, 이집트》, 다빈치, 2001.

로버트 바우벌, 안드리안 길버트, 도반, 《오리온 미스터리》, 열림원, 1999.

맹성렬, 〈대체 어떻게 만들었나 경이로운 이집트 돌항아리〉, 《한겨레 사이언스온》, 2012. 7. 3. (http://scienceon.hani.co.kr/34855).

4. 지식을 사랑한 왕의 도시, 알렉산드리아

Mohsen Zahran, 《The New Bibliotheca Alexandrina》, Bibliotheca Alexandrina, 2007.
남태우, 〈알렉산드리아 대도서관 성립사 연구〉, 《한국문헌정보학회지》 36(1), 2002.
유봉근, 〈지식의 질서와 네트워크-알렉산드리아 도서관의 문화적 유산〉, 《브레히트와 현대 연극》 제23권, 2010.

5. 아기 예수가 숨어 살던 마을

황의갑, 〈이슬람 이전 시대의 이집트 콥트교의 유래와 발전 과정 연구〉, 《중동연구》 27권 2호, 2008.
Otto F.A. Meinardus, 《Two thousand years of Coptic Christianity》, The American Universtiy in Cairo Press, 2002.
FR. Tadros Y. Malaty, 《Introduction to the Coptic Orthodox church》, St. George Coptic Orthodox Church, 1993.

6. 이집트 호텔에 한글 기념비가 있는 까닭

유진 로건, 이은정, 《아랍-오스만제국에서 아랍 혁명까지》, 까치, 2016.
김성현, 한시준, 〈대한민국을 낳은 국제회의-1943년 카이로 회담〉, 《조선일보》, 2015.8.5. (https://www.chosun.com/site/data/html_dir/2015/08/04/2015080402231.html).

두 번째 일기 : 예멘

1. 예멘의 걸크러시, 시바 여왕을 꿈꾸며

《성 꾸란: 의미의 한국어 번역》, 파하드 국왕 꾸란 출판청, 2016.

3. 엄청나게 뜨겁고, 믿을 수 없이 관대한 사람들

사니아 하마디, 손영호, 《아랍인의 의식구조》, 큰산, 2000.
김정곤, 김상용, 김경미, 〈햇불 밝히며 밤샘 작업… 12일 공사도 7일 만에 끝내〉, 《서울경제》, 2010.8.2. (https://news.naver.com/main/read.nhn?mode=LSD&mid=sec&sid1=101&oid=011&aid=0002085661).
Ghadah al Halaiqah, 《Aina mauqiu' harbil basus(알바수스 전쟁의 위치는 어디인가?)》, Mauduoo'(아랍어 정보 검색 사이트), 2015.10.11.
다음의 웹사이트도 참고했다. 바크르-타글렙 부족 전쟁 참고: https://mawdoo3.com/%D8%A3%D9%8A%D9%86_%D9%85%D9%88%D9%82%D8%B9_%D8%AD%D8%B1%D8%A8_%D8%A7%D9%84%D8%A8%D8%B3%D9%88%D8%B3

4. 4000년간 아랍인이 사랑한 동물 이야기

모리노 다쿠미, 이만옥, 《고대 유적》, 들녘, 2007.

Richard W. Bulliet, 《The Camel and the Wheel》, Columbia University Press, 1990.
최형선, 《낙타는 왜 사막으로 갔을까》, 부키, 2011.
R. Trevor Wilson, 《Camel》, Macmillan Education, 1998.

5. 나의 살던 고향은… 푸르른 예멘

《Yemen Crisis Explained》, USA for UNHCR(The UN Refuge Agency), 2021.3.2.
    (https://www.unrefugees.org/news/yemen-crisis-explained).
Mark Stone, 〈Coronavirus will 'delete Yemen from maps all over the world'〉,
    《SkyNews》, 2020.5.18.
Robert Irwin, 《Camel》, Reaktion Books, 2010.

세 번째 일기 : 사우디아라비아

2. 로렌스, 아랍을 사랑했던 영국 신사

미야자키 마사카츠, 이규원, 《하룻밤에 읽는 중동사》, 랜덤하우스코리아, 2008.
Scott Anderson, 《Lawrence in Arabia》, A Penquin Random House Company, 2013.
T.E. Lawrence, 《The seven pillars of wisdom:A Triumph》, Anchor Books, 1991.

3. 100년 전 영국 땅을 밟은 사우디 소년

Alexei Mikhailovich Vasiliev, 《King Faisal: Personality, Faith, and Times》, Saqi
    Books, 2013.
David Rundell, 《Vision or Mirage:Saudi Arabia at the Crossroads》, I.B. TAuris, 2021.
Karen Elliott House, 《On Saudi Arabia》, Alfred A. Knopf, 2012.
최영철, 〈사우디아라비아의 왕권 승계:1964년의 사례 연구〉, 《한국중동학회논총》 39권 1호,
    2018.
Tom Grater, 〈Ed Skrein, Hermione Corfield, Laurence Fox wrap 'Born A King'〉,
    《Screendaily》, 2017.12.12.
이븐 칼둔, 김정아, 《무깟디마》, 소명출판, 2012.

4. 석유가 준 축복, 석유로 인한 저주

대니얼 예긴, 김태유, 허은녕, 《황금의 샘》, 라의눈, 2017.
정상률, 〈석유 지대의 정치경제와 아랍 민주주의〉, 《중동학회》 30권 3호, 83~115, 2011.
Dahlia Rahaimy, 〈Role of Tribalism in Modern Saudi Arabia〉, 《Saudi Times》, 2020.10.
    22. (https://sauditimes.org/2020/10/22/tribes-saudi-arabia/).

5. 마침내 빗장이 열리다

외교문서, 주토이기(터키)대사관 전문, 〈한-사우디 아라비아 문화협정 체결〉, 1971.7.30.
21세기 중동이슬람문명권 연구사업단(최영길), 《중동종교운동의 이해2》, 한울아카데미,
    2005.

네 번째 일기 : 이라크

1. 이라크 땅, 폭탄 테러의 서막

E.H.카, 김택현, 《역사란 무엇인가》, 까치, 2004.
장병옥, 《쿠르드족 배반과 좌절의 역사 500년》, 한국외국어대학교 출판부, 2005.
Charles Tripp, 《History of Iraq(3rd edition)》, Cambridge University Press, 2007.
공일주, 《이라크의 역사》, 살림, 2006.
Phebe Marr, 《The Modern History of Iraq》, Routledge, 2018.
이태숙, 〈바그다드의 구심력과 쿠르드 지역의 원심력 사이〉, 《중동연구》 vol.24, 2006.
이근욱, 《이라크 전쟁》, 한울아카데미, 2011.
다음의 웹사이트도 참고했다. Iraq body count: https://www.iraqbodycount.org/database.

2. 바벨탑의 흔적과 아브라함이 살던 집

Robert Koldewey, translated by Agnes S. Johns, 《The excavations at Babylon》, The
　　Macmillan and Co., London, 1914.
W.F.Albright, 〈The location of the Garden of Eden〉, 《The American Journal of Semitic
　　Languages and Literatures》 Vol.39 No.1, The University of Chicago Press, 1922.
배철현, 〈바벨탑과 지구라트(성서와 신화 이야기)〉, 《기독교사상》 통권 527호, 2002.
헤로도토스, 천병희, 《역사》, 도서출판숲, 2009.
Andrew.R.George, 《The tower of Babel : archaeology, history and cuneiform texts》,
　　Archiv für Orientforschung Bd.51(2005/2006), Institut für Orientalistik, 2005.

3. 아라비안나이트의 도시, 바그다드

Bobrick Benson, 《The Caliph's splendor》, Simon & Schuster, 2012.
Guy Le strange, 《Baghdad during The Abbasid Caliphate》, Kessinger Publishing, 2004.

4. 사담 후세인, 그는 나쁜 놈인가 좋은 놈인가

류광철, 《통치와 광기》, 말글빛냄, 2017.
이근욱, 《이라크 전쟁》, 한울, 2011.

5. 폴리매스 학자들의 나라

디미트리 구타스, 정영목, 《그리스 사상과 아랍문명》, 글항아리, 2013.
손주영, 《이슬람 교리 사상 역사》, 일조각, 2005.
Muhammad Imara, 《Maqam al-aql fi al-Islam(이슬람 지성의 위치)》, Nahdet Misr
　　Publishing Group, 2008.
정수일, 《이슬람 문명》, 창작과비평사, 2002.
Hans Küng, 《Islam past, present and future》, Oneworld Publications, 2007.
와카스 아메드, 이주만, 《폴리매스》, 안드로메디안, 2020.
움베르토 에코, 김정하, 《중세 1-3 과학과 기술》, 시공사, 2018.
이동은, 〈아바스 시대 바이트 알히크마(Bayt al-Hikmah) 연구 – 번역원 기능과 천문대 기능
　　의 상관성을 중심으로〉, 《한국이슬람학회논총》 27-3집, 2017.

다섯 번째 일기 : 아랍에미리트연합

2. 커피 향을 타고 시간을 거스르다

우스이 류이치로, 김수경, 《커피가 돌고 세계사가 돌고》, 북북서, 2011.

3. 두바이 사막 위에 그린 상상화

Rory Batho, 〈How the Palm Jumeirah was built: 7 mind-blowing facts〉, 《TravelZoo》, 2018.4.24. (https://www.travelzoo.com/uk/blog/7-mind-blowing-facts-about-how-dubais-palm-jumeirah-was-built).

Varun Godinho, 〈Watch: World's largest fountain to launch in Dubai this months〉, 《Gulf Business》, 2020.10.4. (https://gulfbusiness.com/watch-worlds-largest-fountain-to-launch-in-dubai-this-month).

《KISS' New Year's Eve Dubai Concert Breaks Two Guinness World Records》, Music Mayhem, 2021.1.1. (https://musicmayhemmagazine.com/kiss-new-years-eve-dubai-concert-breaks-two-guinness-world-records).

4. 아랍의 시간, 카이로스

Khalid Alseghayer, 〈The problems of punctuality and productivity in Saudi Arabia〉, 《Alarabiya News》, 2013.3.10.

사니아 하마디, 손영호, 《아랍인의 의식구조》, 큰산, 2000.

5. 8000년된 진주, 그 안에 숨겨진 이야기

LUCÍA AVIAL-CHICHARRO, 〈Romans prized these jewels more than diamonds〉, 《National Geographic》, 2019.4.2.

K. Aqil, 《Pearl industry in the UAE region in 1869-1938: its construction, reproduction, and decline》, Vol 18, No 3, UAE University, 2018.

6. 그들이 자이드를 아버지라 부르는 이유

Andrea B. Rugh, 《Political Culture of Leadership in the United Arab Emirates》, Palgrave Macmillan US, 2007.

다음의 웹사이트도 참고했다. 그랜드 모스크 관련 정보: https://sheikhzayedgrandmosque.thenational.ae.

AbdulMajid Al-Mazruqi, 《Min Wisaya Zayed》, Dar Hamalil, 2018.

Khalid Saudun, 《Mukhtasar At-Tarikh At-Siyassi lilkhalij Al-Arabi(Arabic)》, Jadawel, 2012.